汽车车身电路详解

照明及信号灯·雨刮清洗
驻车辅助·电子手刹
第二册

曹晶 编著

化学工业出版社
·北京·

内容简介

本书介绍了汽车车身电路中的照明及信号灯电路、雨刮清洗电路、驻车辅助系统电路和电子手刹电路，结合市面上常见车型的实车彩色电路图，对其功能组成、工作原理、控制类型、控制方式和典型控制电路及故障诊断方法、技巧等进行了详细的讲解和剖析。书中涵盖的车型包括大众/奥迪、别克/雪佛兰/凯迪拉克、比亚迪、吉利、奇瑞、长安、丰田、本田、马自达、日产、三菱、现代起亚、福特、传祺、宝马、长城等，有利于读者有针对性地对照学习和理解，举一反三。

本书内容实用，通俗易懂，适合汽车维修技术人员阅读，可供汽车维修培训机构、职业技术院校汽车相关专业师生参考。

图书在版编目（CIP）数据

汽车车身电路详解. 第二册，照明及信号灯·雨刮清洗·驻车辅助·电子手刹 / 曹晶编著. —北京：化学工业出版社，2021.12
ISBN 978-7-122-39841-3

Ⅰ.①汽…　Ⅱ.①曹…　Ⅲ.①汽车 - 车体 - 电子系统 - 电路　Ⅳ.①U463.62

中国版本图书馆 CIP 数据核字（2021）第 175096 号

责任编辑：黄　滢　张燕文　　　　　　　文字编辑：朱丽莉　陈小滔
责任校对：杜杏然　　　　　　　　　　　　装帧设计：王晓宇

出版发行：化学工业出版社（北京市东城区青年湖南街13号　邮政编码100011）
印　　刷：北京京华铭诚工贸有限公司
装　　订：三河市振勇印装有限公司
880mm×1230mm　1/16　印张21　字数664千字　2022年1月北京第1版第1次印刷

购书咨询：010-64518888　　　　　　　　售后服务：010-64518899
网　　址：http://www.cip.com.cn
凡购买本书，如有缺损质量问题，本社销售中心负责调换。

定　价：148.00元　　　　　　　　　　　　　　　　　　版权所有　违者必究

前言
PREFACE

随着汽车制造业的快速发展和技术进步的加快，现代汽车的构造也越来越复杂，原因之一就是汽车电路在汽车上所占的比重越来越大。因此，现代汽车维修，最核心的内容就是汽车电路维修。汽车维修技术人员检测、诊断和排除故障等，都离不开汽车电路，都要围绕和结合实际的汽车电路进行。

据笔者长期从事汽车维修培训和教学的经验来看，大多数的汽车维修入门人员，由于对汽车车身电路的基本原理、构造等理论知识缺乏深入的理解，尤其是对汽车车身电路维修的要领和技巧缺乏系统的掌握。这就导致了他们在从事汽车维修工作两三年以后，常常会出现技术瓶颈，给维修工作带来困难。因此，需要有相关的理论书籍作指导，进一步提升理论知识和加强维修实践操作技能。为了帮助这些人员快速适应汽车维修工作岗位的需求，在化学工业出版社的组织下，特编写了《汽车车身电路详解》。由于车身电路纵横交错、较为复杂，因此在编写过程中将其分成四册，逐一对车身电路知识进行详细介绍。

本书为《汽车车身电路详解》的第二册，详细介绍了汽车车身电路中的汽车照明及信号灯电路、雨刮清洗电路、驻车辅助系统电路和电子手刹电路，结合市面上常见车型的实车彩色电路图，对其功能组成、工作原理、控制类型、控制方式和典型控制电路及故障诊断方法、技巧等进行了细致的讲解和剖析。书中涵盖的车型广泛，如大众/奥迪、别克/雪佛兰/凯迪拉克、比亚迪、吉利、奇瑞、长安、丰田、本田、马自达、日产、三菱、现代/起亚、福特、传祺、宝马、长城等，有利于读者有针对性地对照学习和理解，举一反三。

本书为全彩色印刷，编写过程中努力做到图片精美丰富、内容通俗易懂，力求既适合初中级汽车维修工、汽车电工使用，也可作为汽车类职业技术院校师生教学和自学的参考书及相关企业的培训用书。

本书由大力汽修学院创始人兼首席培训讲师曹晶结合自身多年培训教学和汽车电路维修实践经验精心编写而成，编写过程中参考了部分厂家的原车维修手册及相关的多媒体资料，在此一并表示感谢！

限于笔者水平，书中疏漏之处在所难免，恳请广大读者批评指正。

编著者

目录
CONTENTS

第一章 照明以及信号灯典型控制电路详解　　001

第一节　近光灯控制电路……………………………………… **001**
　一、近光灯的作用……………………………………………… 001
　二、近光灯的工作原理………………………………………… 001
　三、近光灯典型控制电路……………………………………… 002
　四、近光灯典型故障检修技巧………………………………… 039

第二节　远光灯控制电路……………………………………… **051**
　一、远光灯的作用……………………………………………… 051
　二、远光灯的工作原理………………………………………… 051
　三、远光灯典型控制电路……………………………………… 051
　四、远光灯典型故障检修技巧………………………………… 055

第三节　雾灯控制电路………………………………………… **059**
　一、雾灯的作用………………………………………………… 059
　二、雾灯的工作原理…………………………………………… 060
　三、前/后雾灯典型控制电路…………………………………… 060
　四、雾灯典型故障检修技巧…………………………………… 093

第四节　倒车灯控制电路……………………………………… **100**
　一、倒车灯的作用……………………………………………… 100
　二、倒车灯的工作原理………………………………………… 101
　三、倒车灯典型控制电路……………………………………… 101
　四、倒车灯典型故障检修技巧………………………………… 119

第五节　制动灯控制电路……………………………………… **122**
　一、制动灯的作用……………………………………………… 122
　二、制动灯的工作原理………………………………………… 122
　三、制动灯典型控制电路……………………………………… 122
　四、制动灯典型故障检修技巧………………………………… 144

第六节　转向信号灯控制电路………………………………… **159**
　一、转向信号灯的作用………………………………………… 159
　二、转向信号灯的工作原理…………………………………… 159
　三、转向信号灯典型控制电路………………………………… 159
　四、转向信号灯典型故障检修技巧…………………………… 188

第七节　车内阅读灯控制电路 191
　一、车内阅读灯的作用 191
　二、车内阅读灯的工作原理 191
　三、车内阅读灯典型控制电路 192

第二章 雨刮清洗系统典型控制电路详解 212

第一节　雨刮清洗系统的作用 212
第二节　雨刮清洗系统工作原理 213
　一、低速挡工作原理 213
　二、高速挡工作原理 214
　三、间歇挡工作原理 214
　四、喷水器工作原理 214
第三节　雨刮清洗系统典型控制电路 217
　一、相关部件作用 217
　二、大众/奥迪车型典型雨刮控制电路详解——大众宝来雨刮控制电路 217
　三、别克/雪佛兰/凯迪拉克车型典型雨刮控制电路详解——别克威朗雨刮控制电路 218
　四、比亚迪车型典型雨刮控制电路详解——L3 雨刮控制电路 221
　五、吉利车型典型雨刮控制电路详解——帝豪 GS 雨刮控制电路 221
　六、长安车型典型雨刮控制电路详解——悦翔 V7 雨刮控制电路 225
　七、丰田车型典型雨刮控制电路详解——卡罗拉雨刮控制电路 227
　八、本田车型典型雨刮控制电路详解——杰德雨刮控制电路 227
　九、日产车型典型雨刮控制电路详解——轩逸雨刮控制电路 232
　十、现代/起亚车型典型雨刮控制电路详解——现代名图 MISTRA 雨刮控制电路 233
　十一、福特车型典型雨刮控制电路详解——福睿斯雨刮控制电路 238
　十二、传祺车型典型雨刮控制电路详解——GS5 雨刮控制电路 239
　十三、长城车型典型雨刮控制电路详解——风骏 5 雨刮控制电路 244
第四节　雨刮清洗系统典型故障检修技巧 246
　一、检查前大灯清洗器开关电路 246
　二、检查挡风玻璃雨刮器电动机总成 248
　三、检查挡风玻璃雨刮器开关总成 248

四、检查挡风玻璃清洗器电动机和泵总成（带前大灯清洗器系统）……… 250

五、检查前大灯清洗器开关总成 …………………………………………… 250

第三章 驻车辅助系统典型控制电路详解 252

第一节 驻车辅助系统的作用 ………………………………………… 252
第二节 驻车辅助系统的工作原理 …………………………………… 252
第三节 驻车辅助系统典型控制电路 ………………………………… 253

一、相关部件作用 ……………………………………………………… 253

二、大众/奥迪车型典型驻车辅助系统电路详解——大众宝来驻车辅助系统控制电路 ……………………………………………………………… 253

三、别克/雪佛兰/凯迪拉克车型典型驻车辅助系统电路详解——别克威朗驻车辅助系统控制电路 ……………………………………………… 253

四、比亚迪车型典型驻车辅助系统电路详解——L3 驻车辅助系统控制电路 …………………………………………………………………… 260

五、吉利车型典型驻车辅助系统电路详解——帝豪 GS 驻车辅助系统控制电路 …………………………………………………………………… 260

六、长安车型典型驻车辅助系统电路详解——悦翔 V7 驻车辅助系统控制电路 …………………………………………………………………… 260

七、丰田车型典型驻车辅助系统电路详解——卡罗拉驻车辅助系统控制电路 …………………………………………………………………… 260

八、本田车型典型驻车辅助系统电路详解——杰德驻车辅助系统控制电路 …………………………………………………………………… 268

九、日产车型典型驻车辅助系统电路详解——轩逸驻车辅助系统控制电路 …………………………………………………………………… 269

十、现代/起亚车型典型驻车辅助系统电路详解——现代名图 MISTRA 驻车辅助系统控制电路 ……………………………………………………… 270

十一、福特车型典型驻车辅助系统电路详解——锐界驻车辅助系统控制电路 …………………………………………………………………… 272

十二、传祺车型典型驻车辅助系统电路详解——GS5 驻车辅助系统控制电路 …………………………………………………………………… 275

十三、长安车型典型驻车辅助系统电路详解——哈弗 H6 驻车辅助系统控制电路 …………………………………………………………………… 277

第四节　驻车辅助系统典型故障检修技巧 ……………………………………… 280
一、倒挡信号电路故障诊断 ………………………………………… 280
二、前侦测声呐传感器电路故障诊断 ……………………………… 282
三、后侦测声呐传感器电路故障诊断 ……………………………… 285
四、侦测声呐主开关电路故障诊断 ………………………………… 290

第四章
电子驻车制动系统典型控制电路详解　294

第一节　电子驻车制动系统的作用 ……………………………………… 294
一、电子驻车 ………………………………………………………… 294
二、自动驻车 ………………………………………………………… 294

第二节　电子驻车制动系统的工作原理 ………………………………… 295
一、静态制动模式 …………………………………………………… 295
二、动态制动功能 …………………………………………………… 295
三、行驶释放（DAR） ……………………………………………… 295

第三节　典型控制电路 …………………………………………………… 296
一、相关部件作用 …………………………………………………… 296
二、大众/奥迪车型典型电子驻车制动系统电路详解——大众迈腾电子驻车系统控制电路 ……………………………………………………………… 297
三、别克/雪佛兰/凯迪拉克车型典型驻车辅助系统电路详解——别克威朗电子驻车系统控制电路 ……………………………………………………… 297
四、比亚迪车型典型驻车辅助系统电路详解——比亚迪元电子驻车系统控制电路 ……………………………………………………………………… 303
五、吉利车型典型驻车辅助系统电路详解——帝豪电子驻车系统控制电路 ……………………………………………………………………… 304
六、本田车型典型驻车辅助系统电路详解——XR-V 电子驻车系统控制电路 ……………………………………………………………………… 306
七、日产车型典型驻车辅助系统电路详解——天籁电子驻车系统控制电路 ……………………………………………………………………… 308
八、现代/起亚车型典型驻车辅助系统电路详解——现代索纳塔电子驻车系统控制电路 ………………………………………………………………… 309
九、福特车型典型驻车辅助系统电路详解——蒙迪欧电子驻车系统控制电路 ……………………………………………………………………… 310

目录 CONTENTS

十、传祺车型典型驻车辅助系统电路详解——GS5 电子驻车系统控制电路 …… 310

十一、长城车型典型驻车辅助系统电路详解——哈弗 H6 电子驻车系统控制电路 …… 313

十二、宝马车型典型驻车辅助系统电路详解——3 系 G28 电子驻车系统控制电路 …… 319

第四节　电子驻车制动系统典型故障检修技巧 …… 320

一、ECU 电压过高故障诊断 …… 320

二、IGN 线断开故障诊断 …… 322

三、开关电源线—对地短路或开路故障诊断 …… 322

四、左电机故障或开路故障诊断 …… 325

五、右电机故障或开路故障诊断 …… 326

六、CAN 总线关闭故障诊断 …… 326

第一章 照明以及信号灯典型控制电路详解

第一节 近光灯控制电路

一、近光灯的作用

近光灯是前照灯中的一种灯。前照灯又叫前大灯，装于汽车头部两侧，用于夜间行车道路的照明。汽车的前照灯一般有白炽灯、卤素灯、氙气灯、LED灯等类型。现在的汽车普遍采用的都是卤素灯（图1-1-1）。

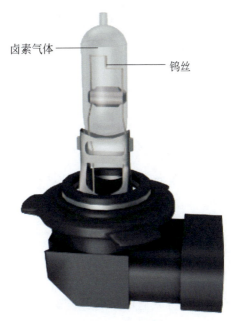

图1-1-1　卤素灯

二、近光灯的工作原理（图1-1-2）

打开近光变光开关后，电流经由蓄电池正极→前照灯近光灯继电器线圈→变光开关总成→搭铁→蓄电池负极，形成回路，使前照灯近光灯继电器触点闭合。电流分别经左、右保险丝到达左右近光灯，最后经搭铁回到蓄电池负极，形成回路，左右近光灯点亮。

说明：远光灯相关知识将在本章第二节介绍，由于远光灯与近光灯的工作原理图和控制电路图相同或相近，因此在本节一并介绍，第二节仅作提示说明，不再赘述。

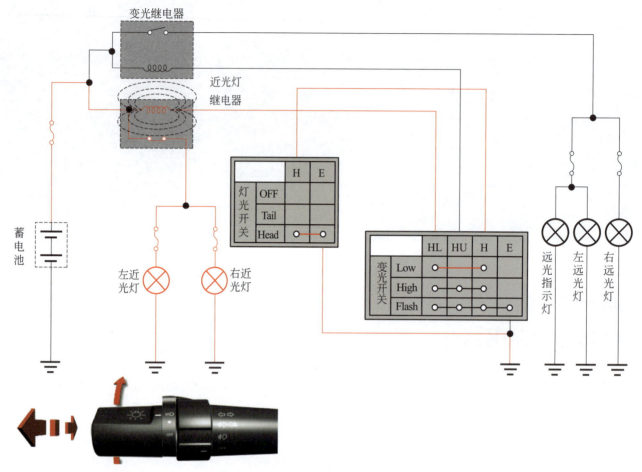

图 1-1-2　近（远）光灯的工作原理
（前照灯电路由灯光开关、变光开关和灯光继电器控制）

三、近光灯典型控制电路

1. 相关部件作用

（1）BCM 车身控制单元

通过组合开关读取功能检测各开关状态。

根据各信号判断车外灯 ON/OFF，然后发送请求至 IPDM E/R（CAN 通信）打开或关闭各继电器。

发送请求至组合仪表（CAN 通信）以打开 / 关闭指示灯和警告（信息显示器 / 蜂鸣器）。

（2）组合仪表

通过 CAN 通信根据 BCM 请求打开 / 关闭指示灯和警告（信息显示器 / 蜂鸣器）。

（3）灯光开关

接通灯光开关内部近光灯端子，近光灯开启信号发送至车身控制单元或其他控制单元。

2. 大众 / 奥迪车型典型近光灯电路详解——大众宝来近光灯控制电路（图 1-1-3）

这里以大众宝来车型为例进行介绍，同样适用于大众 / 奥迪其他车型，限于篇幅不再赘述。

当车灯开关开到前照灯的近光挡位时，车灯开关 E1 将近光灯开启信号发送至 J519，J519 接收到近光灯开启信号后，控制 M29 和 M31 近光灯点亮。

车灯开关及灯泡端子的作用说明见表 1-1-1。

第一章
照明以及信号灯典型控制电路详解

表 1-1-1　大众宝来车灯开关及车灯端子作用说明

所在部件	端子序号	作用说明
E1 车灯开关	T10x/1（56b）	近光灯开启信号，与 J519 插接器 T73a/52 端子连接
	T10x/2（auto）	灯光自动开启信号，与 J519 插接器 T73/37 端子连接
	T10x/3（58）	驻车灯信号，与 J519 插接器 T73/45 和 T73a/34 端子连接
	T10x/8（30a）	与诊断接口 T16/16（30a）端子连接
	T10x/9（TFL）	日行灯信号，与 J519 插接器 T73a/29 端子连接
M29 左侧近光灯灯泡	T10c/6（56b）	左侧近光灯开启信号，与 J519 插接器 T73/2 端子连接
M31 右侧近光灯灯泡	T10d/6（56b）	右侧近光灯开启信号，与 J519 插接器 T73a/2 端子连接

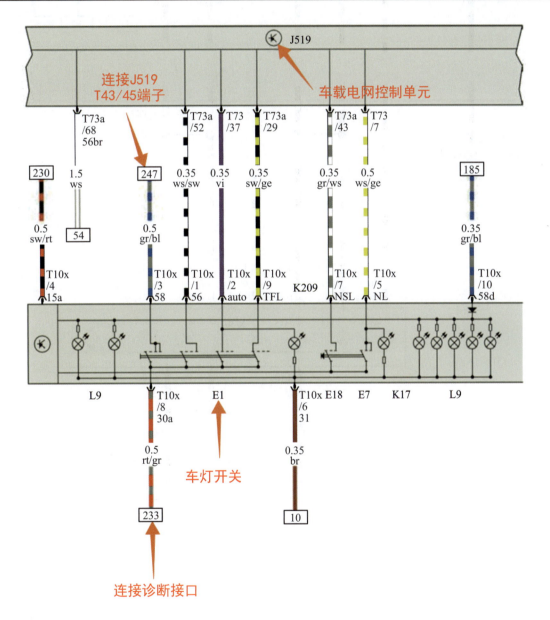

(a) 灯光开关

图 1-1-3

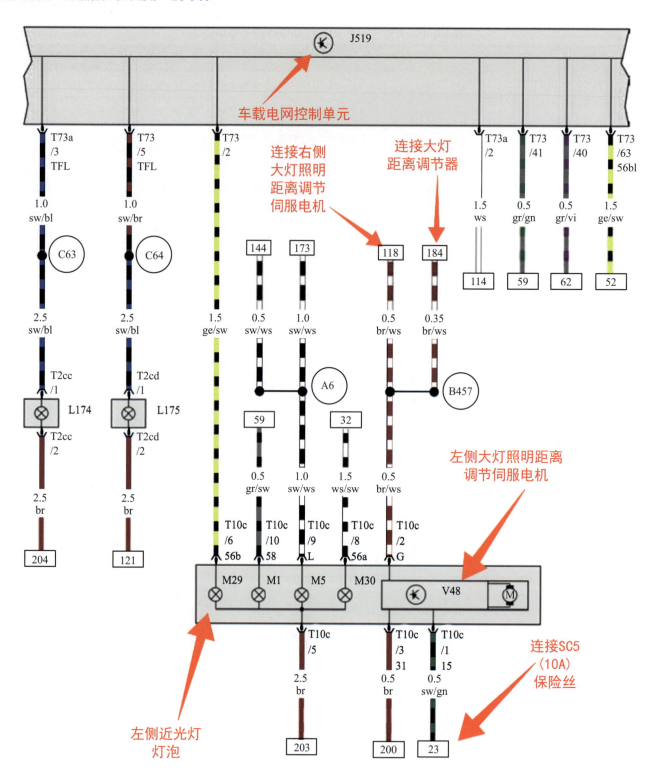

(b) 左侧近(远)光灯

第一章 照明以及信号灯典型控制电路详解

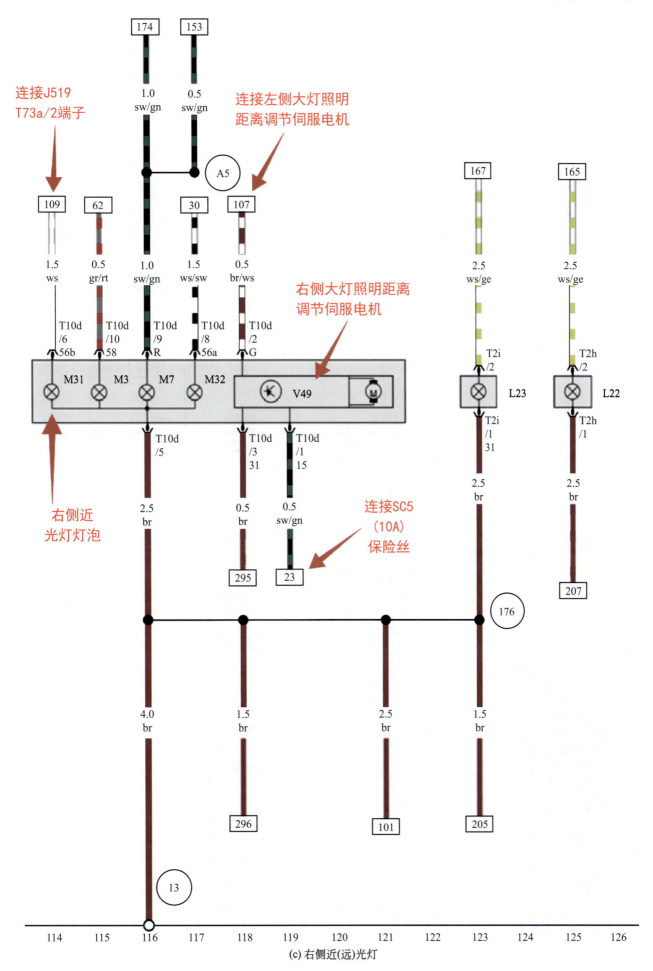

(c) 右侧近(远)光灯

图 1-1-3 大众宝来近(远)光灯控制电路图

005

3. 别克 / 雪佛兰 / 凯迪拉克车型典型近光灯电路详解——别克威朗近光灯控制电路（图 1-1-4）

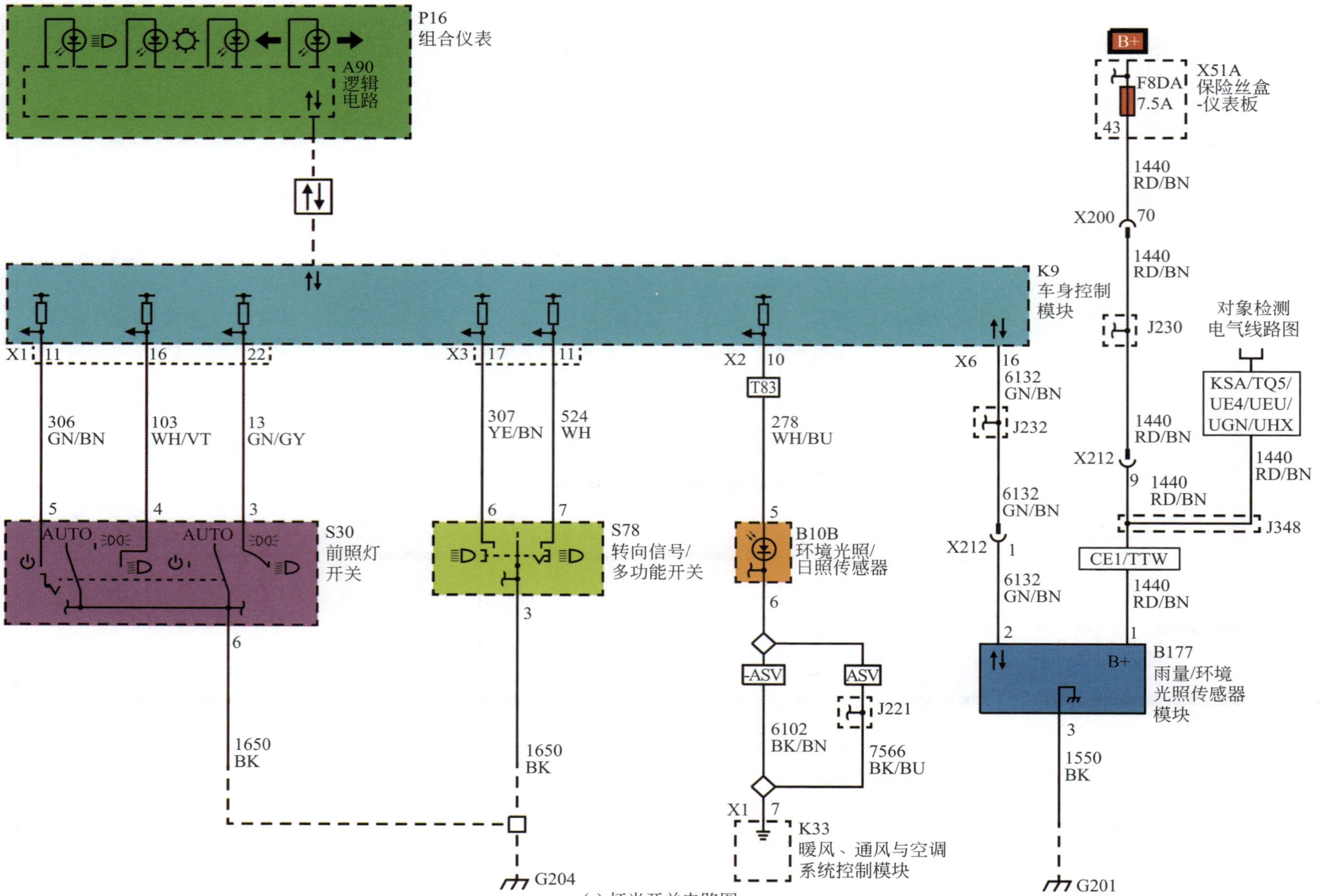

(a) 灯光开关电路图

第一章 照明以及信号灯典型控制电路详解

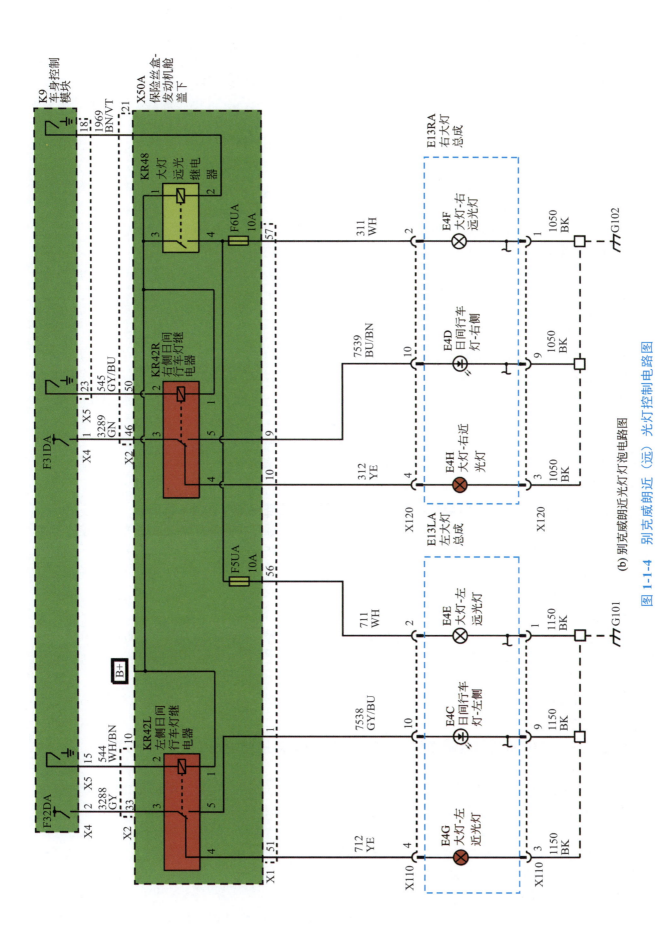

(b) 别克威朗近光灯灯泡电路图

图 1-1-4 别克威朗近(远)光灯控制电路图

这里以别克威朗车型为例进行介绍，同样适用于别克/雪佛兰/凯迪拉克其他车型，限于篇幅不再赘述。

车身控制模块（BCM）监测前照灯开关的三个信号电路。将前照灯开关置于AUTO（自动）位置时，三个信号电路开路。当置于AUTO（自动）位置时，车身控制模块监视来自环境光照传感器的输入，以便根据车外照明状况判定是否需要前照灯或者是否将激活日间行车灯。

当前照灯开关置于OFF（关闭）位置时，前照灯开关前照灯熄灭信号电路搭铁，向车身控制模块指示应该熄灭车外灯。

当前照灯开关置于PARK（驻车）位置时，前照灯开关驻车灯点亮信号电路搭铁，指示已向驻车灯发出请求。

当前照灯开关置于HEADLAMP（前照灯）位置时，前照灯开关驻车灯点亮信号电路和前照灯开关前照灯点亮信号电路均搭铁。通过点亮驻车灯和前照灯，车身控制模块对输入进行响应。当请求点亮近光前照灯时，车身控制模块将B+提供至点亮近光前照灯的两个近光前照灯控制电路。

前照灯开关3号端子与K9车身控制模块插接器X1/22号端子连接；
前照灯开关4号端子与K9车身控制模块插接器X1/16号端子连接；
前照灯开关5号端子与K9车身控制模块插接器X1/11号端子连接；
前照灯开关6号端子为搭铁。
左侧近光灯3号端子为搭铁；
左侧近光灯4号端子为左侧近光灯控制端子，K9车身控制模块插接器X4/2号端子→发动机舱盖下保险丝盒X2/33号端子→左侧日间行车灯继电器3号端子→左侧日间行车灯继电器4号端子→发动机舱盖下保险丝盒X1/51号端子→左侧大灯总成X110/4号端子→搭铁，此时左侧近光灯点亮。

右侧近光灯3号端子为搭铁；
右侧近光灯4号端子为右侧近光灯控制端子，K9车身控制模块插接器X4/1号端子→发动机舱盖下保险丝盒X2/46号端子→右侧日间行车灯继电器3号端子→右侧日间行车灯继电器4号端子→发动机舱盖下保险丝盒X1/10号端子→右侧大灯总成X120/4号端子→搭铁，此时右侧近光灯点亮。

4. 比亚迪车型典型近光灯电路详解——S7近光灯控制电路（图1-1-5）

自动灯光：将组合开关调到AUTO挡，BCM会根据光照强度传感器采集的外界光照强度进行判定，自动控制灯光开启和关闭，并根据光强不同开启小灯或大灯。

大灯延时退电：当大灯打开，车辆电源从ON挡退电到OFF时，大灯不会立即熄灭，前舱配电盒自动计时让大灯再亮10s后断开灯光继电器，熄灭大灯。

❶ 控制电路

将灯光开关旋至近光灯位置，组合开关将近光灯开启信号发送至MCU，常电→近光灯继电器→MCU控制近光灯继电器线圈搭铁，近光灯继电器常开开关闭合。

❷ 主电路

常电→近光灯继电器常开开关→F1/3左近光灯保险丝和F1/4右近光灯保险丝→左前/右前近光灯→搭铁，此时近光灯点亮。

5. 吉利车型典型近光灯电路详解——帝豪GS近光灯控制电路（图1-1-6）

❶ 灯光开关信号电路

将灯光开关旋至近光灯开启位置，灯光组合开关IP24/10号端子→BCM控制单元IP12/19号端子，此时BCM控制单元接收到近光灯开启信号，控制近光灯继电器搭铁闭合。

❷ 近光灯继电器控制电路

B+电源→近光灯继电器2号端子→近光灯继电器1号端子→BCM控制单元CA27/13号端子→搭铁，此时近光灯继电器常开开关闭合。

❸ 近光灯主电路

B+电源→近光灯继电器3号端子→近光灯继电器5号端子→EF01/EF02保险丝→左/右近光灯→搭铁，此时近光灯点亮。

第一章
照明以及信号灯典型控制电路详解

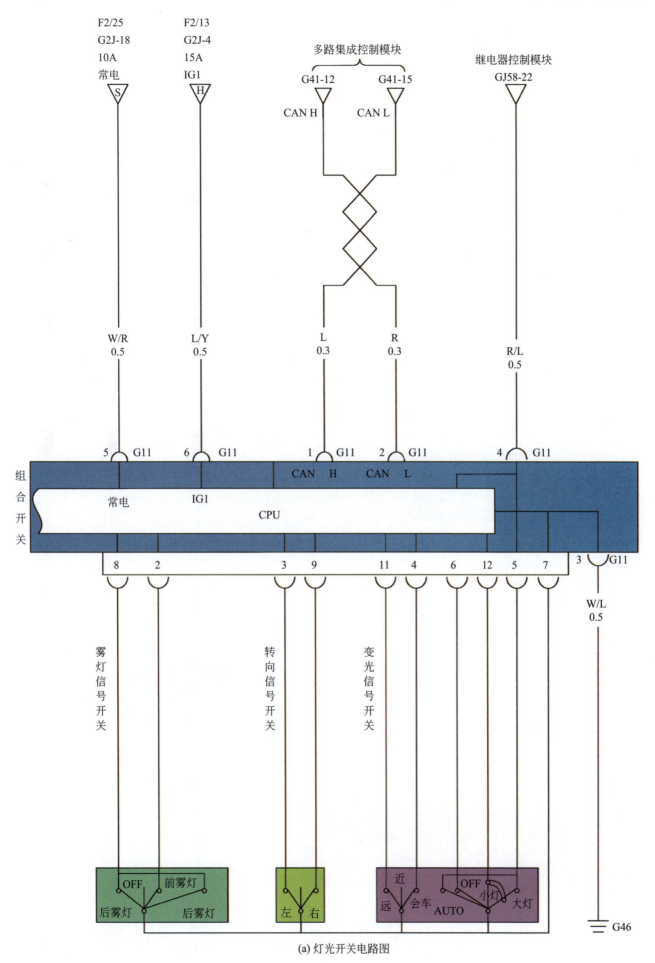

(a) 灯光开关电路图

图 1-1-5

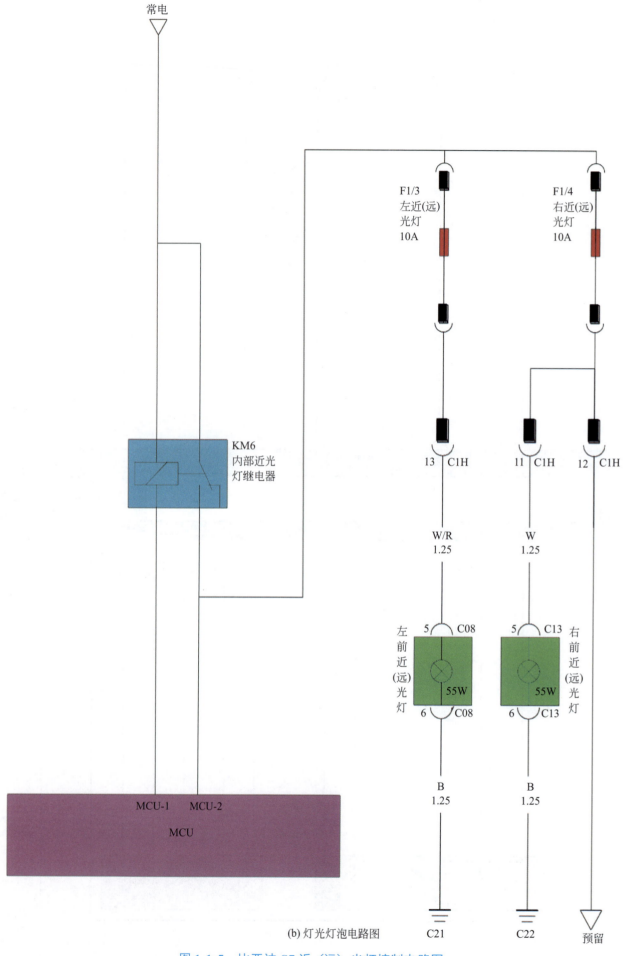

(b) 灯光灯泡电路图

图 1-1-5　比亚迪 S7 近（远）光灯控制电路图

第一章
照明以及信号灯典型控制电路详解

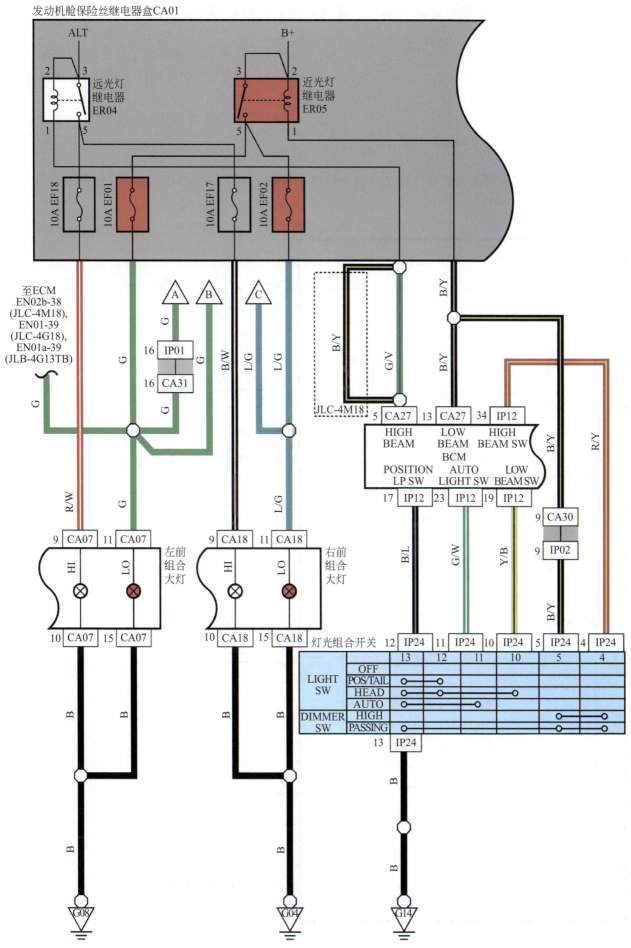

图 1-1-6　吉利帝豪 GS 近（远）光灯控制电路

011

6. 奇瑞车型典型近光灯电路详解——艾瑞泽 5 近光灯控制电路（图 1-1-7）

① 灯光开关信号电路

将灯光开关旋至近光灯开启位置，灯光开关内部 1000Ω 触点接通，通过灯光开关 8 号端子将近光灯开启信号发送至 BCM 控制单元 2-10 号端子，此时 BCM 控制单元控制近光灯继电器线圈搭铁。

② 近光灯继电器控制电路

常时电源→近光灯继电器 1 号端子→近光灯继电器 2 号端子→BCM 控制单元 1-30 号端子→搭铁，此时近光灯继电器常开开关闭合。

③ 近光灯主电路

常时电源→近光灯继电器 5 号端子→近光灯继电器 3 号端子→EF14/EF15 保险丝→左 / 右近光灯→搭铁，此时近光灯点亮。

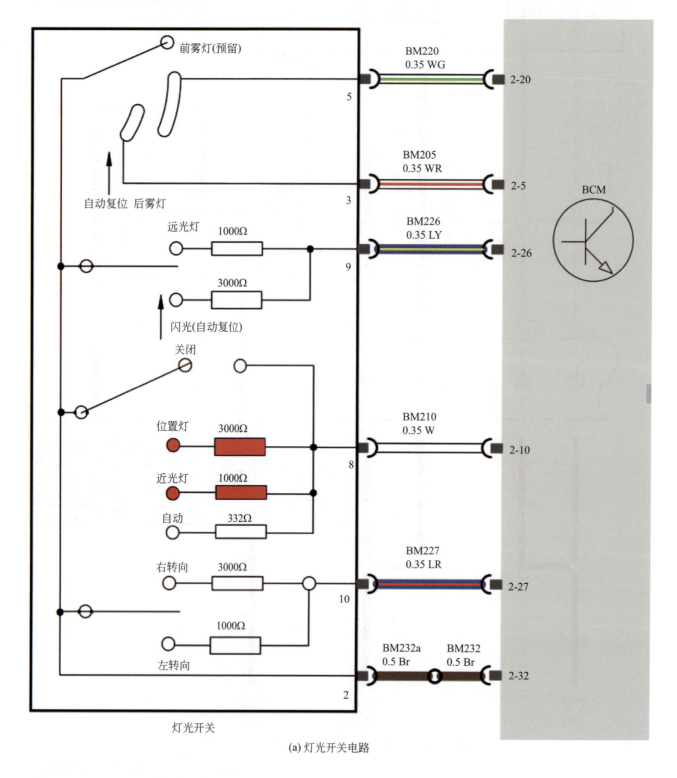

(a) 灯光开关电路

第一章 照明以及信号灯典型控制电路详解

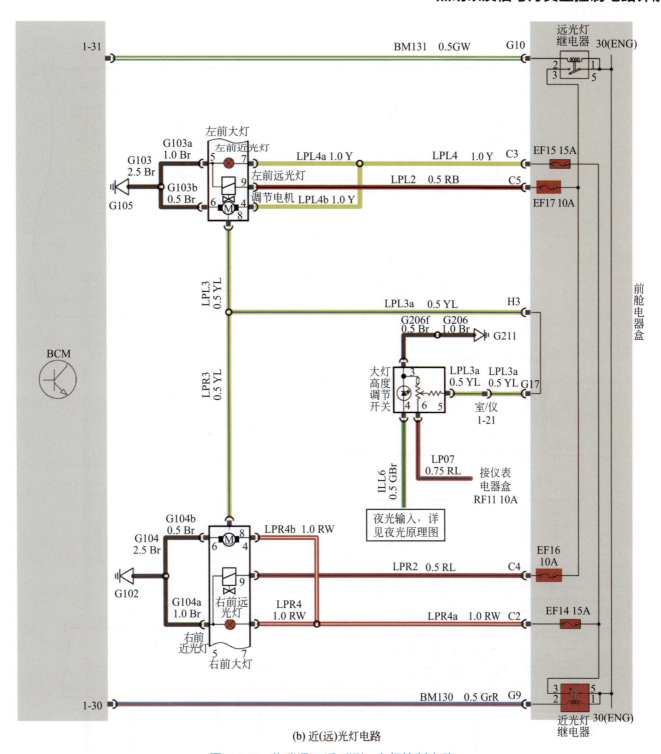

(b) 近(远)光灯电路

图 1-1-7　艾瑞泽 5 近（远）光灯控制电路

7. 长安车型典型近光灯电路详解——悦翔 V7 近光灯控制电路（图 1-1-8）

❶ 灯光开关信号电路

将灯光开关旋至近光灯开启位置，灯光开关内部触点接通，通过灯光开关 P02/4 号端子将近光灯开启信号发送至 BCM 控制单元 P24/3 号端子，此时 BCM 控制单元控制近光灯继电器线圈搭铁。

❷ 近光灯继电器控制电路

B+ 电源→EF16（20A）保险丝→ER13 近光灯继电器 148 号端子→ER13 近光灯继电器 150 号端子→BCM 控制单元 P25/7 号端子→搭铁，此时近光灯继电器常开开关闭合。

❸ 近光灯主电路

B+ 电源→EF16（20A）保险丝→ER13 近光灯继电器 152 号端子→ER13 近光灯继电器 151 号端

子→EF11/EF12 保险丝→左/右近光灯→搭铁，此时近光灯点亮。

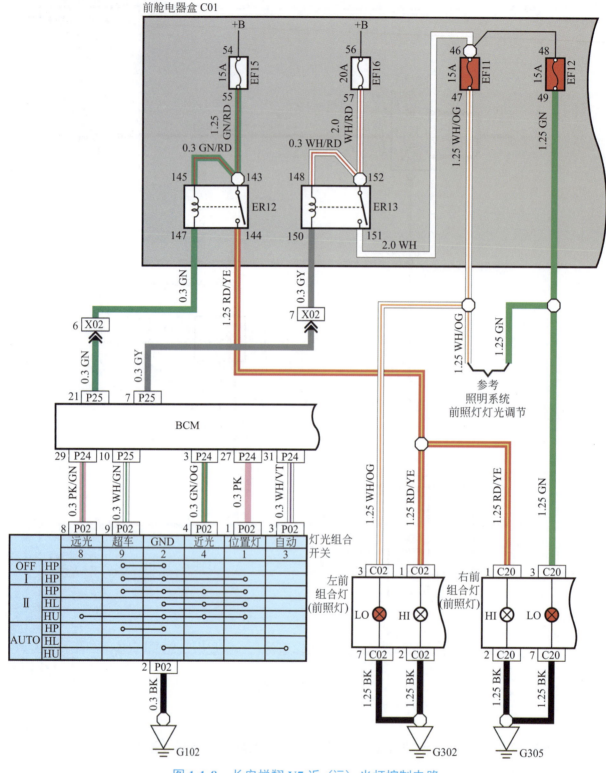

图 1-1-8　长安悦翔 V7 近（远）光灯控制电路

8. 丰田车型典型近光灯电路详解——卡罗拉近光灯控制电路（图 1-1-9）

部分内容以卡罗拉"*4 带车灯自动熄灭系统"为例进行讲解。

当灯控开关置于 AUTO 位置时，自动灯控传感器检测环境光照等级并将其输出至主车身 ECU。主车身 ECU 根据此信号控制近光前照灯和尾灯（驻车灯、尾灯和牌照灯）。借助于此功能，在夜间或车辆进入隧道等情况下，尾灯和近光前照灯会自动亮起。如果车灯亮起/熄灭的时机不符合用户的偏好，可使用智能检测仪改变自动灯控系统的灵敏度。

第一章
照明以及信号灯典型控制电路详解

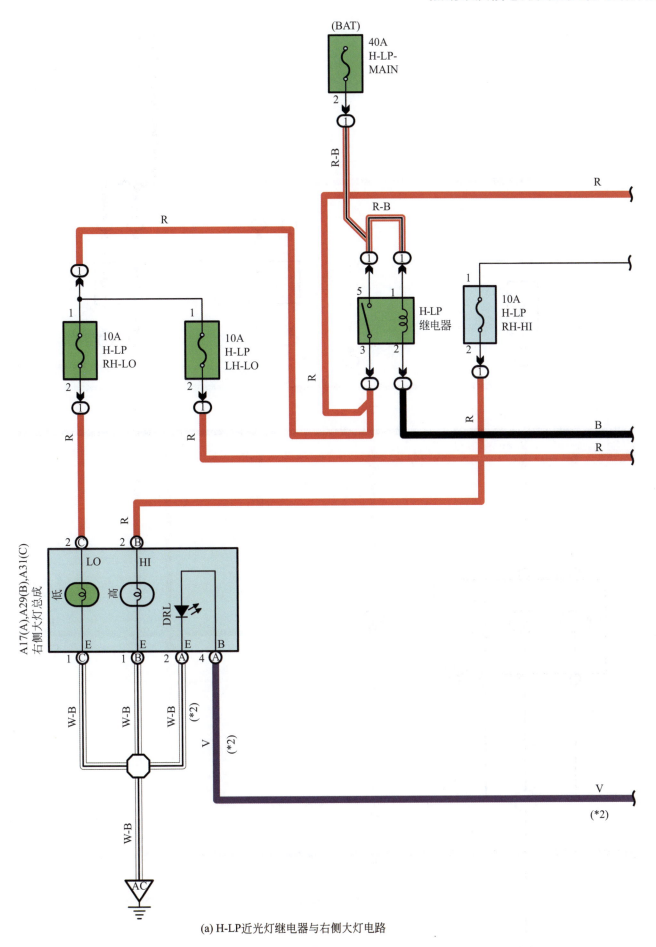

(a) H-LP近光灯继电器与右侧大灯电路

图 1-1-9

015

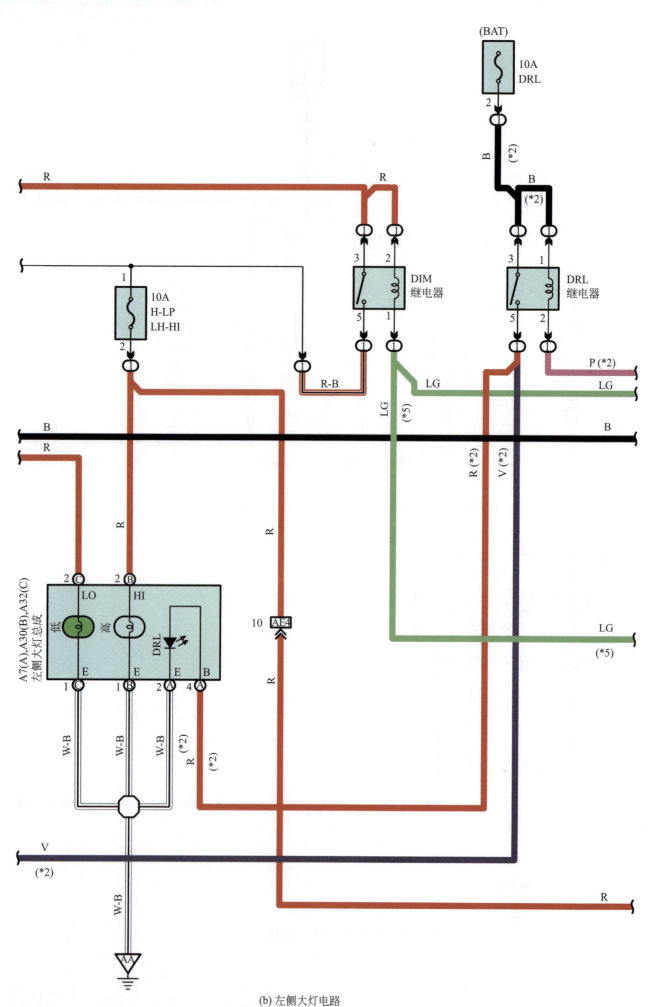

(b) 左侧大灯电路

照明以及信号灯典型控制电路详解

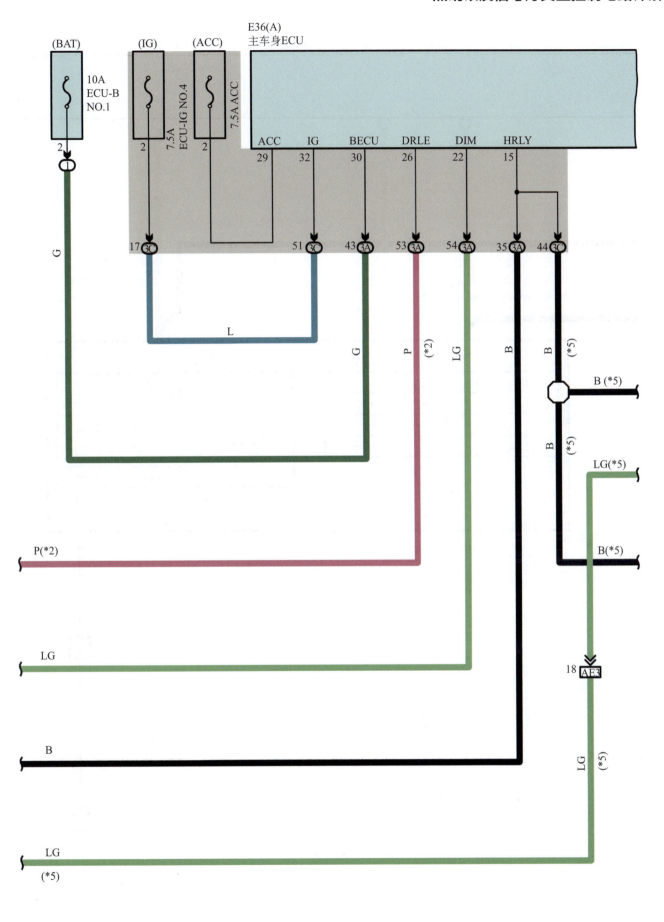

(c) H-LP近光灯继电器搭铁控制电路

图 1-1-9

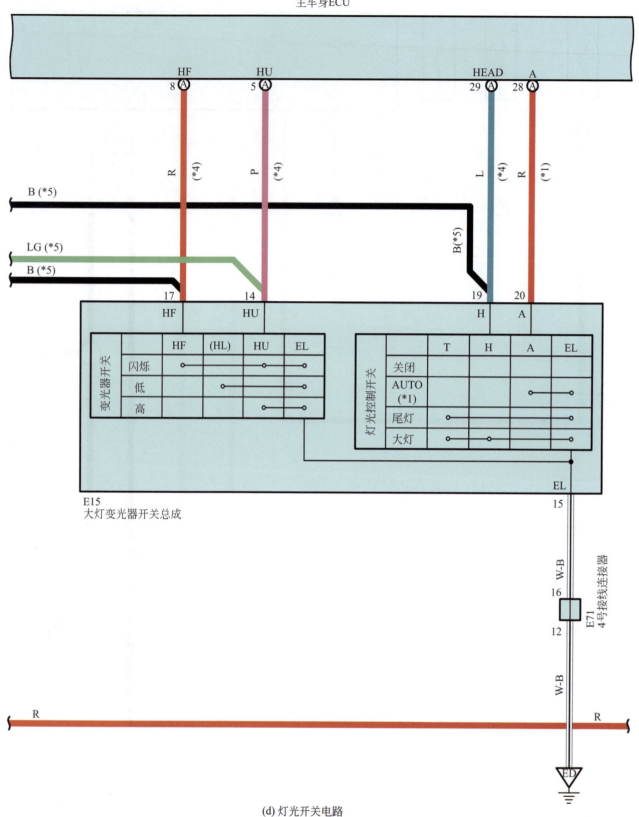

(d) 灯光开关电路

图 1-1-9　丰田卡罗拉近（远）光灯控制电路

*1—带自动灯光控制；*2—带日间行车灯；*4—带车灯自动熄灭系统；*5—不带车灯自动熄灭系统

手动灯控用来通过手动操作灯控开关使近光前照灯和尾灯（驻车灯、尾灯和牌照灯）亮起。

当灯控开关转至 TAIL 位置时，主车身 ECU 使尾灯亮起；当灯控开关转至 HEAD 位置时，主车身 ECU 使近光前照灯和尾灯亮起。

❶ 灯光开关信号电路

将灯光开关旋至近光灯开启位置，灯光开关内部触点接通，通过灯光开关 19 号端子将近光灯开启信号发送至主车身 ECU 控制单元 29 号端子，此时主车身 ECU 控制单元控制近光灯继电器线圈搭铁。

❷ 近光灯继电器控制电路

B+ 电源→H-LP-MAIN（40A）保险丝→H-LP 近光灯继电器 1 号端子→H-LP 近光灯继电器 2 号端子→主车身 ECU 控制单元 15 号端子→搭铁，此时近光灯继电器常开开关闭合。

❸ 近光灯主电路

B+ 电源→H-LP-MAIN（40A）保险丝→H-LP 近光灯继电器 5 号端子→H-LP 近光灯继电器 3 号端子→H-LP LH-LO /H-LP RH-LO 保险丝→左/右近光灯→搭铁，此时近光灯点亮。

9. 本田车型典型近光灯电路详解——飞度近光灯控制电路（图 1-1-10）

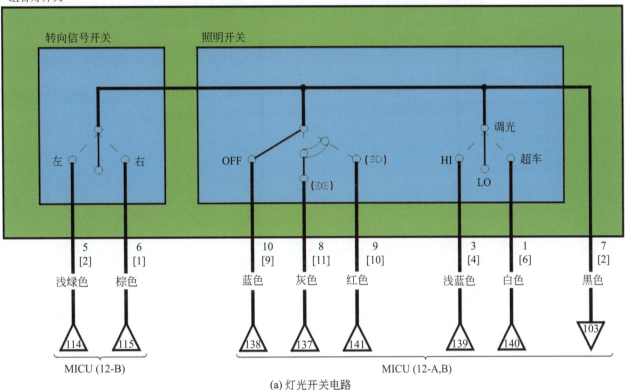

图 1-1-10

019

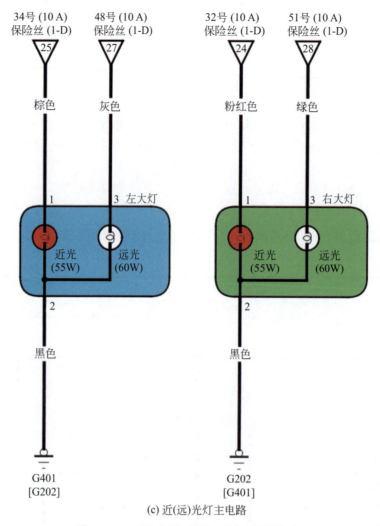

(c) 近(远)光灯主电路

图 1-1-10 飞度近（远）光灯控制电路

❶ 灯光开关信号电路

将灯光开关旋至近光灯开启位置，灯光开关内部触点接通，通过灯光开关将近光灯开启信号发送至 MICU 控制单元，此时 MICU 控制单元控制近光灯继电器线圈搭铁。

❷ 近光灯继电器控制电路

B+ 电源→照明继电器 1 → MICU 控制单元 12-C 号端子→搭铁，此时近光灯继电器常开开关闭合。

❸ 近光灯主电路

B+ 电源→照明继电器 1 → 32/34 保险丝→左 / 右近光灯→搭铁，此时近光灯点亮。

10. 马自达车型典型近光灯电路详解——CX-4 近光灯控制电路（图 1-1-11）

❶ 灯光开关信号电路

将灯光开关旋至近光灯开启位置，灯光开关内部触点接通，通过灯光开关将近光灯开启信号发送至启停单元，启停单元再将近光灯开启信号通过 1X 端子发送至 FBCM 控制单元 2W 端子，此时 FBCM 控制单元控制近光灯继电器线圈搭铁。

❷ 近光灯继电器控制电路

蓄电池正极→ F04（200A）主保险丝→前照灯近光灯继电器 E 号端子→前照灯近光灯继电器 A 号端子→ FBCM 控制单元 1M 号端子→搭铁，此时近光灯继电器常开开关闭合。

❸ 近光灯主电路

蓄电池正极→ F04（200A）主保险丝→前照灯近光灯继电器 D 号端子→前照灯近光灯继电器 C 号端子→ LOW L/LOW R 保险丝→左 / 右近光灯→搭铁，此时近光灯点亮。

第一章

照明以及信号灯典型控制电路详解

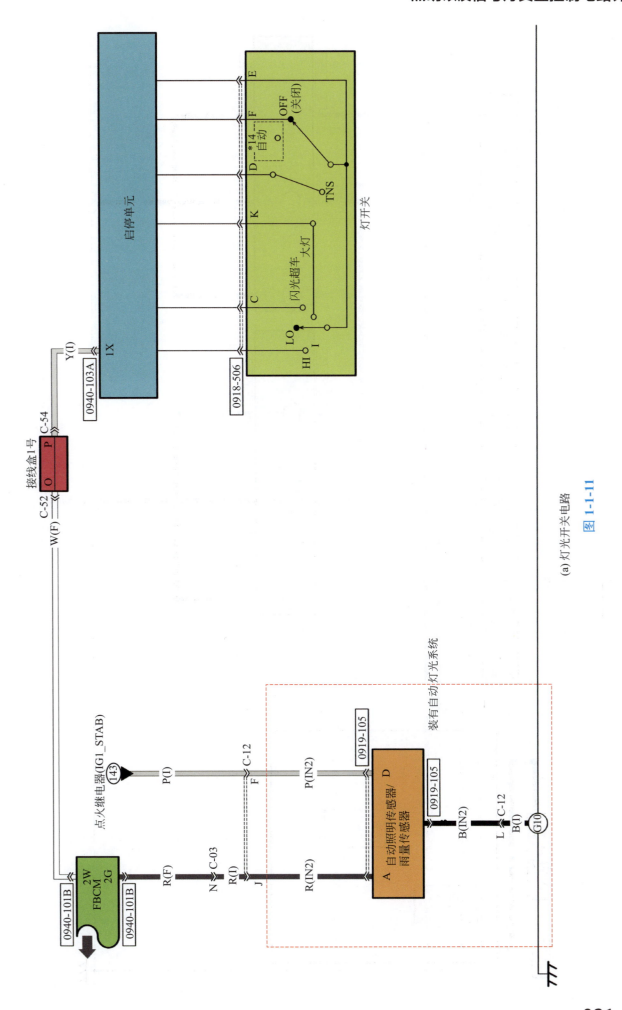

(a) 灯光开关电路

图 1-1-11

021

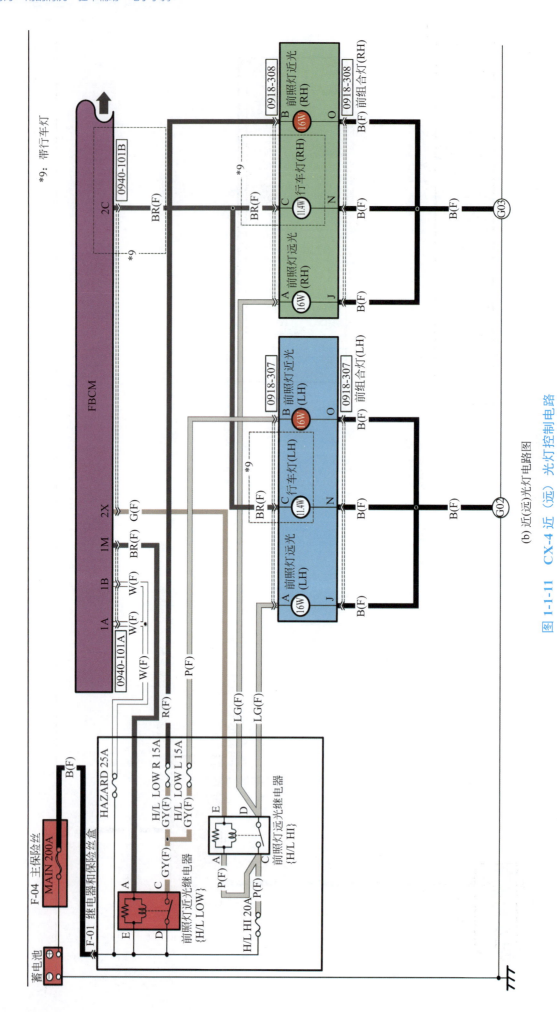

图 1-1-11 CX-4 近(远)光灯控制电路
(b) 近(远)光灯电路图

11. 日产车型典型近光灯电路详解——轩逸近光灯控制电路（图 1-1-12）

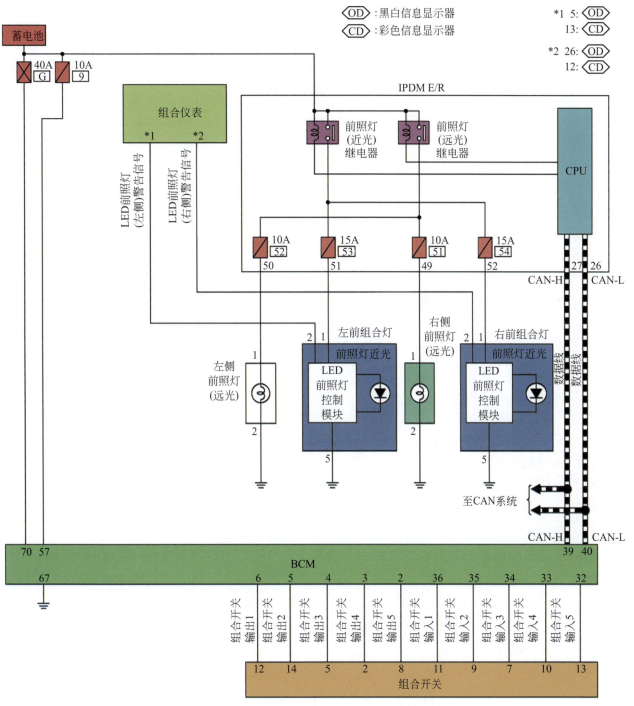

图 1-1-12　日产轩逸近（远）光灯控制电路

前照灯由 BCM 的组合开关读取功能和前照灯控制功能，以及 IPDM E/R 的继电器控制功能控制。
BCM 通过组合开关读取功能检测组合开关的状态。
BCM 根据前照灯（近光）ON 状态用 CAN 通信将近光请求信号发送到 IPDM E/R。

❶ 灯光开关信号电路

将灯光开关旋至近光灯开启位置，灯光开关内部触点接通，通过灯光开关将近光灯开启信号发送至 BCM 控制单元，BCM 控制单元通过 CAN 线向 CPU 控制单元发送近光灯开启信号，此时 CPU 控制单元控制近光灯继电器线圈搭铁。

❷ 近光灯继电器控制电路

蓄电池正极→近光灯继电器→ CPU →搭铁，此时近光灯继电器常开开关闭合。

③ 近光灯主电路

蓄电池正极→近光灯继电器→53/54 保险丝→左/右前照灯控制模块→搭铁，此时近光灯点亮。

12. 三菱车型典型近光灯电路详解——帕杰罗近光灯控制电路（图 1-1-13）

① 灯光开关信号电路

将灯光开关旋至近光灯开启位置，灯光开关内部触点接通，通过转向柱开关 3 号端子将近光灯开启信号发送至延时报警控制器（ETACS-ECU），延时报警控制器（ETACS-ECU）接收到近光灯开启信号，控制近光灯继电器线圈搭铁。

② 近光灯继电器控制电路

易熔线 23 号→近光灯继电器 2 号端子→近光灯继电器 1 号端子→ETACS-ECU→搭铁，此时近光灯继电器常开开关闭合。

③ 近光灯主电路

易熔线 23 号→近光灯继电器 4 号端子→近光灯继电器 3 号端子→继电器盒 8/9 保险丝→左/右前近光灯→搭铁，此时近光灯点亮。

13. 现代/起亚车型典型近光灯电路详解——现代名图 MISTRA 近光灯控制电路（图 1-1-14）

当灯光开关在大灯位置，将变光/超车开关置于近光位置时，BCM 接收信号并通过 CAN 通信传送至 IPS 控制模块。IPS 控制模块控制 IPS 0、3，接通大灯（近光）并通过 CAN 通信传送控制和诊断结果至 BCM。

① 灯光开关信号电路

将灯光开关旋至近光灯开启位置，灯光开关内部触点接通，近光灯开启信号通过灯光开关 10 号端子被发送至 BCM 控制单元，BCM 控制单元将信号发送给 IPS 控制模块，IPS 控制模块控制 IPS 0、3，接通大灯（近光）。

② 近光灯主电路

常电→B+1/B+2 保险丝→控制模块 IPS 0/控制模块 IPS 3→左/右前近光灯→搭铁，此时近光灯点亮。

14. 福特车型典型近光灯电路详解——锐界 EDGE 近光灯控制电路（图 1-1-15）

① 灯光开关信号电路

将灯光开关旋至近光灯开启位置，灯光开关内部触点接通，近光灯开启信号通过灯光开关 12 号端子被发送至 BCM 控制单元 15 号端子，BCM 控制单元向近光灯供电。

② 近光灯主电路

蓄电池正极→F62（50A）保险丝和 F67（50A）保险丝→BCM 控制单元→左/右近光灯控制模块→左/右前照灯总成→搭铁，此时近光灯点亮。

15. 传祺车型典型近光灯电路详解——GS4 近光灯控制电路（图 1-1-16）

① 灯光开关信号电路

将灯光开关旋至近光灯开启位置，灯光开关内部触点接通，近光灯开启信号通过灯光开关 IP31-6 号端子被送至车身控制单元，车身控制单元接收到近光灯开启信号，并控制近光灯继电器线圈搭铁。

② 近光灯继电器控制电路

蓄电池正极→175A 保险丝→近光灯继电器线圈→车身控制单元→搭铁，此时近光灯继电器常开开关闭合。

③ 近光灯主电路

蓄电池正极→175A 保险丝→近光灯继电器常开开关→EF22/EF23 保险丝→左/右前近光灯→搭铁，此时近光灯点亮。

第一章 照明以及信号灯典型控制电路详解

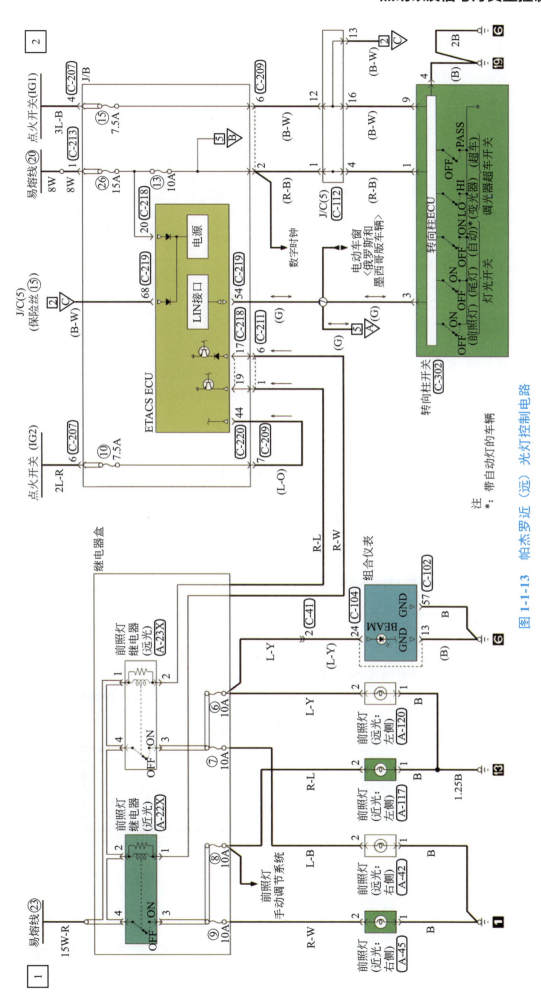

图 1-1-13 帕杰罗近(远)光灯控制电路

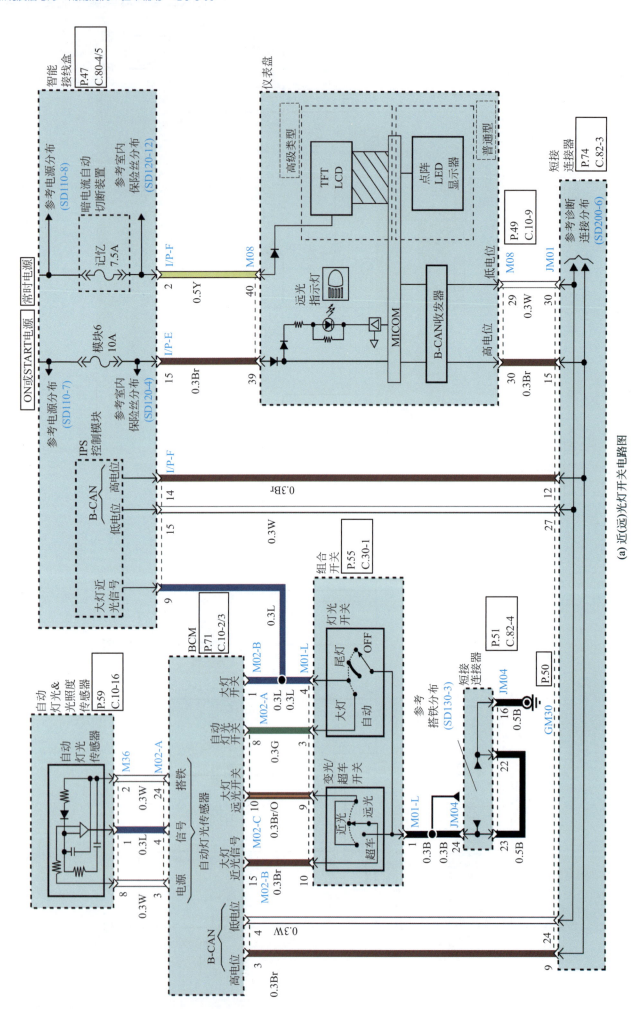

(a) 近(远)光灯开关电路图

第一章 照明以及信号灯典型控制电路详解

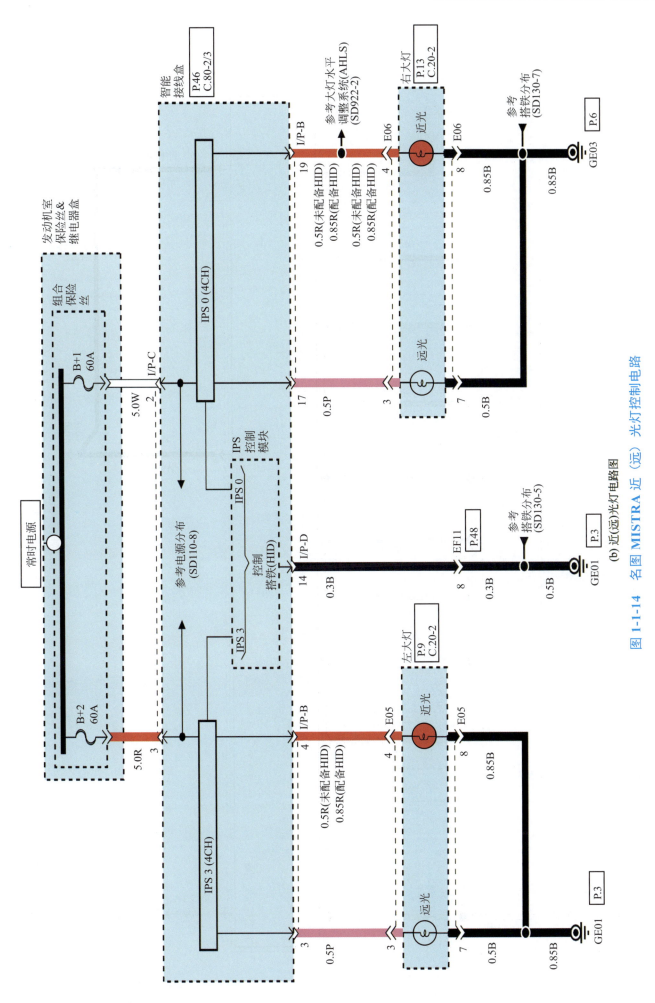

图 1-1-14 名图 MISTRA 近（远）光灯控制电路
(b) 近(远)光灯电路图

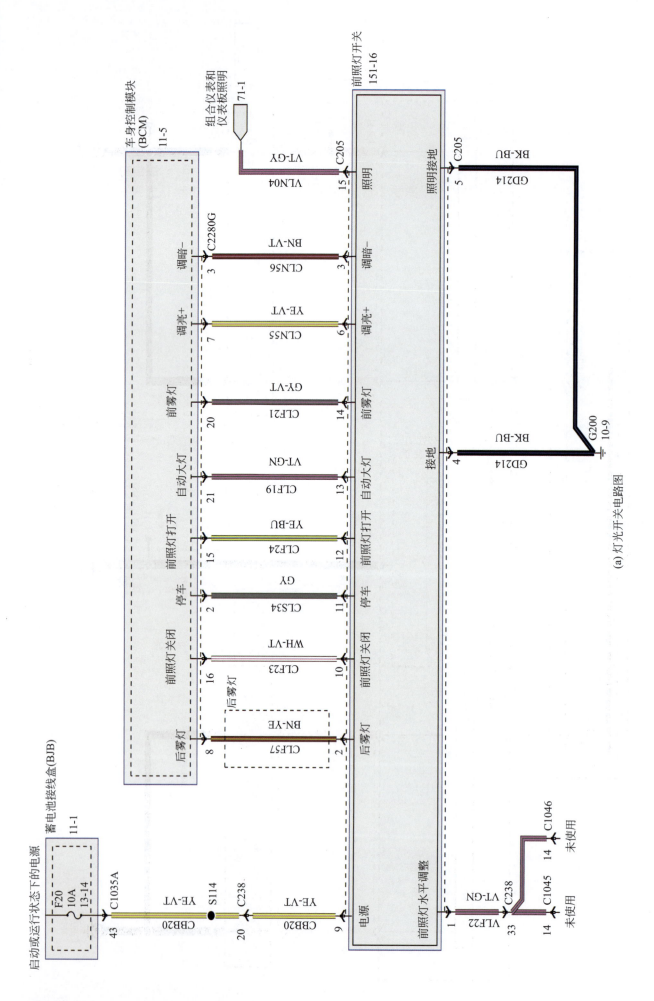

(a) 灯光开关电路图

第一章 照明以及信号灯典型控制电路详解

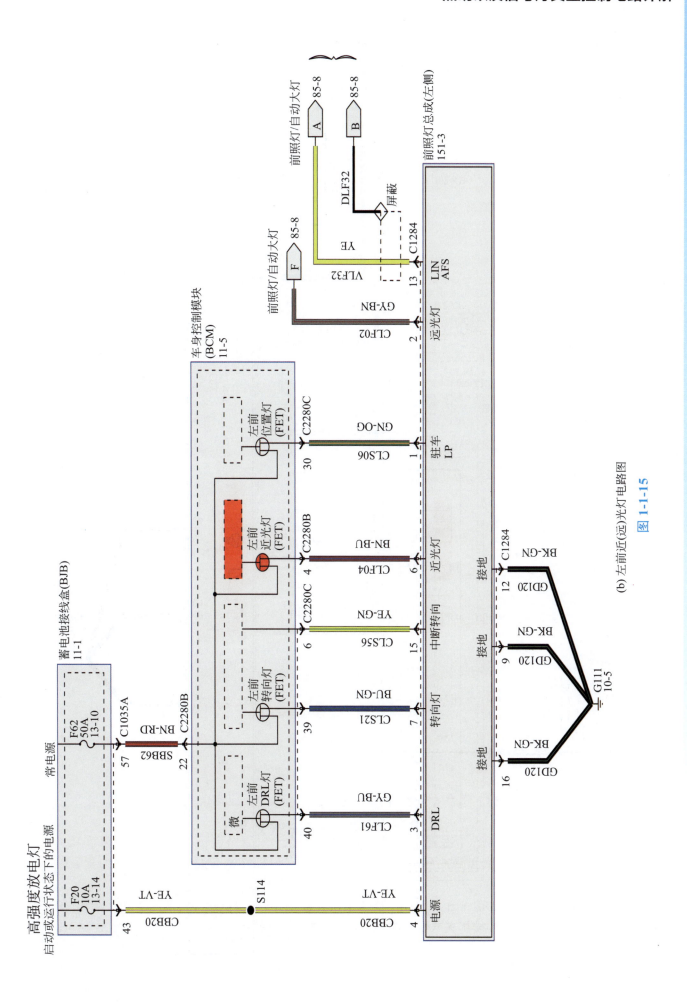

图 1-1-15 (b) 左前远(近)光灯电路图

照明及信号灯·雨刮清洗·驻车辅助·电子手刹

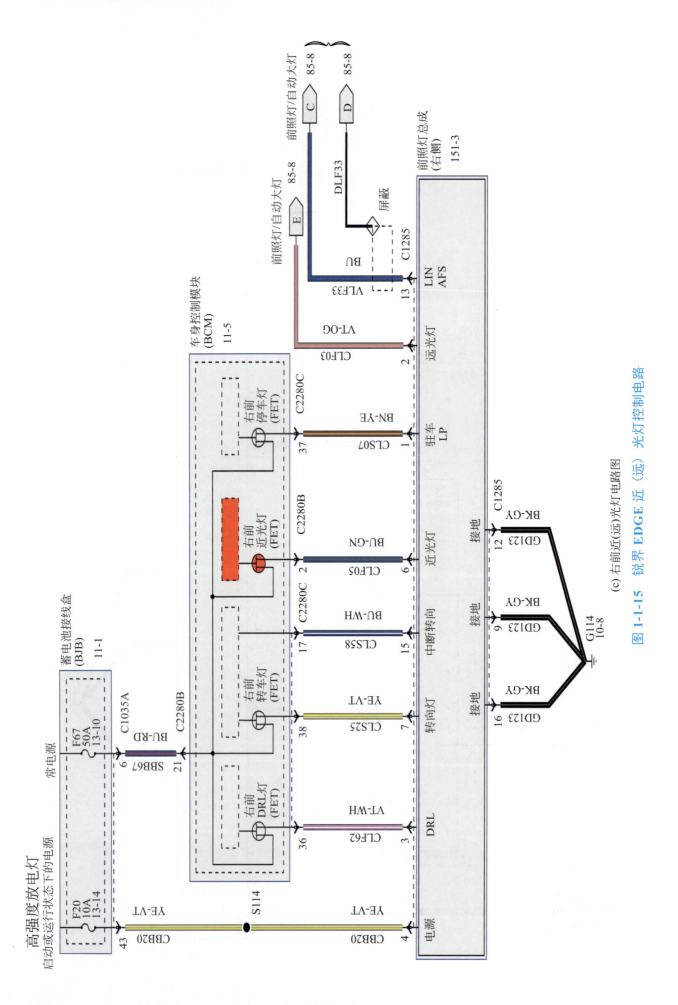

图 1-1-15 锐界 EDGE 近(远)光灯控制电路
(c) 右前近(远)光灯电路图

照明以及信号灯典型控制电路详解

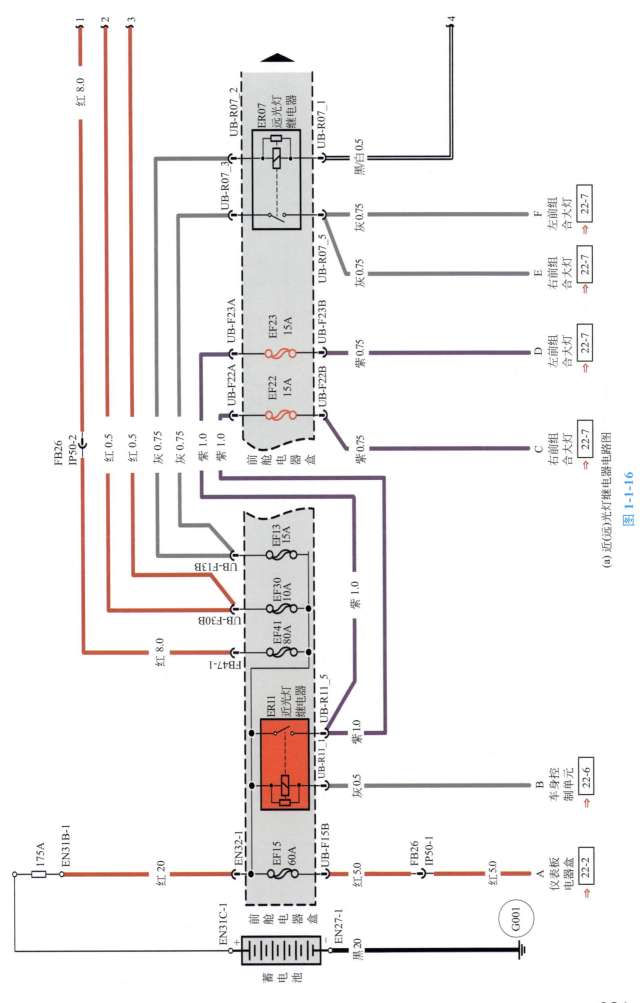

(a) 近(远)光灯继电器电路图

图 1-1-16

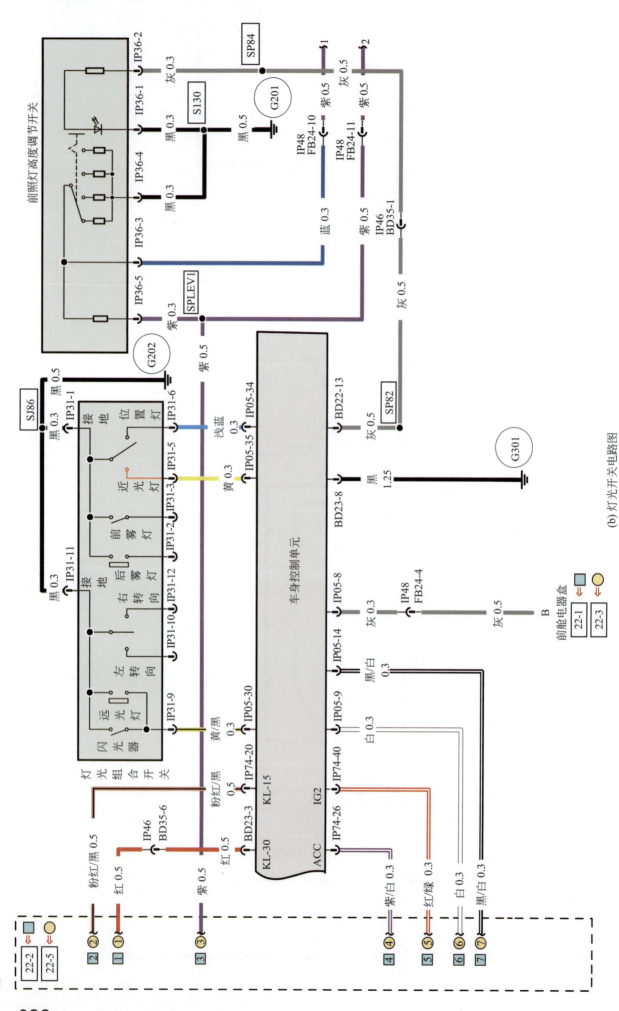

(b) 灯光开关电路图

第一章

照明以及信号灯典型控制电路详解

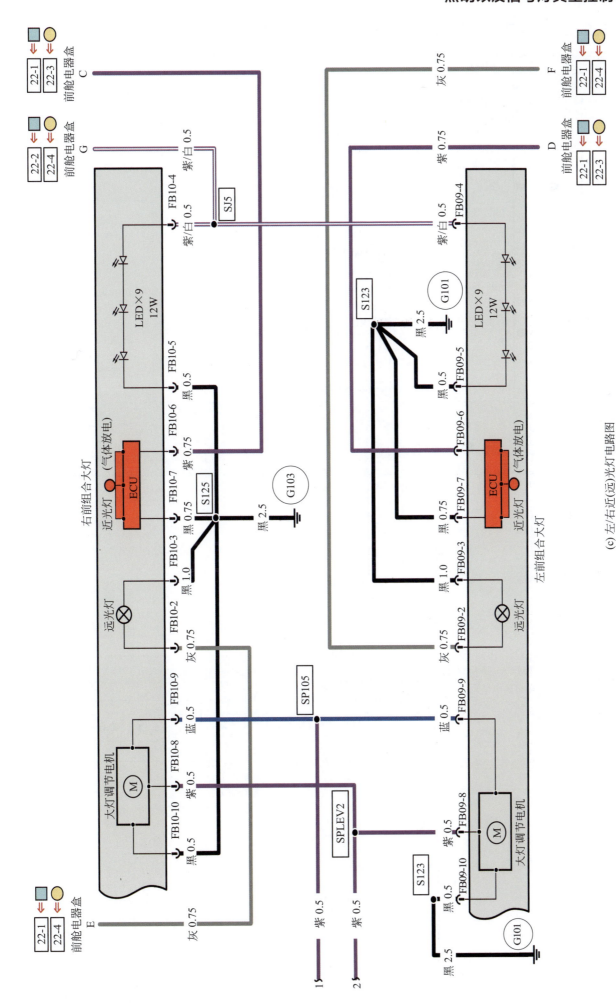

图 1-1-16　GS4 近（远）光灯电路图
(c) 左/右近（远）光灯控制电路

16. 宝马车型典型近光灯电路详解——3系 G28 近光灯控制电路（图 1-1-17）

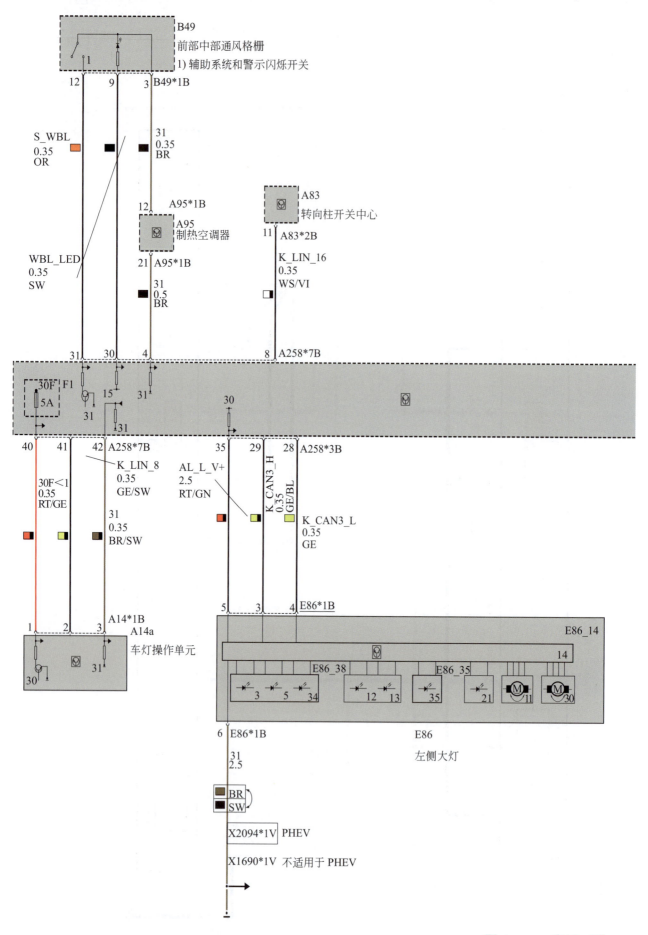

图 1-1-17　宝马 3 系 G28

第一章
照明以及信号灯典型控制电路详解

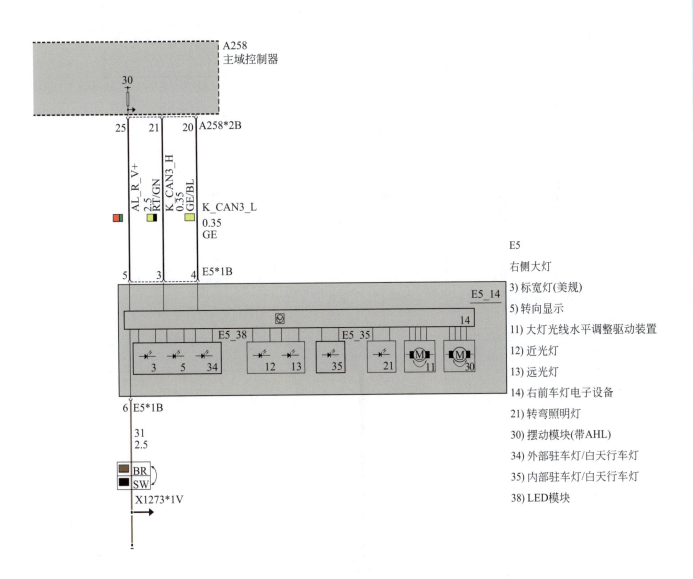

近光灯控制电路

车身域控制器（BDC）控制外部照明。也就是说，所有照明功能都已集成到 BDC 控制单元中。灯光操作单元通过 LIN 总线与 BDC 控制单元连接。

（1）近光灯功能

如果 PAD 模式启用，则接通近光灯。

如果发动机关闭，驻车灯仍然开启，随着驾驶员侧车门的打开，驻车灯也将关闭。

（2）自动车灯控制

根据环境亮度由车身域控制器（BDC）控制单元自动接通或关闭近光灯（例如在晨昏时或在隧道中）。

一个光线传感器探测环境亮度。雨天/行车灯/雾气/光照传感器通过 LIN 总线连接到 BDC 控制单元上。

如果光线传感器失效，行车灯便会自动打开（前提条件：自动车灯控制已激活）。

如果 PAD 模式停用，则关闭近光灯。驻车灯在收到 PAD 模式关闭信号后仍可打开，因为它已通过自动车灯控制打开。打开驾驶员侧车门后，驻车灯自动关闭。如果通过另一个车门离开车辆，则驻车灯在车辆联锁时自动关闭。

17. 长城车型典型近光灯电路详解——哈弗 H6 近光灯控制电路（图 1-1-18）

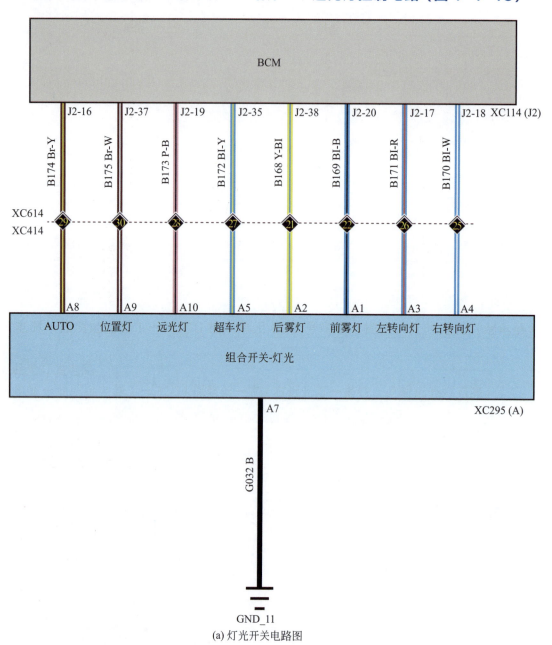

(a) 灯光开关电路图

第一章
照明以及信号灯典型控制电路详解

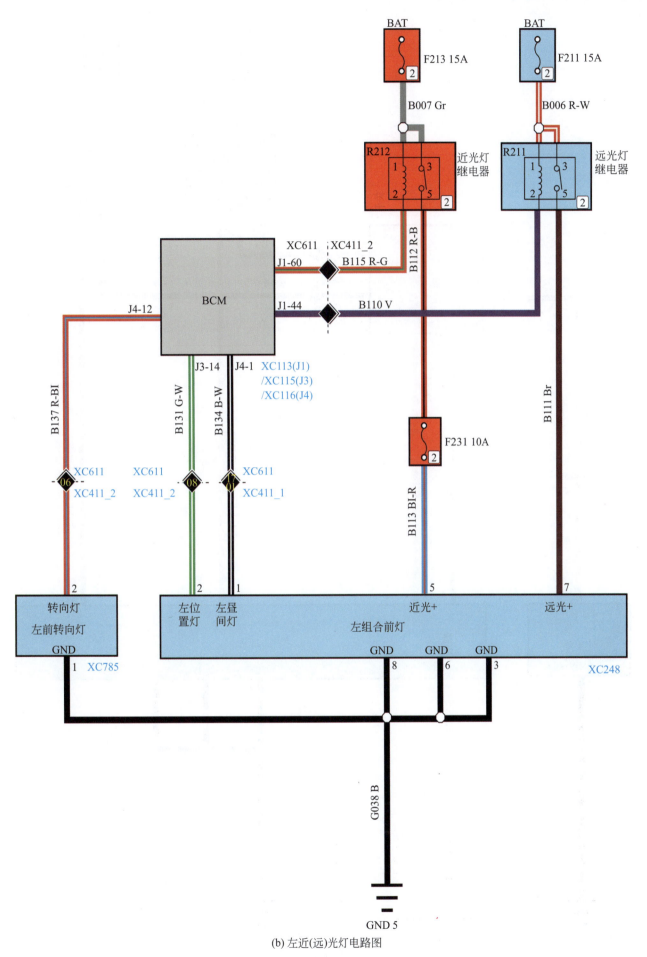

(b) 左近(远)光灯电路图

图 1-1-18

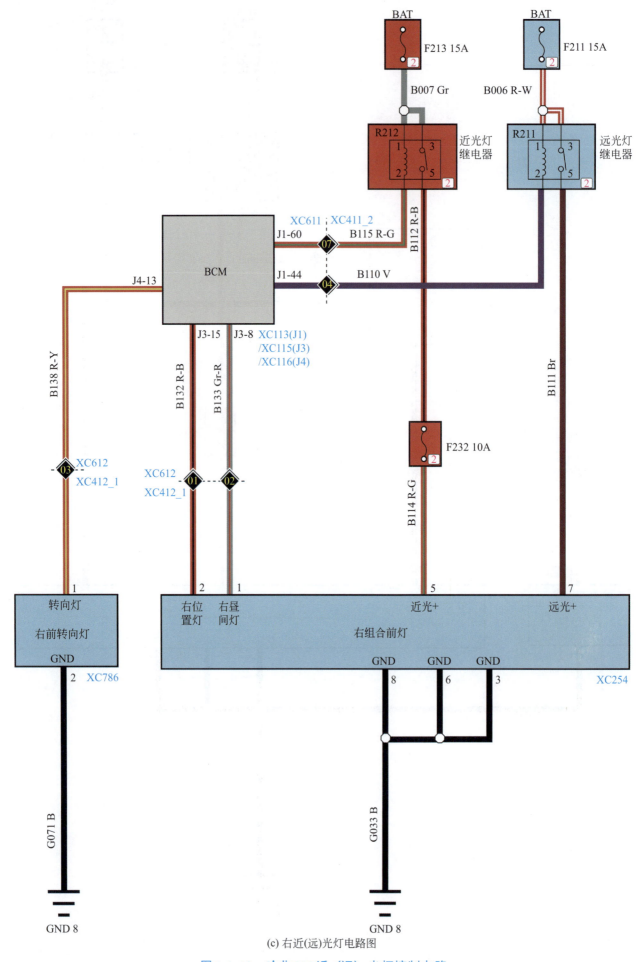

(c) 右近(远)光灯电路图

图 1-1-18 哈弗 H6 近（远）光灯控制电路

❶ 灯光开关信号电路

将灯光开关旋至近光灯开启位置，灯光开关内部触点接通，近光灯开启信号通过灯光开关 A8 号端子被送至 BCM 控制单元 J2-16，BCM 控制单元接收到近光灯开启信号，并控制近光灯继电器线圈搭铁。

❷ 近光灯继电器控制电路

蓄电池正极→F213（15A）保险丝→近光灯继电器 1 号端子→近光灯继电器 2 号端子→BCM 控制单元→搭铁，此时近光灯继电器常开开关闭合。

❸ 近光灯主电路

蓄电池正极→F213（15A）保险丝→近光灯继电器 3 号端子→近光灯继电器 5 号端子→F231/F232 保险丝→左/右前的近光灯→搭铁，此时近光灯点亮。

四、近光灯典型故障检修技巧

本小节中的故障诊断案例以丰田卡罗拉车型为例进行介绍。

1. 灯传感器电路故障

（1）功能描述及故障码

自动灯控传感器检测环境照明，将它转换为一个电信号并发送到主车身 ECU。主车身 ECU 根据此信号打开或关闭前照灯和尾灯。故障码显示如表 1-1-2 所示。

表 1-1-2　故障码

DTC 编号	DTC 检测条件	故障部位
B1244	• 自动灯控传感器故障 • 自动灯控传感器电路断路或短路	• 自动灯控传感器 • 线束或连接器 • 主车身 ECU（仪表板接线盒）

（2）电路图（图 1-1-19）

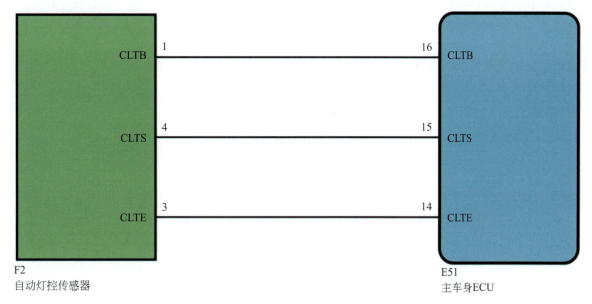

图 1-1-19　自动灯控传感器至主车身 ECU 电路图

（3）故障诊断

❶ 检查线束和连接器（主车身 ECU—自动灯控传感器）

a. 断开自动灯控传感器连接器 F2。
b. 断开主车身 ECU 连接器 E51。
c. 根据图 1-1-20、图 1-1-21 和表 1-1-3 中的值测量电阻。

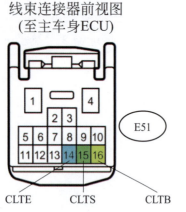

图 1-1-20　主车身 ECU 控制单元连接器

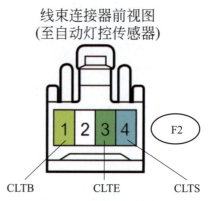

图 1-1-21　自动灯控传感器连接器

表 1-1-3　标准电阻

检测仪连接	条件	规定状态
E51-14（CLTE）—F2-3（CLTE）	始终	小于 1Ω
E51-15（CLTS）—F2-4（CLTS）	始终	小于 1Ω
E51-16（CLTB）—F2-1（CLTB）	始终	小于 1Ω
E51-14（CLTE）—车身搭铁	始终	10kΩ 或更大
E51-15（CLTS）—车身搭铁	始终	10kΩ 或更大
E51-16（CLTB）—车身搭铁	始终	10kΩ 或更大

如果检查结果异常，则维修或更换线束或连接器；如果检查结果正常，则检查主车身 ECU（仪表板接线盒）。

❷ 检查主车身 ECU（仪表板接线盒）

a. 重新连接主车身 ECU 连接器。
b. 根据图 1-1-22 以及表 1-1-4 和表 1-1-5 中的值测量电压和电阻。

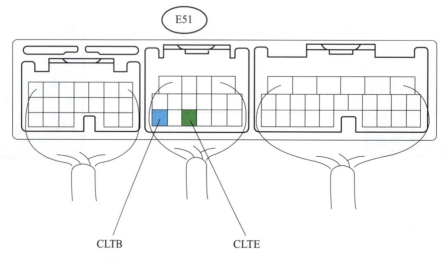

图 1-1-22　主车身 ECU 控制单元连接器

照明以及信号灯典型控制电路详解

表 1-1-4 标准电压

检测仪连接	条件	规定状态
E51-16（CLTB）—E51-14（CLTE）	点火开关置于 OFF 位置	低于 1V
E51-16（CLTB）—E51-14（CLTE）	点火开关置于 ON（IG）位置	11～14V

表 1-1-5 标准电阻

检测仪连接	条件	规定状态
E51-14(CLTE)—车身搭铁	始终	小于 1Ω

如果检查结果异常，则更换主车身 ECU（仪表板接线盒）；如果检查结果正常，则检查自动灯控传感器。

❸ 检查自动灯控传感器
a. 重新连接自动灯控传感器连接器。
b. 将示波器连接到自动灯控传感器连接器（图 1-1-23）。
c. 按表 1-1-6 检查波形，正常波形如图 1-1-24 所示。

表 1-1-6 波形检查条件、工具及内容

检测仪连接	工具设置	条件	规定状态
F2-3（CLTE）—F2-4（CLTS）	5V/格，5ms/格	点火开关置于 ON（IG）位置，灯控开关置于 AUTO 位置	正确的波形如图 1-1-24 所示

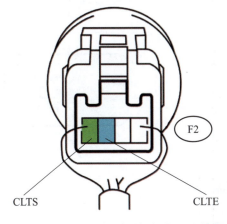

图 1-1-23 自动灯控传感器连接器

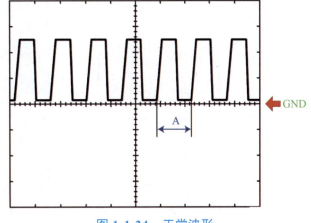

图 1-1-24 正常波形

如果检查结果异常，则更换自动灯控传感器；如果检查结果正常，则更换主车身 ECU（仪表板接线盒）。

2. 车速传感器故障诊断

（1）功能描述
前照灯光束高度调整 ECU 从组合仪表接收车速信号。

 提示

各 ECU 输出 12V 或 5V 的电压，然后输入至组合仪表。在组合仪表的晶体管中，此信号转变成脉冲信号。各 ECU 根据此脉冲信号控制各系统。
如果任何一个 ECU 或者连接到 ECU 的线束中发生短路，则各 ECU 的所有系统都将无法正常工作。

(2) 故障码（表 1-1-7）

表 1-1-7 故障码

DTC 编号	DTC 检测条件	故障部位
B2415	・组合仪表故障 ・车速传感器电路断路或短路 ・前照灯光束高度调整 ECU 故障	・组合仪表 ・线束或连接器 ・前照灯光束高度调整 ECU

(3) 电路图（图 1-1-25）

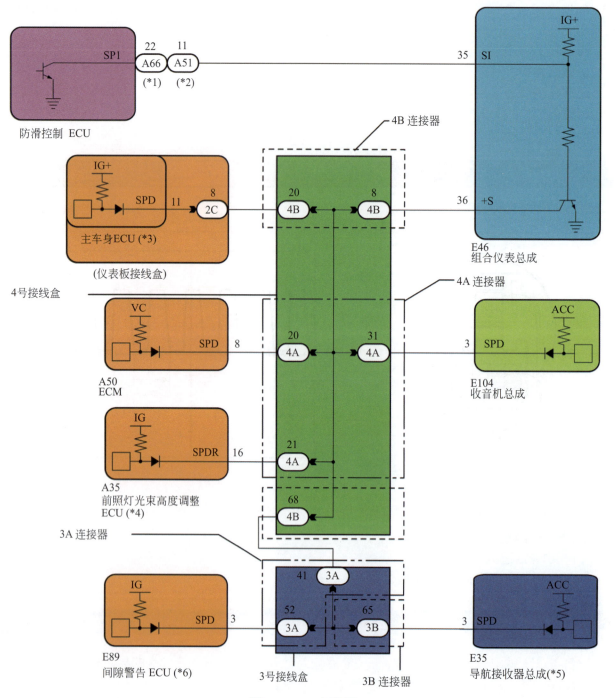

图 1-1-25 电路图

*1—不带 VSC；*2—带 VSC；*3—带智能上车和启动系统；*4—带前照灯光束高度自动控制；
*5—带导航系统；*6—带丰田驻车辅助传感器系统

(4)故障诊断

❶ 检查组合仪表系统

a. 在仪表部分中检查将车速信号发送至此系统的电路。

b. 在仪表系统的检查过程中，如果出现说明指示转回至检查照明系统，则转至下一步。

❷ 检查线束和连接器（前照灯光束高度调整 ECU—组合仪表）

a. 断开组合仪表连接器 E46。

b. 断开前照灯光束高度调整 ECU 连接器 A35。

c. 根据图 1-1-26、图 1-1-27 和表 1-1-8 中的值测量电阻。

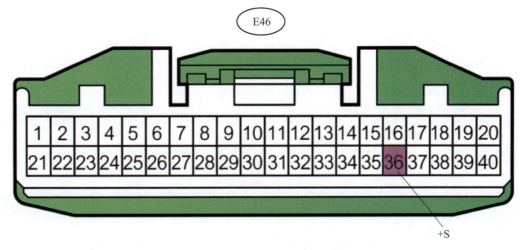

图 1-1-26　组合仪表连接器

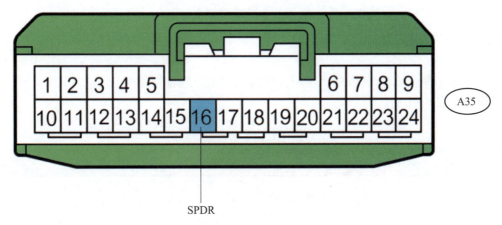

图 1-1-27　前照灯光束高度调整 ECU 连接器

表 1-1-8　标准电阻

检测仪连接	条件	规定状态
A35-16（SPDR）—E46-36（+S）	始终	小于 1Ω

如果检查结果异常，则检查线束和连接器（前照灯光束高度调整 ECU—4 号接线盒）；如果检查结果正常，则更换前照灯光束高度调整 ECU。

❸ 检查线束和连接器（前照灯光束高度调整 ECU—4 号接线盒）

a. 断开 4 号接线盒连接器。

b. 根据图 1-1-28 和表 1-1-9 中的值测量电阻。

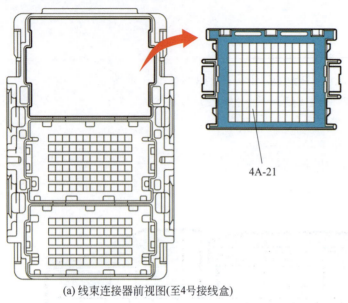 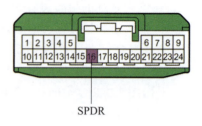

(a) 线束连接器前视图(至4号接线盒)　　　　(b) 线束连接器前视图(至前照灯光束高度调整ECU)

图 1-1-28　4 号接线盒连接器

表 1-1-9　标准电阻

检测仪连接	条件	规定状态
A35-16（SPDR）—4A-21	始终	小于 1Ω

如果检查结果异常，则维修或更换线束或连接器（前照灯光束高度调整 ECU—4 号接线盒）；如果检查结果正常，则维修或更换线束或连接器（4 号接线盒）。

3. 高度控制传感器故障

（1）功能描述

前照灯光束高度调整 ECU 接收高度控制传感器发送的车辆高度信号。

（2）故障码（表 1-1-10）

表 1-1-10　故障码

DTC 编号	DTC 检测条件	故障部位
B2416	• 高度控制传感器故障 • 高度控制传感器电路断路或短路	• 高度控制传感器 • 线束或连接器 • 前照灯光束高度调整 ECU

（3）电路图（图 1-1-29）

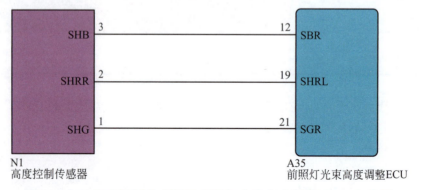

图 1-1-29　高度控制传感器至前照灯光束高度调整 ECU 电路图

（4）故障诊断

❶ 读取智能检测仪的值（表 1-1-11）

将智能检测仪连接到 DLC3，并读取智能检测仪上显示的内容。

HL 自动光束高度调整（前照灯光束高度调整 ECU）。

表 1-1-11　数据流

检测仪显示	测量项目 / 范围	正常状态
Height Sens Val （高度传感器电压）	后高度控制传感器电源值 /0 至 5V	约 5.0V
Rr Height Sens （高度传感器信号值）	后高度控制传感器信号值 /0 至 5V	约 2.5V

正常：检测仪上显示了上面列出的正常状态。

如果检查结果异常，则检查线束和连接器（前照灯光束高度调整 ECU—高度控制传感器）；如果检查结果正常，则更换前照灯光束高度调整 ECU。

❷ 检查线束和连接器（前照灯光束高度调整 ECU—高度控制传感器）

a. 断开前照灯光束高度调整 ECU 连接器 A35。

b. 断开高度控制传感器连接器 N1。

c. 根据图 1-1-30、图 1-1-31 和表 1-1-12 测量电阻。

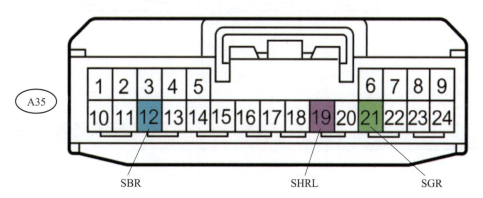

图 1-1-30　前照灯光束高度调整 ECU 连接器

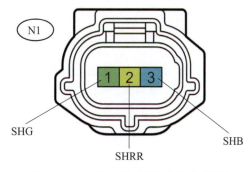

图 1-1-31　高度控制传感器连接器

表 1-1-12　标准电阻

检测仪连接	条件	规定状态
A35-12（SBR）—N1-3（SHB）	始终	小于 1Ω
A35-19（SHRL）—N1-2（SHRR）	始终	小于 1Ω

续表

检测仪连接	条件	规定状态
A35-21（SGR）—N1-1（SHG）	始终	小于1Ω
A35-12（SBR）—车身搭铁	始终	10kΩ 或更大
A35-19（SHRL）—车身搭铁	始终	10kΩ 或更大
A35-21（SGR）—车身搭铁	始终	10kΩ 或更大

如果检查结果异常，则维修或更换线束或连接器；如果检查结果正常，则检查前照灯光束高度调整ECU。

❸ 检查前照灯光束高度调整ECU

a. 重新连接前照灯光束高度调整ECU连接器A35。

b. 根据图1-1-32和表1-1-13中的值测量电压。

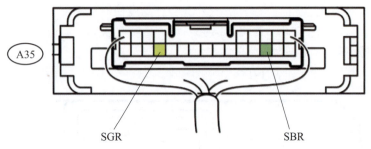

图 1-1-32　前照灯光束高度调整 ECU

表 1-1-13　标准电压

检测仪连接	条件	规定状态
A35-12（SBR）—A35-21（SGR）	点火开关置于ON（IG）位置	4.5～5.5V

如果检查结果异常，则更换前照灯光束高度调整ECU；如果检查结果正常，则检查高度控制传感器。

❹ 检查高度控制传感器（图1-1-33）

a. 拆下高度控制传感器。

b. 将干电池的正极（+）引线与端子3相连，干电池的负极（-）引线与端子1相连。

c. 在缓慢上下移动连杆的同时，测量端子2和端子1之间的电压（表1-1-14）。

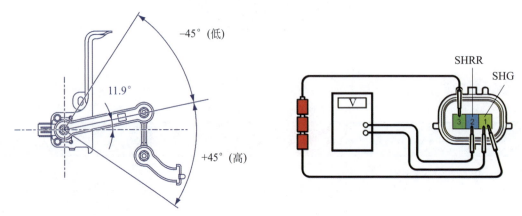

图 1-1-33　高度控制传感器

表 1-1-14 标准电压

检测仪条件	条件	规定状态
2（SHRR）—1（SHG）	+45°（高）	约 4.05V
	0°（正常）	约 2.25V
	−45°（低）	约 0.45V

如果检查结果异常，则更换高度控制传感器；如果检查结果正常，则更换前照灯光束高度调整 ECU。

4. 前照灯继电器电路故障诊断

（1）功能描述

主车身接收灯控开关 HEAD 信号，以控制前照灯继电器。

当灯控开关置于 AUTO 位置时，主车身 ECU 接收来自自动灯控传感器的环境照明等级信号以控制前照灯继电器。

提示

如果只有一侧的一个近光前照灯灯泡没有亮起，检查此灯泡和与其连接的保险丝或线束。

如果将灯控开关置于 HEAD 位置，左右两侧的近光前照灯都没有亮起，则执行前照灯继电器主动测试，并读取数据表中灯控开关 HEAD 信号值，以确定故障存在于开关侧还是继电器侧。

（2）电路图（图 1-1-34）

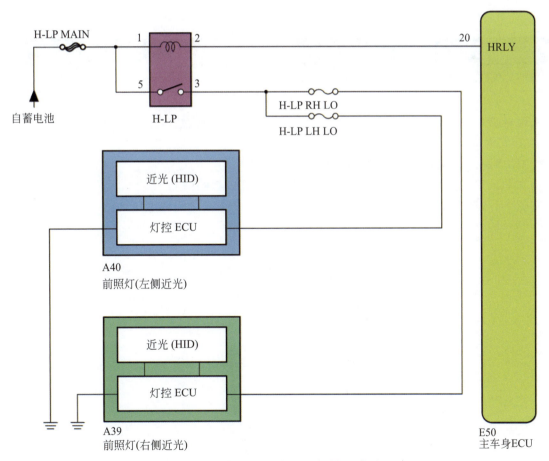

图 1-1-34 前照灯（带自动灯控）电路图

（3）故障诊断

❶ 用检测仪进行主动测试（表 1-1-15）

表 1-1-15　主动测试

检测仪显示	测试部位	控制范围
Head Light Relay[*1]（前照灯继电器）	前照灯继电器	ON/OFF

正常：前照灯继电器工作（近光前照灯亮起）。

如果检查结果异常，则读取检测仪的值；如果检查结果正常，则结束。

❷ 读取检测仪的值（表 1-1-16）

表 1-1-16　检测仪上显示的内容

检测仪显示	测量项目/范围	正常状态
Head Light SW（Head）[*1]（灯控开关）	灯控开关 HEAD 信号/ON 或 OFF	ON：灯控开关置于 HEAD 位置 OFF：灯控开关未置于 HEAD 位置

正常：检测仪上显示上面列出的正常状态。

如果检查结果异常，则继续检查下一个有可能出现故障的电路；如果检查结果正常，则检查保险丝（H-LP MAIN）。

❸ 检查保险丝（H-LP MAIN）

a. 从发动机室继电器盒中拆下 H-LP MAIN 保险丝。

b. 根据表 1-1-17 中的值测量电阻。

表 1-1-17　标准电阻

检测仪连接	条件	规定状态
H-LP MAIN 保险丝	始终	小于 1Ω

如果检查结果异常，则更换保险丝；如果检查结果正常，则检查发动机室继电器盒。

❹ 检查发动机室继电器盒

a. 将 H-LP MAIN 保险丝安装到发动机室继电器盒中。

b. 从发动机室接线盒中拆下 H-LP LH LO 保险丝和 H-LP RH LO 保险丝。

c. 按图 1-1-35 和表 1-1-18 测量各保险丝加载槽与车身搭铁之间的电压。

图 1-1-35　发动机室接线盒

表 1-1-18　标准电压

检测仪连接	开关状态	规定状态
H-LP LH LO 保险丝端子—车身搭铁	灯控开关 OFF → HEAD	低于1V →（11～14）V
H-LP RH LO 保险丝端子—车身搭铁	灯控开关 OFF → HEAD	低于1V →（11～14）V

如果检查结果异常，则检查前照灯继电器（H-LP）；如果检查结果正常，则维修或更换线束或连接器（保险丝—车身搭铁）。

❺ 检查前照灯继电器（H-LP）

a. 从发动机室继电器盒上拆下前照灯继电器。

b. 根据图 1-1-36 和表 1-1-19 中的值测量电阻。

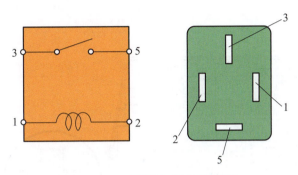

图 1-1-36　前照灯继电器端子

表 1-1-19　标准电阻

检测仪连接	条件	规定状态
3—5	在端子1和2间未施加电压	10kΩ 或更大
3—5	在端子1和2间施加电压	小于1Ω

如果检查结果异常，则更换前照灯继电器；如果检查结果正常，则检查线束和连接器（蓄电池—前照灯继电器）。

❻ 检查线束和连接器（蓄电池—前照灯继电器）

根据图 1-1-37 和表 1-1-20 中的值测量继电器盒侧的电压。

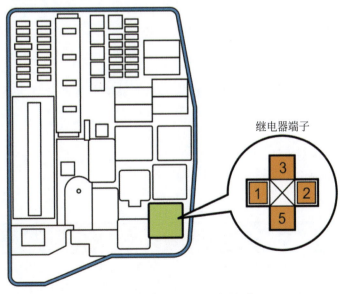

图 1-1-37　接线盒及继电器端子

表 1-1-20　标准电压

检测仪连接	条件	规定状态
前照灯继电器端子 5—车身搭铁	始终	11～14V
前照灯继电器端子 1—车身搭铁	始终	11～14V

如果检查结果异常，则维修或更换线束或连接器；如果检查结果正常，则检查线束和连接器（前照灯继电器—保险丝）。

❼ 检查线束和连接器（前照灯继电器—保险丝）

根据图 1-1-38 和表 1-1-21 中的值测量电阻。

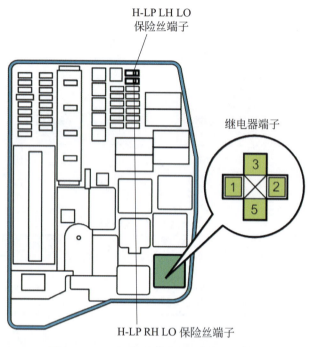

图 1-1-38　保险丝端子和继电器端子

表 1-1-21　标准电阻

检测仪连接	条件	规定状态
前照灯继电器端子 3—H-LP LH LO 保险丝端子	始终	小于 1Ω
前照灯继电器端子 3—H-LP RH LO 保险丝端子	始终	小于 1Ω

如果检查结果异常，则维修或更换线束或连接器；如果检查结果正常，则检查线束和连接器（前照灯继电器—主车身 ECU）。

❽ 检查线束和连接器（前照灯继电器—主车身 ECU）

a. 断开主车身 ECU 连接器 E50（图 1-1-39）。

b. 根据图 1-1-37、图 1-1-39 和表 1-1-22 中的值测量电阻。

表 1-1-22　标准电阻

检测仪连接	条件	规定状态
前照灯继电器端子 2—E50-20（HRLY）	始终	小于 1Ω
E50-20（HRLY）—车身搭铁	始终	小于 1Ω

第一章 照明以及信号灯典型控制电路详解

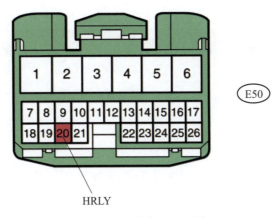

图 1-1-39　车身 ECU 端子

如果检查结果异常，则维修或更换线束或连接器；如果检查结果正常，则更换主车身 ECU（仪表板接线盒）。

第二节　远光灯控制电路

一、远光灯的作用

汽车的远光灯可以提供驾驶的视线，扩大观察的视野范围。在没有路灯的道路上驾驶，开启远光灯的视野范围远远大于开启近光灯的视野范围，在照明条件不好的道路采用远光灯比较好。

二、远光灯的工作原理

打开远光变光开关后，电流经由蓄电池正极→前照灯变光继电器→变光开关总成→搭铁→蓄电池负极，形成回路。使前照灯变光继电器开关闭合，电流分别经左、右保险丝到达左、右远光灯以及远光指示灯，最后经搭铁回到蓄电池负极，形成回路，左、右远光灯以及远光指示灯点亮。电路与近光灯相同，可参考图 1-1-2。

三、远光灯典型控制电路

1. 相关部件作用

（1）BCM 车身控制单元和组合仪表

这两个部件的作用与前述近光灯控制电路相同，可参阅本章第一节第三部分相关内容，此处不再赘述。

（2）灯光开关

接通灯光开关内部远光灯端子，远光灯开启信号发送至车身控制单元或其他控制单元。

2. 大众 / 奥迪车型典型远光灯电路详解——大众宝来远光灯控制电路（参阅图 1-1-3）

这里以大众宝来车型为例进行介绍，同样适用于大众 / 奥迪其他车型，限于篇幅不再赘述。

当车灯开关前照灯开到远光挡位时，车灯开关 E1 将远光灯开启信号发送至 J519，J519 接收到远光灯开启信号后，控制 M30 和 M32 远光灯点亮。

大众宝来车灯开关及远光灯泡端子说明见表 1-2-1。

表 1-2-1　大众宝来车灯开关及车灯端子作用说明

所在部件	端子序号	作用说明
E1 车灯开关	T10x/1（56a）	远光灯开启信号，与 J519 插接器 T73a/52 端子连接
	T10x/2（auto）	灯光自动开启信号，与 J519 插接器 T73/37 端子连接
	T10x/3（58）	驻车灯信号，与 J519 插接器 T73/45 和 T73a/34 端子连接
	T10x/8（30a）	与诊断接口 T16/16（30a）端子连接
	T10x/9（TFL）	日行灯信号，与 J519 插接器 T73a/29 端子连接
M20 左侧远光灯灯泡	T10c/8（56a）	左侧远光灯开启信号，与 J519 插接器 T73a/1 端子连接
M32 右侧远光灯灯泡	T10d/8（56a）	右侧远光灯开启信号，与 J519 插接器 T73/1 端子连接

3. 别克 / 雪佛兰 / 凯迪拉克车型典型远光灯电路详解——别克威朗远光灯控制电路（参阅图 1-1-4）

当近光前照灯点亮且转向信号 / 多功能开关置于远光位置时，通过远光信号电路向车身控制模块提供搭铁。作为对该远光请求的反应，车身控制模块向远光灯继电器控制电路提供搭铁，使远光灯继电器通电。当远光灯继电器通电时，开关触点闭合，使蓄电池电流通过左侧和右侧远光保险丝提供至远光控制电路，点亮左侧和右侧远光前照灯。各前照灯永久搭铁至 G101（左侧前照灯）、搭铁至 G102（右侧前照灯）。

❶ 远光灯继电器控制电路

蓄电池 B+ →远光灯继电器 1 号端子→远光灯继电器 2 号端子→ K9 车身控制模块 X5/18 →搭铁，此时远光灯继电器线圈通电，常开开关闭合。

❷ 主电路

蓄电池 B+ →远光灯继电器 3 号端子→远光灯继电器 4 号端子→ F5UA/F6UA 保险丝→远光灯泡→搭铁，此时远光灯点亮。

4. 比亚迪车型典型远光灯电路详解——S7 远光灯控制电路（参阅图 1-1-5）

当近光前照灯点亮且变光开关置于远光位置时，通过远光信号电路向 MCU 控制模块提供搭铁。作为对该远光请求的反应，MCU 控制模块向远光灯继电器控制电路提供搭铁，使远光灯继电器通电。当远光灯继电器通电时，开关触点闭合，使蓄电池电流通过左侧和右侧远光保险丝提供至远光控制电路，点亮左侧和右侧远光前照灯。

❶ 远光灯继电器控制电路

常电→远光灯继电器→ MCU 控制远光灯继电器线圈搭铁，远光灯继电器常开开关闭合。

❷ 远光灯继电器主电路

常电→远光灯继电器常开开关→ F1/2 左远光灯保险丝和 F1/1 右远光灯保险丝→左 / 右前远光灯→搭铁，此时远光灯点亮。

5. 吉利车型典型远光灯电路详解——帝豪 GS 远光灯控制电路（参阅图 1-1-6）

❶ 灯光开关信号电路

当近光前照灯点亮且变光开关置于远光位置时，灯光组合开关 IP24/4 号端子→ BCM 控制单元 IP12/34 号端子，此时 BCM 控制单元接收到远光灯开启信号，控制远光灯继电器线圈搭铁，常开开关闭合。

❷ 远光灯继电器控制电路

电源→远光灯继电器 2 号端子→远光灯继电器 1 号端子→ BCM 控制单元 CA27/5 号端子→搭铁，此时远光灯继电器常开开关闭合。

❸ 远光灯主电路

电源→远光灯继电器 3 号端子→远光灯继电器 5 号端子→ EF18/EF17 保险丝→左 / 右远光灯→

搭铁，此时远光灯点亮。

6. 奇瑞车型典型远光灯电路详解——艾瑞泽 5 远光灯控制电路（参阅图 1-1-7）

❶ 灯光开关信号电路

当近光前照灯点亮且变光开关置于远光位置时，灯光开关内部1000Ω触点接通，通过灯光开关 9 号端子将远光灯开启信号发送至 BCM 控制单元 2-26 号端子，此时 BCM 控制单元控制远光灯继电器线圈搭铁。

❷ 远光灯继电器控制电路

常电→远光灯继电器 1 号端子→远光灯继电器 2 号端子→ BCM 控制单元 1-31 号端子→搭铁，此时远光灯继电器常开开关闭合。

❸ 远光灯主电路

常电→远光灯继电器 5 号端子→远光灯继电器 3 号端子→ EF16/EF17 保险丝→左 / 右远光灯→搭铁，此时远光灯点亮。

7. 长安车型典型远光灯电路详解——悦翔 V7 远光灯控制电路（参阅图 1-1-8）

❶ 灯光开关信号电路

当近光前照灯点亮且变光开关置于远光位置时，灯光开关内部触点接通，通过灯光开关 P02/8 号端子将远光灯开启信号发送至 BCM 控制单元 P24/29 号端子，此时 BCM 控制单元控制远光灯继电器线圈搭铁。

❷ 远光灯继电器控制电路

B+ 电源→ EF15（15A）保险丝→ ER12 远光灯继电器 145 号端子→ ER12 远光灯继电器 147 号端子→ BCM 控制单元 P25/12 号端子→搭铁，此时远光灯继电器常开开关闭合。

❸ 远光灯主电路

B+ 电源→ EF15（15A）保险丝→ ER12 远光灯继电器 143 号端子→ ER12 远光灯继电器 144 号端子→左 / 右远光灯→搭铁，此时远光灯点亮。

8. 丰田车型典型远光灯电路详解——卡罗拉远光灯控制电路（参阅图 1-1-9）

当符合下列两个条件时，远光前照灯亮起：
用自动灯控或手动灯控使近光前照灯亮起；
变光开关置于 HIGH 位置。

❶ 灯光开关信号电路

当近光前照灯点亮且变光开关置于远光位置时，灯光开关内部触点接通，灯光开关 14 号端子将远光灯开启信号发送至主车身 ECU 控制单元 5 号端子，此时主车身 ECU 控制单元控制远光灯继电器线圈搭铁。

❷ 远光灯继电器控制电路

B+ 电源→ H-LP-MAIN（40A）保险丝→ H-LP 近光灯继电器 5 号端子→ H-LP 近光灯继电器 3 号端子→ DIM 继电器 2 号端子→ DIM 继电器 1 号端子→主车身 ECU 控制单元 22 号端子→搭铁，此时远光灯继电器常开开关闭合。

❸ 远光灯主电路

B+ 电源→ H-LP-MAIN（40A）保险丝→ H-LP 近光灯继电器 5 号端子→ H-LP 近光灯继电器 3 号端子→ DIM 继电器 3 号端子→ DIM 继电器 5 号端子→ H-LP RH-HI/H-LP LH-HI 保险丝→左 / 右远光灯总成→搭铁，此时远光灯点亮。

9. 本田车型典型远光灯电路详解——飞度远光灯控制电路（参阅图 1-1-10）

❶ 灯光开关信号电路

当近光前照灯点亮且变光开关置于远光位置时，灯光开关内部触点接通，近光灯开启信号通过灯光开关被发送至 MICU 控制单元，此时 MICU 控制单元控制远光灯继电器线圈搭铁。

❷ 远光灯继电器控制电路

B+ 电源→照明继电器 2 → MICU 控制单元 12-C 号端子→搭铁，此时远光灯继电器常开开关闭合。

❸ 远光灯主电路

B+ 电源→照明继电器 2 → 48/51 保险丝→左 / 右远光灯→搭铁，此时远光灯点亮。

10. 马自达车型典型远光灯电路详解——CX-4 远光灯控制电路（参阅图 1-1-11）

❶ 灯光开关信号电路

当近光前照灯点亮且变光开关置于远光位置时，灯光开关内部触点接通，远光灯开启信号通过灯光开关被发送至启停单元，启停单元再将远光灯开启信号通过 1X 号端子发送至 FBCM 控制单元 2W 号端子，此时 FBCM 控制单元控制远光灯继电器线圈搭铁。

❷ 远光灯继电器控制电路

蓄电池正极→ F04 主保险丝（200A）→前照灯远光灯继电器 A 号端子→前照灯远光灯继电器 E 号端子→ FBCM 控制单元 2X 号端子→搭铁，此时远光灯继电器常开开关闭合。

❸ 远光灯主电路

蓄电池正极→ F04 主保险丝（200A）→前照灯远光灯继电器 C 号端子→前照灯远光灯继电器 D 号端子→左 / 右远光灯→搭铁，此时远光灯点亮。

11. 日产车型典型远光灯电路详解——轩逸远光灯控制电路（参阅图 1-1-12）

BCM 通过组合开关读取功能检测组合开关的状态。

BCM 根据前照灯（远光）ON 状态用 CAN 通信将远光请求信号发送到 IPDM E/R 和组合仪表。

❶ 灯光开关信号电路

当近光前照灯点亮且变光开关置于远光位置时，灯光开关内部触点接通，远光灯开启信号通过灯光开关被发送至 BCM 控制单元，BCM 控制单元通过 CAN 线向 CPU 控制单元发送远光灯开启信号，此时 CPU 控制单元控制远光灯继电器线圈搭铁。

❷ 远光灯继电器控制电路

蓄电池正极→远光灯继电器→ CPU →搭铁，此时远光灯继电器常开开关闭合。

❸ 远光灯主电路

蓄电池正极→远光灯继电器→ 52/51 保险丝→左 / 右前照灯（远光）控制模块→搭铁，此时远光灯点亮。

12. 三菱车型典型远光灯电路详解——帕杰罗远光灯控制电路（参阅图 1-1-13）

❶ 灯光开关信号电路

当近光前照灯点亮且变光开关置于远光位置时，灯光开关内部触点接通，远光灯开启信号通过转向柱开关 3 号端子被发送至延时报警控制器（ETACS-ECU）。延时报警控制器接收到远光灯开启信号，控制远光灯继电器线圈搭铁。

❷ 远光灯继电器控制电路

易熔线 23 号→远光灯继电器 1 号端子→远光灯继电器 2 号端子→ ETACS-ECU →搭铁，此时远光灯继电器常开开关闭合。

❸ 远光灯主电路

易熔线 23 号→远光灯继电器 4 号端子→远光灯继电器 3 号端子→继电器盒 6/7 保险丝→左 / 右前远光灯→搭铁，此时远光灯点亮。

13. 现代 / 起亚车型典型远光灯电路详解——现代名图 MISTRA 远光灯控制电路（参阅图 1-1-14）

灯光开关在大灯位置，将变光 / 超车开关置于远光位置时，BCM 接收信号并通过 CAN 通信传送至 IPS 控制模块。IPS 控制模块控制 IPS 0、IPS 3，接通大灯（远光）并通过 CAN 通信传送控制和诊断结果至 BCM。

❶ 灯光开关信号电路

当近光前照灯点亮且变光开关置于远光位置时，灯光开关内部触点接通，远光灯开启信号通过灯光开关 9 号端子被发送至 BCM 控制单元 10 号端子，BCM 控制单元将信号发送给 IPS 控制模块，IPS 控制模块控制 IPS 0、IPS 3，接通大灯（远光）。

② 近光灯主电路

常电→B+1/B+2 保险丝→控制模块 IPS 0/ 控制模块 IPS 3→左 / 右前远光灯→搭铁，此时远光灯点亮。

14. 福特车型典型远光灯电路详解——锐界 EDGE 远光灯控制电路（参阅图 1-1-15）

① 灯光开关信号电路

当近光前照灯点亮且变光开关置于远光位置时，灯光开关内部触点接通，远光灯开启信号通过灯光开关被发送至 BCM 控制单元，BCM 控制单元向远光灯供电。

② 远光灯主电路

蓄电池正极→F62（50A）保险丝→BCM 控制单元→左 / 右远光灯控制模块→左 / 右前照灯总成→搭铁，此时远光灯点亮。

15. 传祺车型典型远光灯电路详解——GS4 远光灯控制电路（参阅图 1-1-16）

① 灯光开关信号电路

当近光前照灯点亮且变光开关置于远光位置时，灯光开关内部触点接通，远光灯开启信号通过灯光开关 IP31-9 号端子被发送至车身控制单元，车身控制单元接收到远光灯开启信号，并控制远光灯继电器线圈搭铁。

② 远光灯继电器控制电路

蓄电池正极→175A 保险丝→EF13（15A）保险丝→远光灯继电器线圈→车身控制单元→搭铁，此时远光灯继电器常开开关闭合。

③ 远光灯主电路

蓄电池正极→175A 保险丝→EF13（15A）保险丝→远光灯继电器常开开关→左 / 右前远光灯→搭铁，此时远光灯点亮。

16. 长城车型典型远光灯电路详解——哈弗 H6 远光灯控制电路（参阅图 1-1-18）

① 灯光开关信号电路

当近光前照灯点亮且变光开关置于远光位置时，灯光开关内部触点接通，远光灯开启信号通过灯光开关 A10 号端子被发送至 BCM 控制单元 J2-19，BCM 控制单元接收到远光灯开启信号，控制远光灯继电器线圈搭铁。

② 远光灯继电器控制电路

蓄电池正极→F211（15A）保险丝→远光灯继电器 1 号端子→远光灯继电器 2 号端子→BCM 控制单元→搭铁，此时远光灯继电器常开开关闭合。

③ 远光灯主电路

蓄电池正极→F211（15A）保险丝→远光灯继电器 3 号端子→远光灯继电器 5 号端子→左 / 右前远光灯→搭铁，此时远光灯点亮。

四、远光灯典型故障检修技巧

本小节中典型故障诊断案例以丰田卡罗拉车型为例。

（1）故障描述

如果只有一侧远光前照灯不亮，则检查保险丝、灯泡或与灯泡相关的线束。

如果当近光前照灯亮起且变光开关置于 HIGH 位置时，左右两侧的远光前照灯都没有亮起，则执行远光前照灯继电器主动测试，并读取数据表中变光开关 HIGH 信号值，以确定故障存在于开关侧还是继电器侧。

在进行远光前照灯控制系统故障排除前，检查并确认近光前照灯工作正常。

（2）电路图（图1-2-1）

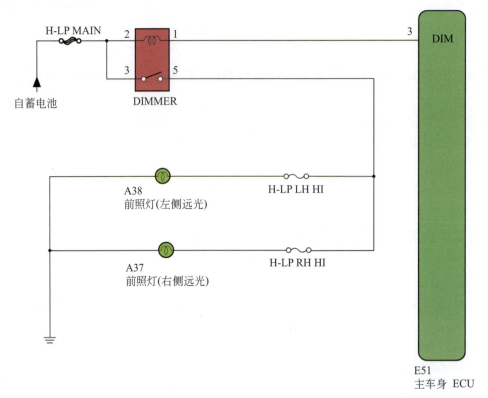

图1-2-1　电路图

（3）故障诊断

❶ 用检测仪进行主动测试（表1-2-2）

表1-2-2　主动测试内容

检测仪显示	测试部位	控制范围
Head Light（HI）*1 （前照灯远光）	前照灯变光继电器	ON/OFF

正常：继电器工作（远光前照灯亮起）。

如果检查结果异常，则读取检测仪的值；如果检查结果正常，则继续检查下一个有可能出现故障的电路。

❷ 读取检测仪的值（表1-2-3）

表1-2-3　检测仪测试

检测仪显示	测量项目/范围	正常状态
Dimmer Hi SW*1 （远光灯开关）	变光开关 HIGH 信号/ON 或 OFF	ON：变光开关置于 HIGH 位置 OFF：变光开关置于 LOW 位置
Passing Light SW*1 （闪光灯开关）	变光开关 HIGH FLASH 信号 /ON 或 OFF	ON：变光开关置于 HIGH FLASH（PASS）位置 OFF：变光开关未置于 HIGH FLASH（PASS）位置

正常：检测仪上显示了上面列出的正常状态。

如果检查结果异常，则继续检查下一个有可能出现故障的电路；如果检查结果正常，则检查发动机室接线盒。

❸ 检查发动机室接线盒

按照图 1-2-2 和表 1-2-4 中的值测量各保险丝加载槽与车身搭铁之间的电压。

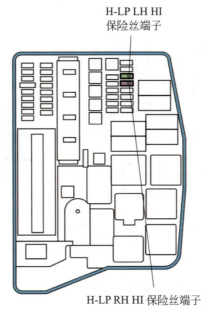

图 1-2-2　发动机室接线盒

表 1-2-4　标准电压

检测仪连接	开关状态	规定状态
H-LP LH HI 保险丝端子—车身搭铁	灯控开关置于 HEAD 位置，变光开关从 LOW → HIGH 位置	低于 1V →（11～14）V
H-LP RH HI 保险丝端子—车身搭铁	灯控开关置于 HEAD 位置，变光开关从 LOW → HIGH 位置	低于 1V →（11～14）V

如果检查结果异常，则检查前照灯变光继电器（DIM）；如果检查结果正常，则维修或更换线束或连接器（保险丝—车身搭铁）。

❹ 检查前照灯变光继电器（DIM）

a. 从发动机室继电器盒上拆下前照灯变光继电器。

b. 根据图 1-2-3 和表 1-2-5 中的值测量电阻。

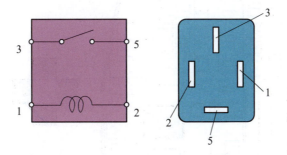

图 1-2-3　前照灯变光继电器端子

表 1-2-5　标准电阻

检测仪连接	条件	规定状态
3—5	在端子 1 和 2 间未施加电压	10kΩ 或更大
3—5	在端子 1 和 2 间施加电压	小于 1Ω

如果检查结果异常，则更换前照灯变光继电器；如果检查结果正常，则检查线束和连接器（前照灯继电器—前照灯变光继电器）。

❺ 检查线束和连接器（前照灯继电器—前照灯变光继电器）
根据图 1-2-4 和表 1-2-6 中的值测量电压。

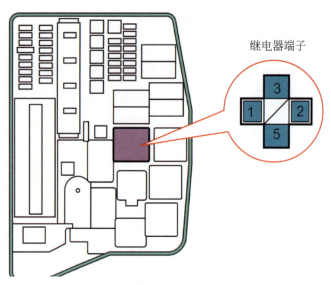

图 1-2-4　前照灯变光继电器端子

表 1-2-6　标准电压

检测仪连接	条件	规定状态
前照灯变光继电器端子 2—车身搭铁	灯控开关 OFF → HEAD	低于 1V →（11～14）V
前照灯变光继电器端子 3—车身搭铁	灯控开关 OFF → HEAD	低于 1V →（11～14）V

如果检查结果异常，则维修或更换线束或连接器；如果检查结果正常，则检查线束和连接器（前照灯变光继电器—保险丝）。

❻ 检查线束和连接器（前照灯变光继电器—保险丝）
根据图 1-2-5、表 1-2-7 中的值测量电阻。

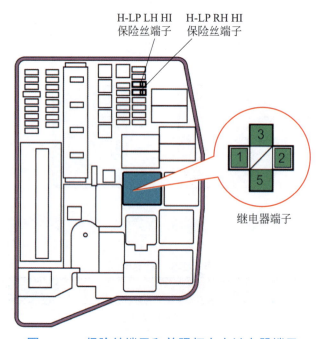

图 1-2-5　保险丝端子和前照灯变光继电器端子

表 1-2-7　标准电阻

检测仪连接	条件	规定状态
前照灯变光继电器端子 5—H-LP LH HI 保险丝端子	始终	小于 1Ω
前照灯变光继电器端子 5—H-LP RH HI 保险丝端子	始终	小于 1Ω

如果检查结果异常，则维修或更换线束或连接器；如果检查结果正常，则检查线束和连接器（前照灯变光继电器—主车身 ECU）。

❼ 检查线束和连接器（前照灯变光继电器—主车身 ECU）

a. 断开主车身 ECU 连接器 E51。

b. 根据图 1-2-4、图 1-2-6 和表 1-2-8 中的值测量电阻。

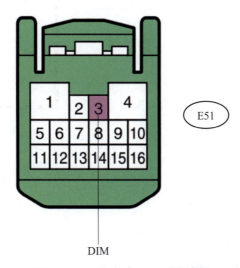

图 1-2-6　主车身 ECU 连接器

表 1-2-8　标准电阻

检测仪连接	条件	规定状态
前照灯变光继电器端子 1—E51-3（DIM）	始终	小于 1Ω
E51-3（DIM）—车身搭铁	始终	10kΩ 或更大

如果检查结果异常，则维修或更换线束或连接器；如果检查结果正常，则更换主车身 ECU（仪表板接线盒）。

第三节　雾灯控制电路

一、雾灯的作用

雨雾天气里使用的灯光信号，其主要特点是在雾中穿透性强，在能见度低的天气情况下，容易让车辆或行人及早注意到，从而有效预防事故的发生。

二、雾灯的工作原理（图 1-3-1、图 1-3-2）

拔出雾灯开关，前 BCM 车身控制器接收雾灯开关闭合信号，发出指令，让雾灯电路接通。其回路：前 BCM 车身控制器→右/左前雾灯→31 号线→蓄电池负极，形成闭合回路，右前、左前雾灯亮。

后 BCM 车身控制器接收信号，发出信号指令，其回路：后 BCM 车身控制器→左/右后雾灯→31 号线→蓄电池负极，形成闭合回路，后雾灯亮。

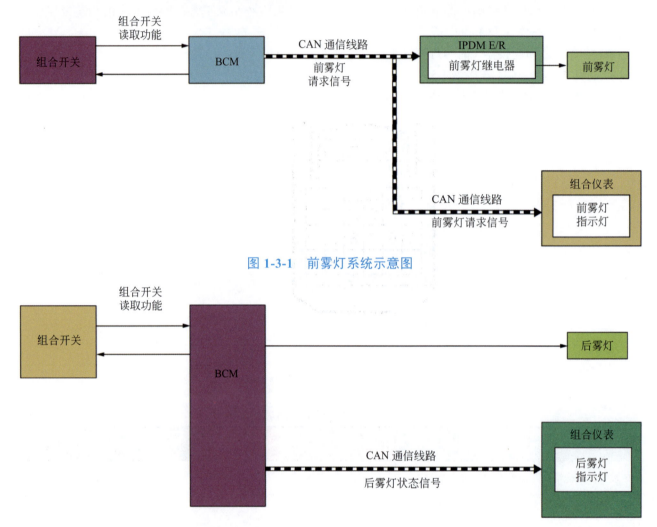

图 1-3-1　前雾灯系统示意图

图 1-3-2　后雾灯系统示意图

三、前/后雾灯典型控制电路

1. 大众/奥迪车型典型雾灯电路详解——大众宝来雾灯控制电路（图 1-3-3）

这里以大众宝来车型为例进行介绍，同样适用于大众/奥迪其他车型，限于篇幅不再赘述。

（1）前雾灯控制电路

当车辆示宽灯开关打开并且前雾灯开关 E7 接通时，前雾灯开启请求信号从前雾灯开关 T10x/5 号端子发送至 J519；J519 收到前雾灯开启信号后，分别通过 T73a/10 和 T73a/9 号端子向左/右前雾灯供电，左/右前雾灯另一端子搭铁，此时左/右前雾灯点亮。

（2）后雾灯控制电路

当车辆示宽灯开关打开并且后雾灯开关 E18 接通时，后雾灯开启请求信号从后雾灯开关 T10x/7 号端子向 J519 发送；J519 收到后雾灯开启信号后，通过 T73/6 号端子向后雾灯供电，后雾灯另一端子搭铁，此时后雾灯点亮。

第一章

照明以及信号灯典型控制电路详解

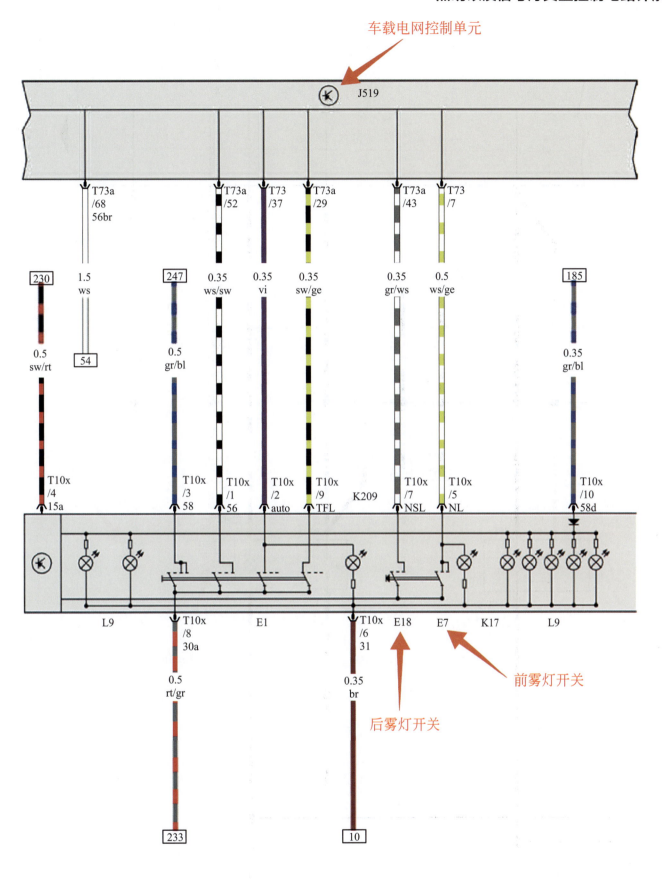

(a) 开关电路图

图 1-3-3

061

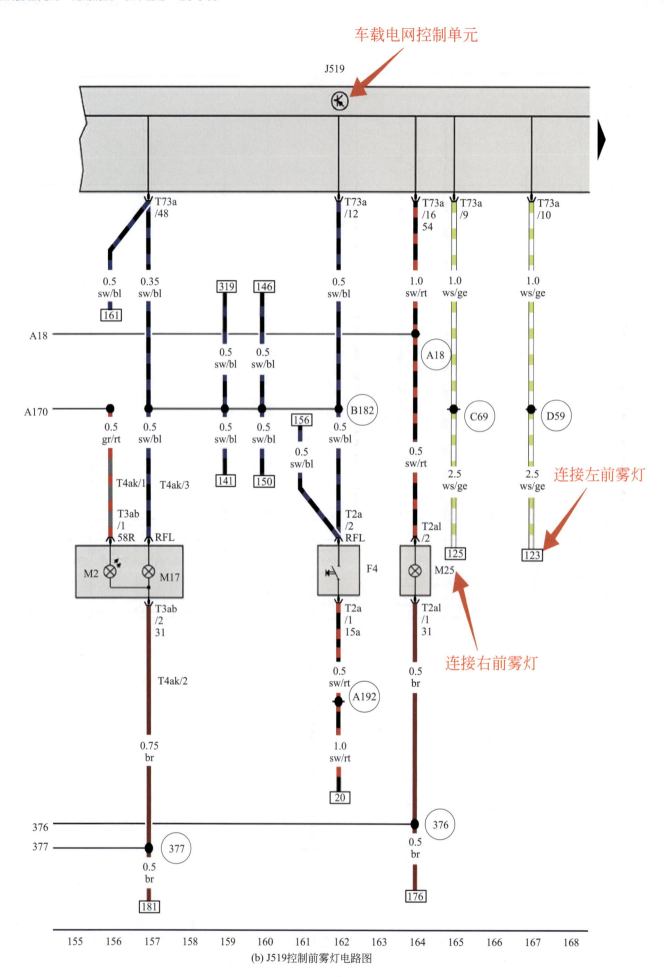

(b) J519控制前雾灯电路图

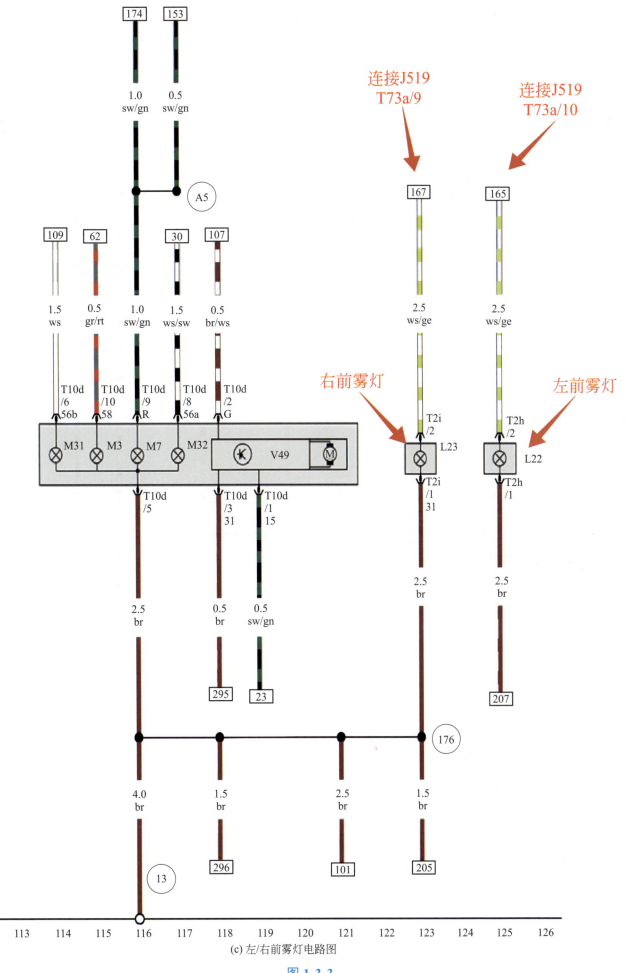

(c) 左/右前雾灯电路图

图 1-3-3

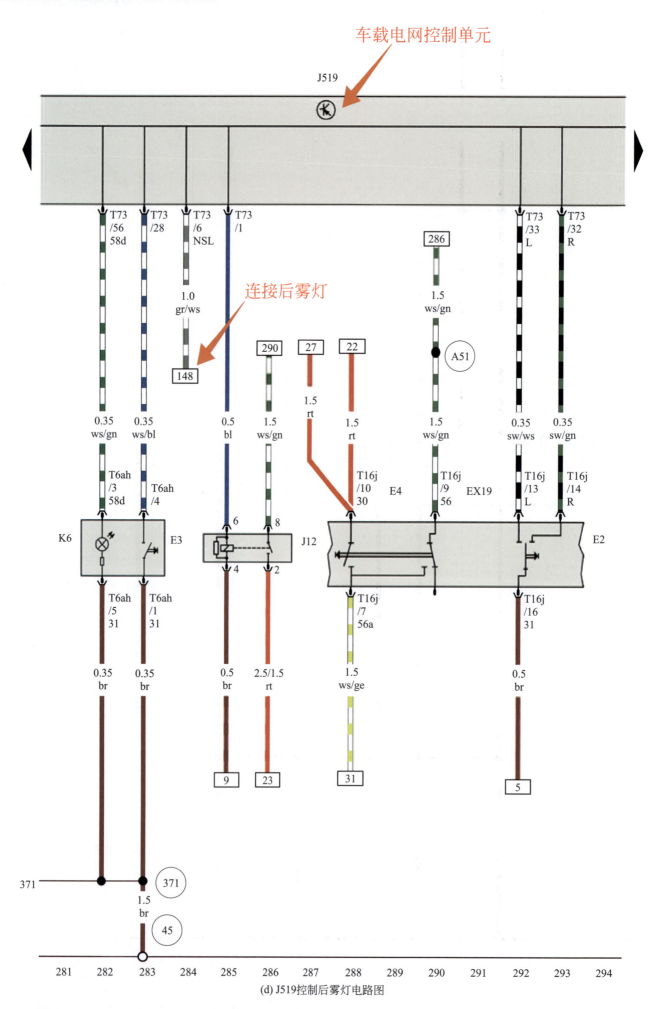

(d) J519控制后雾灯电路图

第一章

照明以及信号灯典型控制电路详解

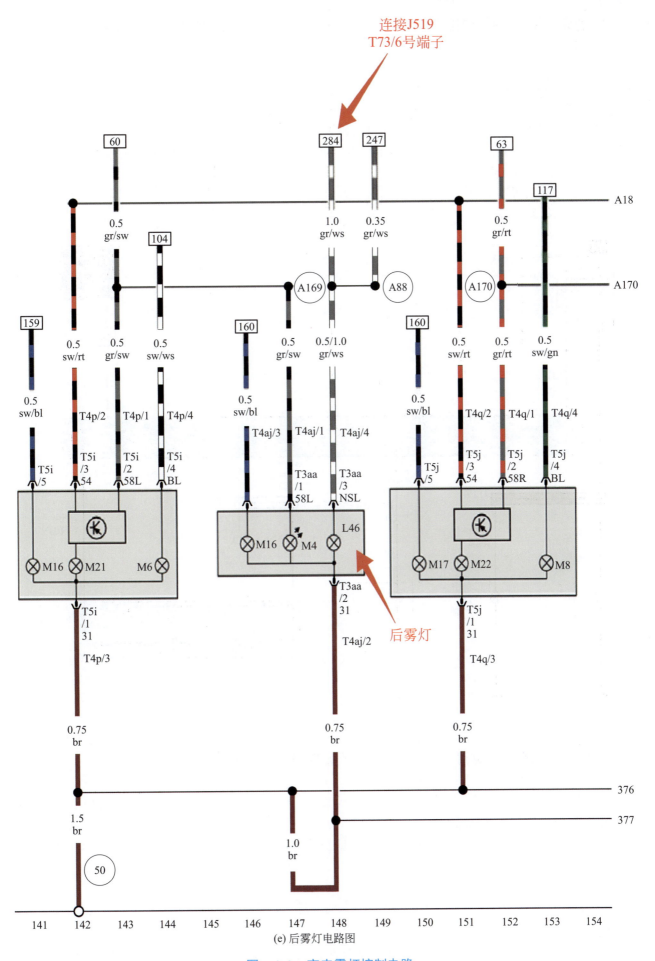

(e) 后雾灯电路图

图 1-3-3　宝来雾灯控制电路

2. 别克/雪佛兰/凯迪拉克车型典型雾灯电路详解——别克君威雾灯控制电路（图1-3-4）

这里以别克君威车型为例进行介绍，同样适用于别克/雪佛兰/凯迪拉克其他车型，限于篇幅不再赘述。

（1）前雾灯控制电路

前雾灯继电器始终由蓄电池供电。按下前雾灯开关，使前雾灯开关信号电路瞬时搭铁。车身控制模块（BCM）向前雾灯继电器控制电路提供搭铁，使前雾灯继电器通电。当前雾灯继电器通电时，继电器开关触点闭合，通过前雾灯保险丝提供蓄电池电压至前雾灯电源电路，从而点亮前雾灯。

（2）后雾灯控制电路

当后雾灯开关置于接通位置时，车身控制模块向后雾灯一端提供电源，后雾灯另一端搭铁。车身控制模块向仪表板组合仪表发送GMLAN串行数据信息，以点亮后雾灯指示灯。

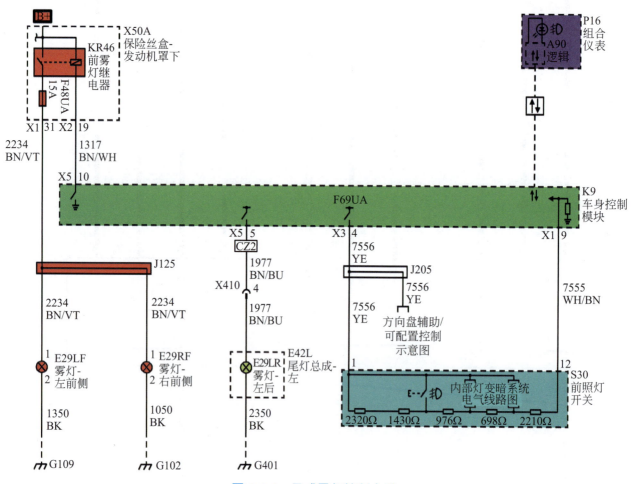

图1-3-4　君威雾灯控制电路

3. 比亚迪车型典型雾灯电路详解——S7雾灯控制电路（图1-3-5）

（1）前雾灯控制电路

当车辆示宽灯开关打开并且前雾灯置于接通位置时，向MCU控制单元发送前雾灯开启信号。

❶ 前雾灯继电器控制电路

常电→F1/10保险丝→前雾灯继电器→MCU控制单元→搭铁，此时前雾灯继电器线圈通电，常开开关闭合。

❷ 前雾灯继电器主电路

常电→F1/10保险丝→前雾灯继电器→左/右前雾灯→搭铁，此时前雾灯点亮。

（2）后雾灯控制电路

当车辆示宽灯开关打开并且后雾灯开关置于接通位置时，向MCU控制单元发送后雾灯开启信号。BCM车身控制单元→左/右后雾灯→搭铁，此时后雾灯点亮。

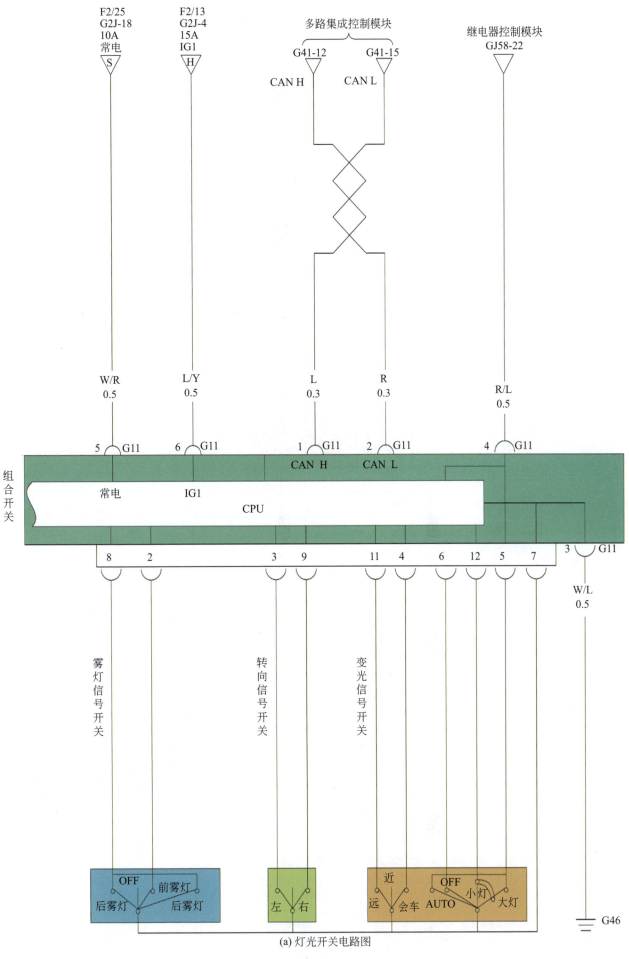

(a) 灯光开关电路图

图 1-3-5

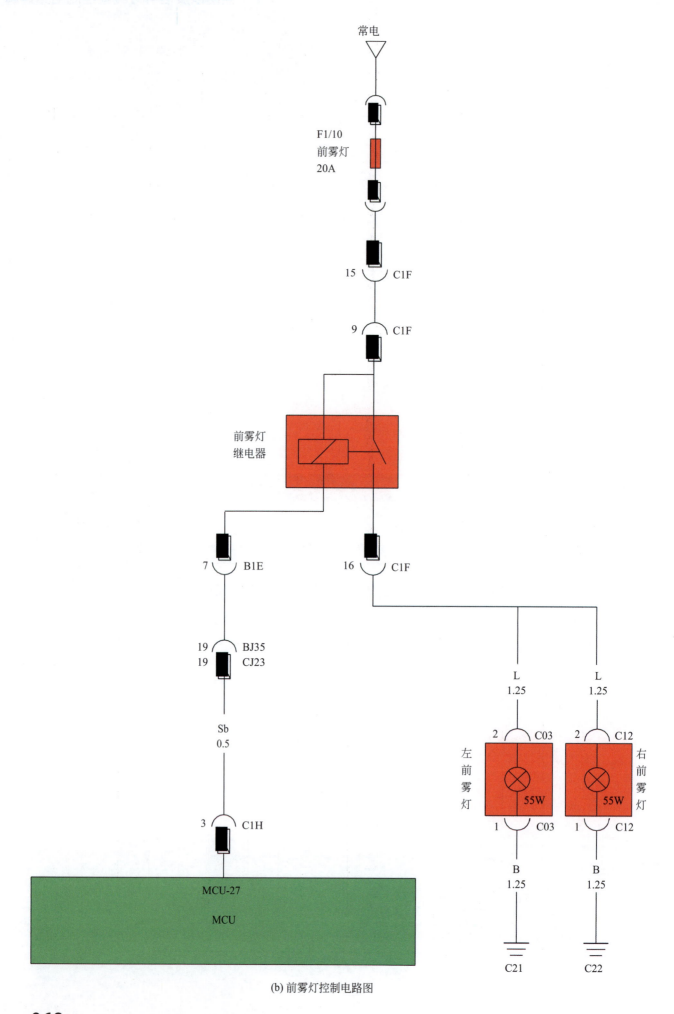

(b) 前雾灯控制电路图

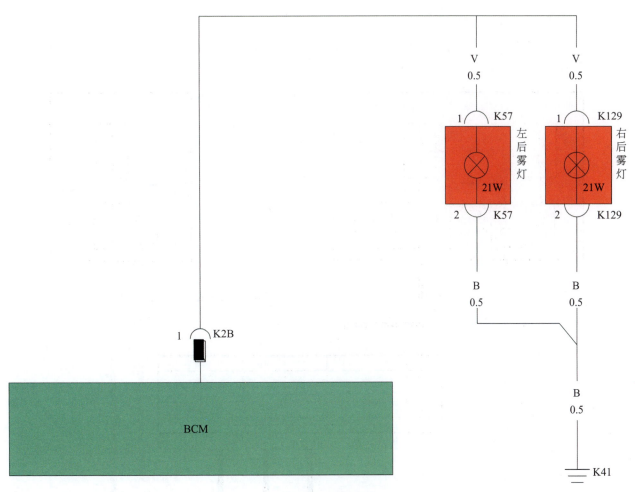

(c) 后雾灯控制电路图

图 1-3-5　比亚迪 S7 雾灯控制电路

4. 吉利车型典型雾灯电路详解——全球鹰 GC7 雾灯控制电路（图 1-3-6）

（1）前雾灯控制电路

当车辆示宽灯开关打开并且前雾灯置于接通位置时，前雾灯继电器控制前雾灯点亮。

电源→ IF05（7.5A）保险丝→位置灯继电器 1 号端子→位置灯继电器 2 号端子→灯光组合开关→搭铁，此时位置灯继电器线圈通电，位置灯继电器常开开关闭合，给前雾灯继电器供电。

❶ 前雾灯继电器控制电路

电源→ IF05（7.5A）保险丝→位置灯继电器 5 号端子→位置灯继电器 3 号端子→前雾灯继电器 1 号端子→前雾灯继电器 2 号端子→灯光组合开关→搭铁，此时前雾灯继电器线圈通电，常开开关闭合。

❷ 前雾灯继电器主电路

电源→ EF09（15A）保险丝→前雾灯继电器 5 号端子→前雾灯继电器 3 号端子→左 / 右前雾灯→搭铁，此时前雾灯点亮。

（2）后雾灯控制电路

当车辆示宽灯开关打开并且后雾灯置于接通位置时，后雾灯继电器控制后雾灯点亮。

电源→ IF05（7.5A）保险丝→位置灯继电器 1 号端子→位置灯继电器 2 号端子→灯光组合开关→搭铁，此时位置灯继电器线圈通电，位置灯继电器常开开关闭合，给后雾灯继电器供电。

❶ 后雾灯继电器控制电路

电源→ IF05（7.5A）保险丝→位置灯继电器 5 号端子→位置灯继电器 3 号端子→后雾灯继电器 1 号端子→后雾灯继电器 2 号端子→灯光组合开关→搭铁，此时后雾灯继电器线圈通电，常开开关闭合。

❷ 后雾灯继电器主电路

电源→EF06（15A）保险丝→后雾灯继电器5号端子→后雾灯继电器3号端子→左/右后雾灯→搭铁，此时后雾灯点亮。

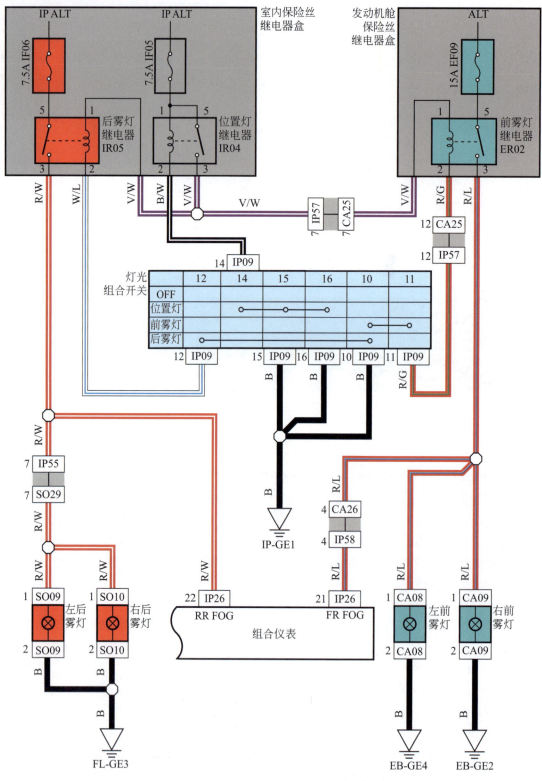

图 1-3-6　全球鹰 GC7 雾灯控制电路

5. 奇瑞车型典型雾灯电路详解——M11 雾灯控制电路（图 1-3-7）

（1）前雾灯控制电路

当车辆示宽灯开关打开并且前雾灯置于接通位置时，电源→左/右前雾灯→前 BCM 控制单元→搭铁，此时前雾灯点亮。

第一章
照明以及信号灯典型控制电路详解

（2）后雾灯控制电路

当车辆示宽灯开关打开并且后雾灯置于接通位置时，电源→左/右后雾灯→后BCM控制单元→搭铁，此时后雾灯点亮。

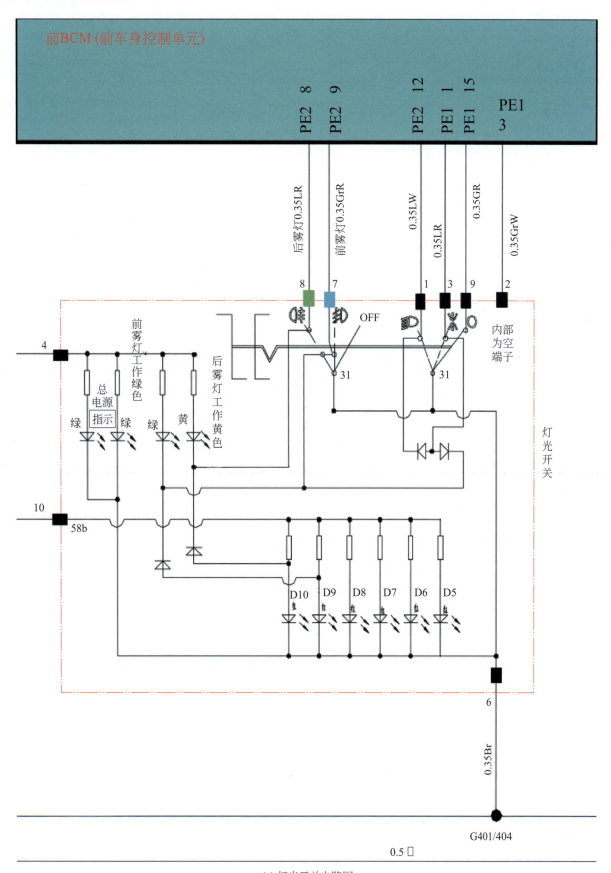

(a) 灯光开关电路图

图 1-3-7

071

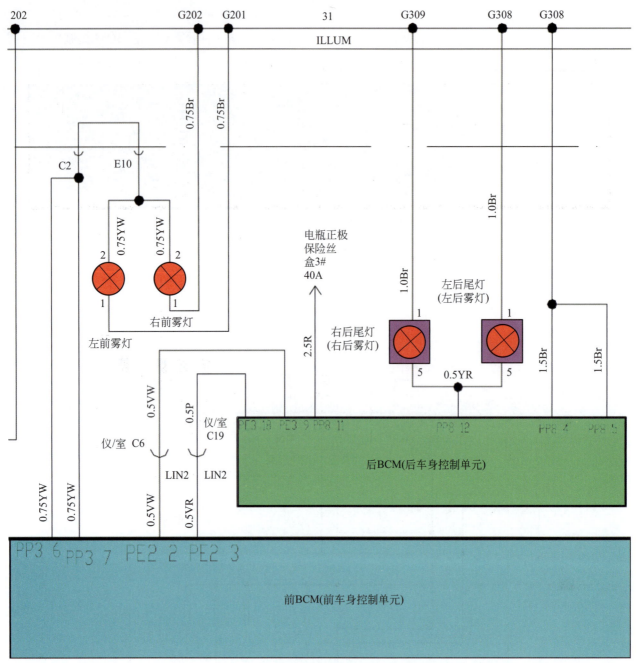

(b) 前/后雾灯电路图

图 1-3-7 奇瑞 M11 雾灯控制电路

6. 长安车型典型雾灯电路详解——悦翔 V7 雾灯控制电路（图 1-3-8）

（1）前雾灯控制电路

当车辆示宽灯开关打开并且前雾灯置于接通位置时，向 BCM 控制单元发送前雾灯开启信号，BCM 控制单元给前雾灯继电器线圈搭铁，此时电流流向前雾灯。

❶ 前雾灯继电器控制电路

常电→EF13（15A）保险丝→ER08/ER09 前雾灯继电器→BCM 控制单元→搭铁，此时前雾灯继电器线圈通电，常开开关闭合。

❷ 前雾灯继电器主电路

常电→EF13（15A）保险丝→ER08/ER09 前雾灯继电器→左/右前雾灯→搭铁，此时前雾灯点亮。

（2）后雾灯控制电路

当车辆示宽灯开关打开并且后雾灯开关置于接通位置时，向 BCM 控制单元发送后雾灯开启信号，BCM 控制单元给后雾灯供电，此时电流流向后雾灯。

第一章
照明以及信号灯典型控制电路详解

常电→DF16（10A）保险丝→BCM控制单元→左/右后雾灯→搭铁，此时后雾灯点亮。

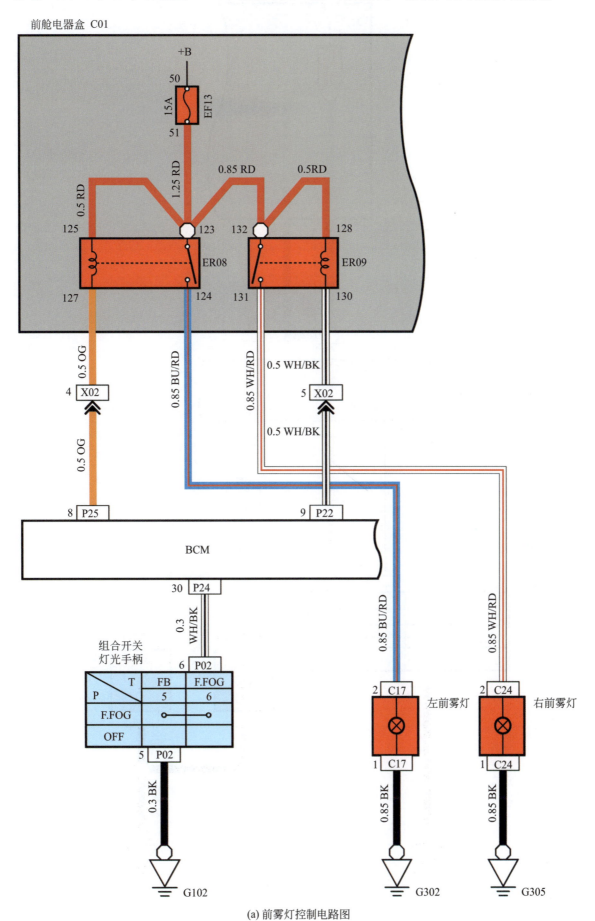

(a) 前雾灯控制电路图

图 1-3-8

073

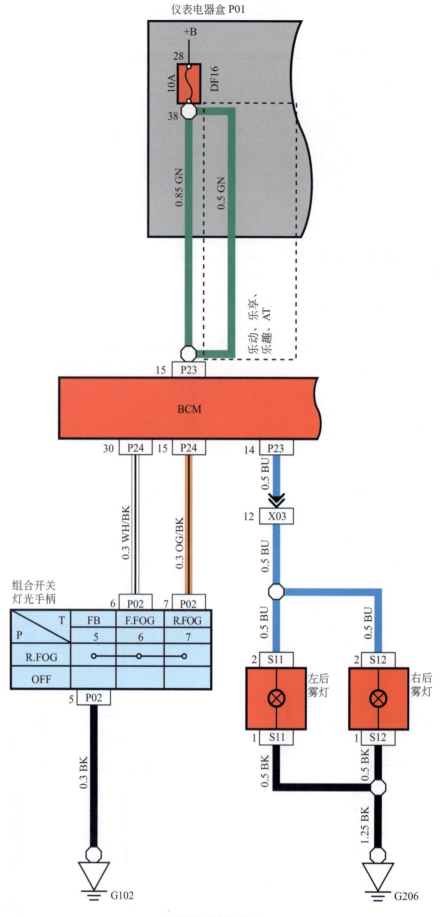

(b) 后雾灯控制电路图

图 1-3-8 悦翔 V7 雾灯控制电路

7. 丰田车型典型雾灯电路详解——卡罗拉雾灯控制电路（图 1-3-9）

（1）前雾灯控制电路

当同时满足下列两个条件时，前雾灯亮起：利用自动灯控或手动灯控使尾灯亮起，前雾灯开关置于 ON 位置。

当符合下列任一条件时，前雾灯熄灭：前雾灯开关处于 OFF 位置，尾灯熄灭。

❶ 前雾灯继电器控制电路［图 1-3-9（c）］

电源→ 120A 保险丝→ TAIL 继电器线圈→主车身 ECU →搭铁，此时 TAIL 继电器线圈通电，常开开关闭合。

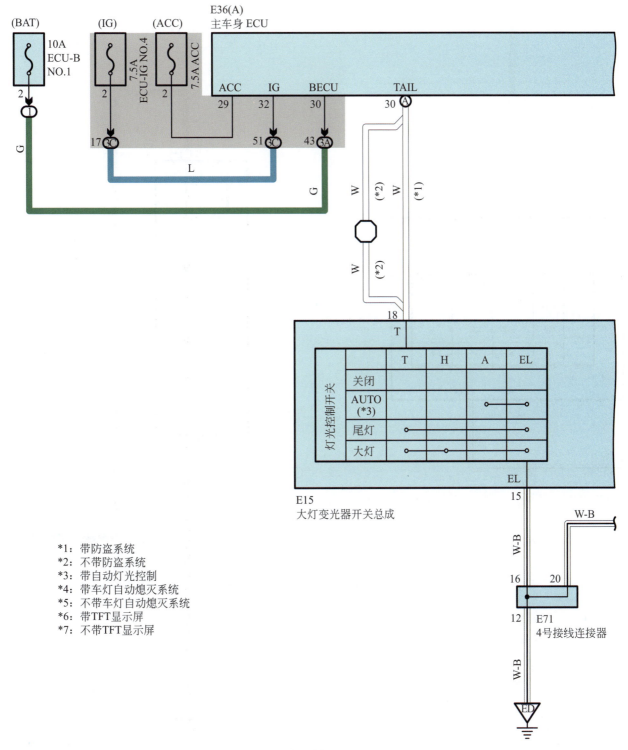

(a) 灯光开关电路图1

图 1-3-9

(b) 灯光开关电路图2

第一章

照明以及信号灯典型控制电路详解

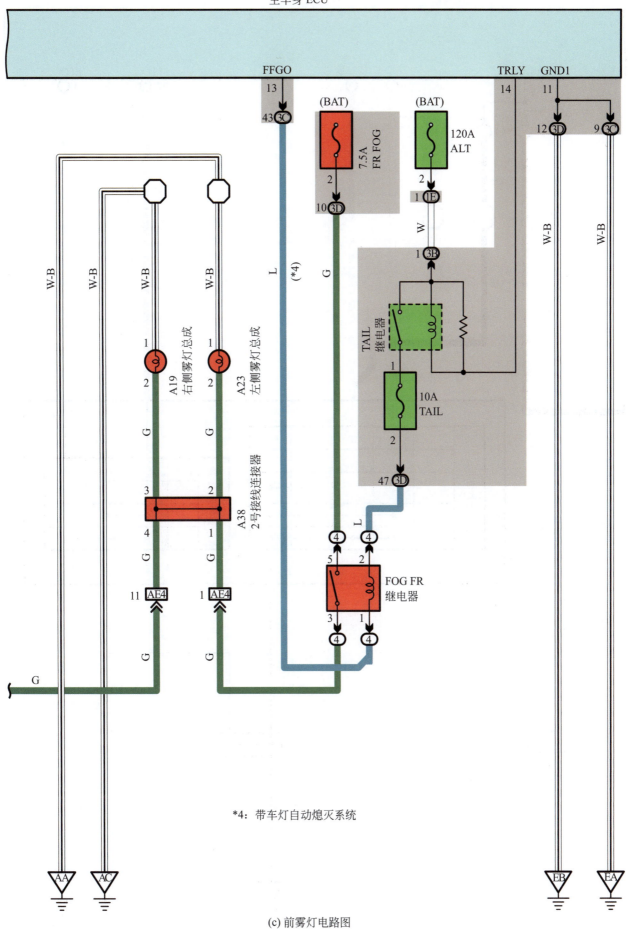

*4：带车灯自动熄灭系统

(c) 前雾灯电路图

图 1-3-9

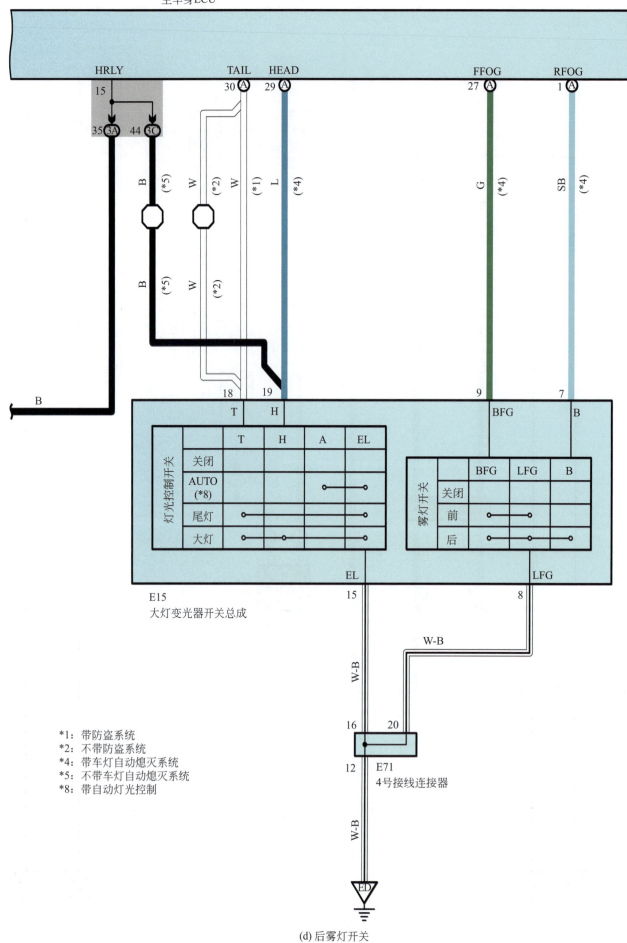

第一章
照明以及信号灯典型控制电路详解

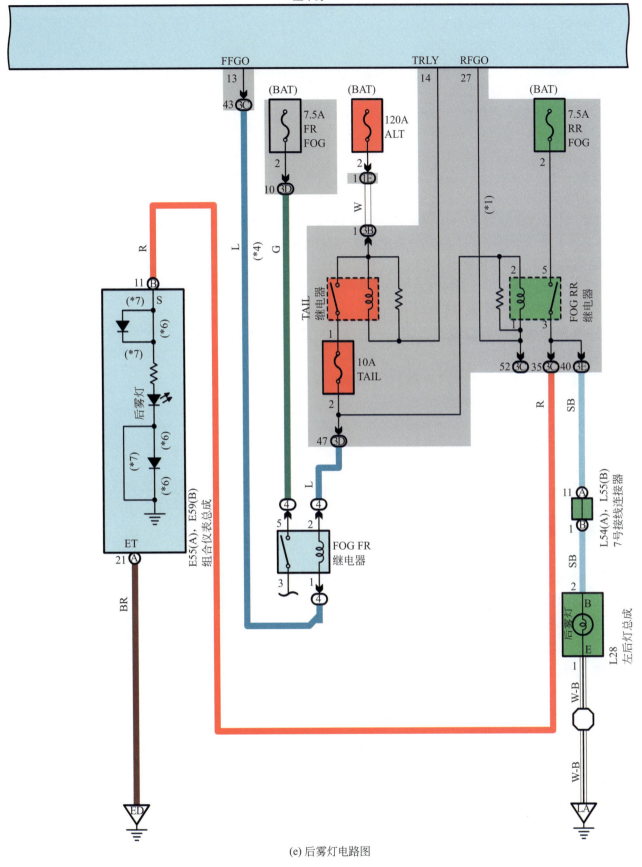

(e) 后雾灯电路图

图 1-3-9　卡罗拉雾灯控制电路

电源→120A 保险丝→TAIL 继电器开关→TAIL（10A）保险丝→FOG FR 继电器 2 号端子→FOG FR 继电器 1 号端子→主车身 ECU→搭铁，此时 FOG FR 继电器通电，常开开关闭合。

❷ 前雾灯继电器主电路

电源→7.5A 保险丝→FOG FR 继电器 5 号端子→FOG FR 继电器 3 号端子→2 号接线连接器→左/右前雾灯→搭铁，此时前雾灯点亮。

（2）后雾灯控制电路

当同时满足下列所有条件时，后雾灯亮起：用自动灯控或手动灯控使近光前照灯亮起，前雾灯点亮，后雾灯开关处于 ON 位置。

当符合下列任何条件时，后雾灯熄灭：尾灯熄灭，前雾灯开关处于 OFF 位置，后雾灯开关处于 OFF 位置。

❶ 后雾灯继电器控制电路 [图 1-3-9（e）]

电源→120A 保险丝→TAIL 继电器线圈→主车身 ECU→搭铁，此时 TAIL 继电器线圈通电，常开开关闭合。

电源→120A 保险丝→TAIL 继电器开关→TAIL（10A）保险丝→FOG RR 继电器 2 号端子→FOG RR 继电器 1 号端子→主车身 ECU→搭铁，此时 FOG RR 继电器通电，常开开关闭合。

❷ 后雾灯继电器主电路

电源→7.5A 保险丝→FOG RR 继电器 5 号端子→FOG RR 继电器 3 号端子→7 号接线连接器→左后雾灯→搭铁，此时后雾灯点亮。

8. 本田车型典型雾灯电路详解——杰德雾灯控制电路（图 1-3-10）

（1）前雾灯控制电路

当车辆示宽灯开关打开并且前雾灯置于接通位置时，前雾灯点亮。

❶ 前雾灯继电器控制电路

电源→A4（10A）保险丝→前雾灯继电器 3 号端子→前雾灯继电器 4 号端子→MICU→搭铁，此时前雾灯继电器通电，常开开关闭合。

❷ 前雾灯继电器主电路

电源→A4（10A）保险丝→前雾灯继电器 1 号端子→前雾灯继电器 2 号端子→左/右前雾灯→搭铁，此时前雾灯点亮。

（2）后雾灯控制电路

当车辆示宽灯开关打开并且后雾灯置于接通位置时，电源→A2-2 号（60A）保险丝→B18 号（7.5A）保险丝→MICU→后雾灯→搭铁，此时后雾灯点亮。

9. 马自达车型典型雾灯电路详解——CX-4 雾灯控制电路（图 1-3-11）

（1）前雾灯控制电路

当车辆示宽灯开关打开并且前雾灯置于接通位置时，前雾灯点亮。

❶ 前雾灯继电器控制电路

蓄电池→F-04（200A）保险丝→FOG（15A）保险丝→前雾灯继电器 A 端子→前雾灯继电器 E 端子→FBCM→搭铁，此时前雾灯继电器线圈通电，前雾灯继电器常开开关闭合。

❷ 前雾灯继电器主电路

蓄电池→F-04（200A）保险丝→FOG（15A）保险丝→前雾灯继电器 C 端子→前雾灯继电器 D 端子→左/右前雾灯→搭铁，此时左/右前雾灯点亮。

（2）后雾灯控制电路

当车辆示宽灯开关打开并且后雾灯置于接通位置时，蓄电池→F-04（200A）保险丝→STOP（10A）保险丝→RBCM→后雾灯→搭铁，此时后雾灯点亮。

10. 日产车型典型雾灯电路详解——轩逸雾灯控制电路

（1）前雾灯控制电路（图 1-3-12）

前雾灯由 BCM 的组合开关读取功能、前雾灯控制功能，以及 IPDM E/R 的继电器控制功能控制。

第一章

照明以及信号灯典型控制电路详解

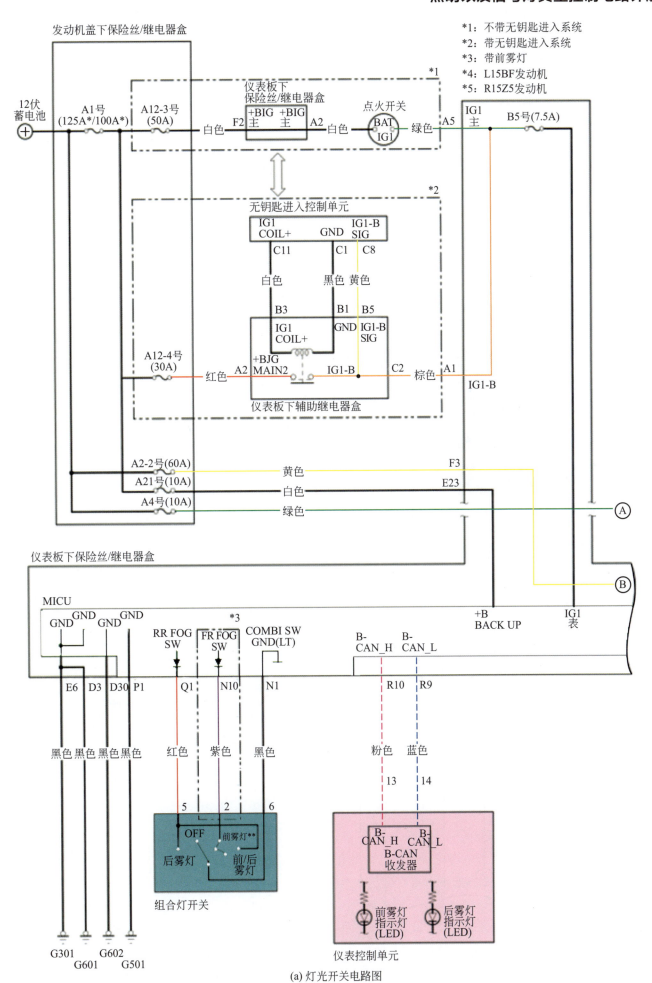

(a) 灯光开关电路图

图 1-3-10

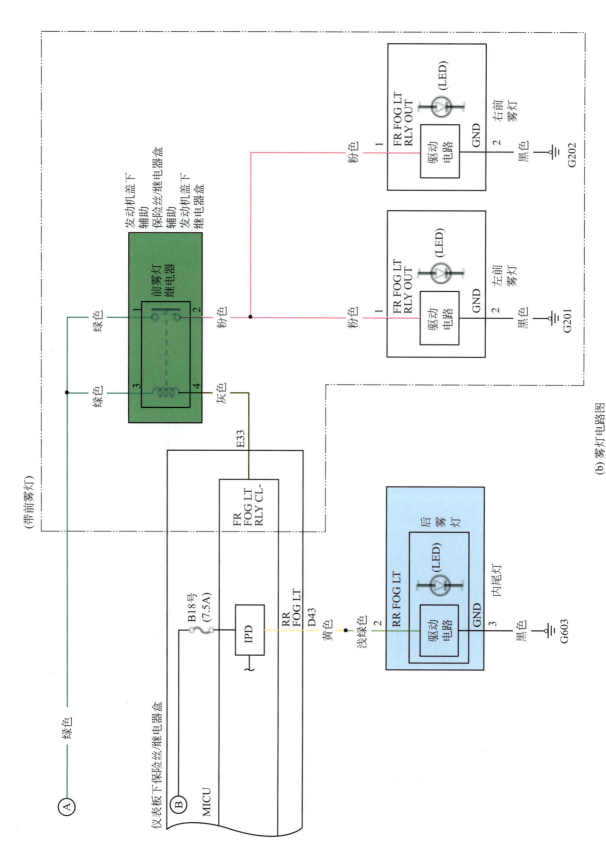

图 1-3-10 杰德雾灯控制电路

(b) 雾灯电路图

第一章 照明以及信号灯典型控制电路详解

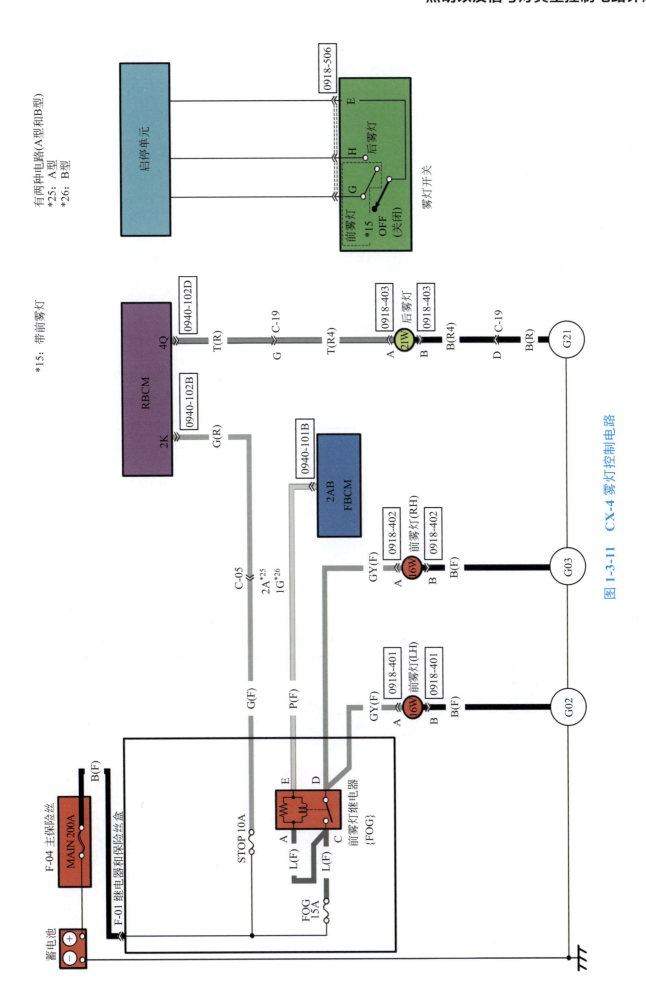

图 1-3-11 CX-4 雾灯控制电路

❶ 前雾灯继电器控制电路

当车辆示宽灯开关打开并且前雾灯置于接通位置时，蓄电池→前雾灯继电器线圈→CPU→搭铁，此时前雾灯继电器线圈通电，常开开关闭合。

❷ 前雾灯继电器主电路

蓄电池→前雾灯继电器开关→15A 保险丝→左 / 右前雾灯→搭铁，此时前雾灯点亮。

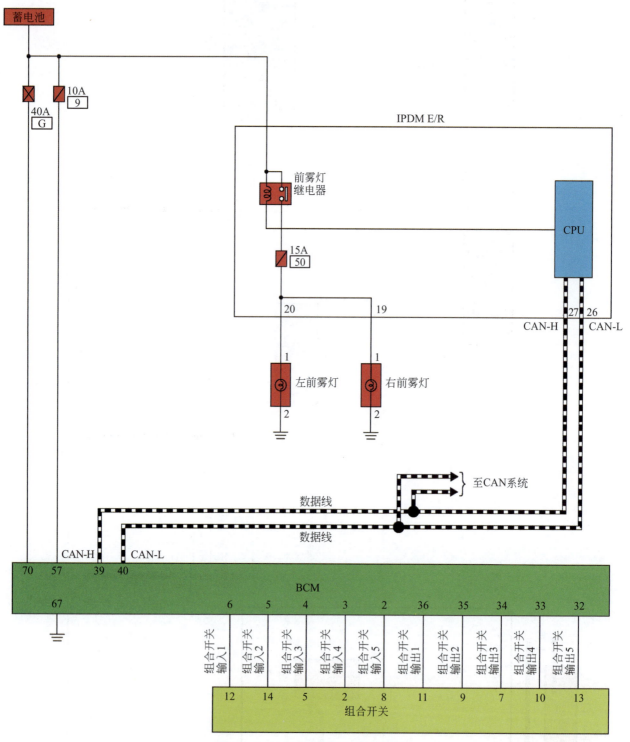

图 1-3-12　轩逸前雾灯控制电路

（2）后雾灯控制电路（图 1-3-13）

后雾灯由 BCM 的组合开关读取功能和后雾灯控制功能控制。

BCM 通过组合开关读取功能检测组合开关状态。

BCM 根据后雾灯 ON 状态向后雾灯供应电压。

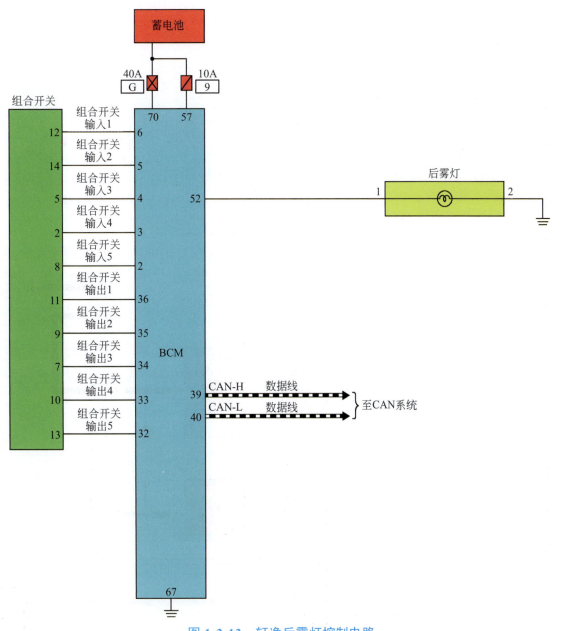

图 1-3-13　轩逸后雾灯控制电路

11. 现代/起亚车型典型雾灯电路详解——现代名图 MISTRA 雾灯控制电路（图1-3-14）

（1）前雾灯控制电路

在点火开关处于 ON 状态时，把组合开关左侧灯光开关置于尾灯（M01-L：No.2 和 1）ON 位置，并且前雾灯开关（M01-L：No.6 和 5）置于 ON 位置，BCM 接收信号，并通过 CAN 通信传送至 IPS 控制模块和仪表盘。仪表盘中的 MICOM 接通示灯，IPS 控制模块控制 IPS 1（4CH）来接通雾灯。

组合开关后雾灯接通 6 号端子→BCM 控制单元 23 号端子→BCM 控制单元 3、4 号端子→IPS 控制模块 14、15 号端子→IPS 1（4CH）；

常时电源→B+1（60A）保险丝→IPS 1（4CH）→左/右前雾灯→搭铁，此时前雾灯点亮。

（2）后雾灯控制电路

在点火开关处于 ON 状态时，把组合开关左侧灯光开关置于尾灯（M01-L：No.2 和 1）ON 位置，并且后雾灯开关（M01-L：No.7 和 5）置于 ON 位置，BCM 接收信号，并通过 CAN 通信传送至 IPS 控制模块和仪表盘。仪表盘中的 MICOM 接通示灯，IPS 控制模块控制 IPS 2（2CH）来接通雾灯。

组合开关后雾灯接通 7 号端子→BCM 控制单元 11 号端子→BCM 控制单元 3、4 号端子→IPS 控制模块 14、15 号端子→IPS 2（2CH）；

常时电源→B+1（60A）保险丝→IPS 2（2CH）→左后雾灯→搭铁，此时后雾灯点亮。

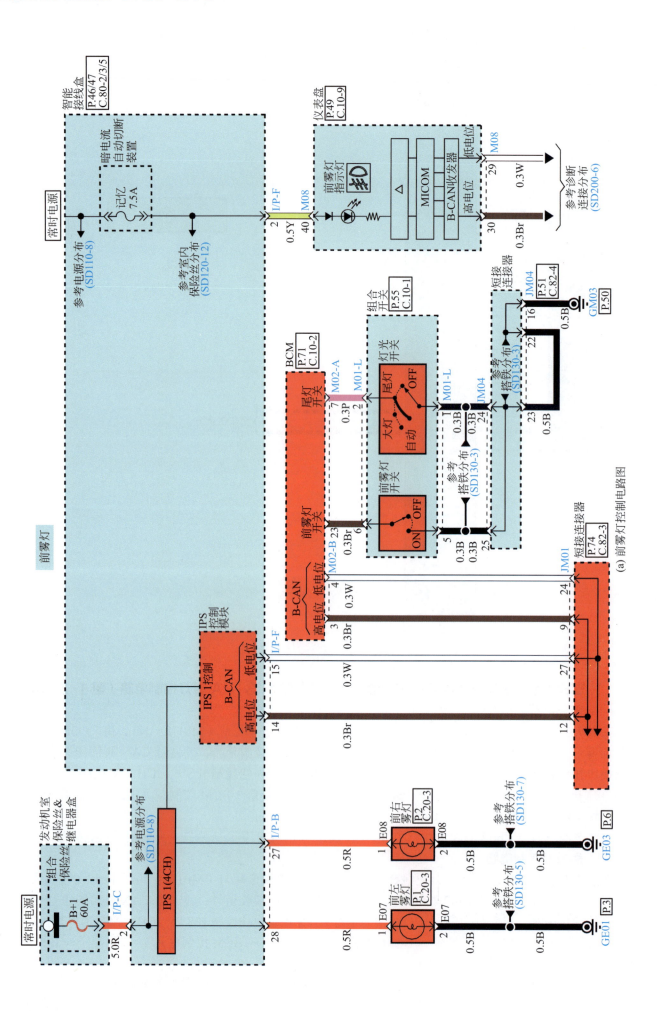

(a) 前雾灯控制电路图

第一章 照明以及信号灯典型控制电路详解

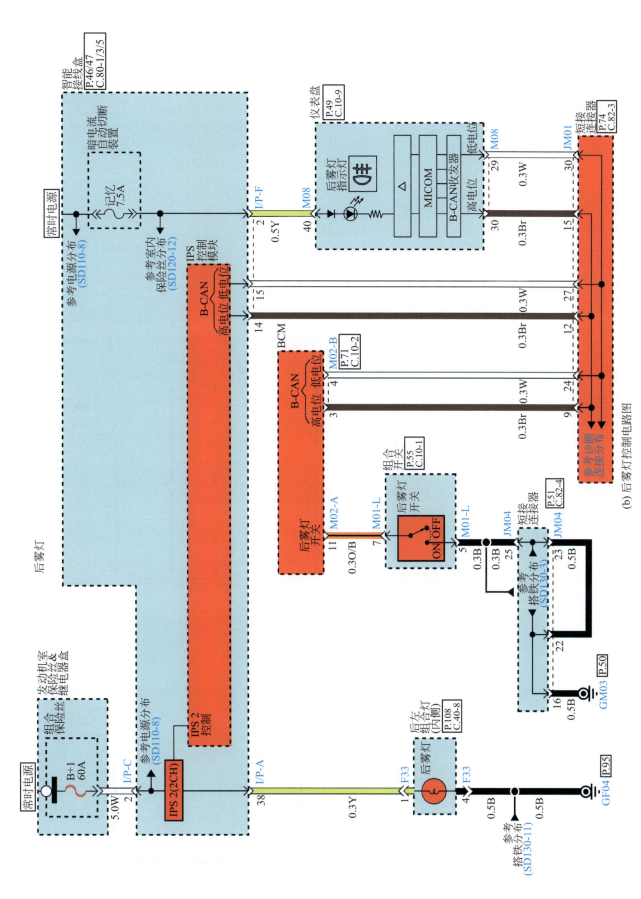

图 1-3-14 名图 MISTRA 雾灯控制电路图
(b) 后雾灯控制电路

12. 福特车型典型雾灯电路详解——锐界 EDGE 雾灯控制电路（图 1-3-15）

（1）前雾灯控制电路

当车辆示宽灯开关打开并且前雾灯置于接通位置时，电源→F20（10A）保险丝→灯光开关9号端子→灯光开关14号端子→BCM控制单元20号端子，BCM控制单元接收到前雾灯开启信号。

电源→BCM控制单元→左/右前雾灯→搭铁，此时前雾灯点亮。

（2）后雾灯控制电路

当车辆示宽灯开关打开并且后雾灯置于接通位置时，电源→F20（10A）保险丝→灯光开关9号端子→灯光开关2号端子→BCM控制单元8号端子，BCM控制单元接收到后雾灯开启信号。

电源→BCM控制单元→后雾灯→搭铁，此时后雾灯点亮。

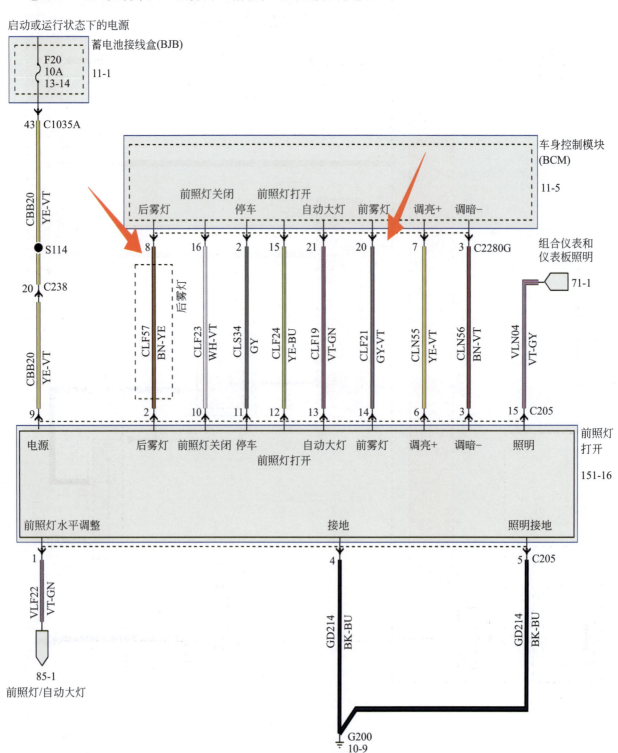

(a) 灯光开关电路图

第一章

照明以及信号灯典型控制电路详解

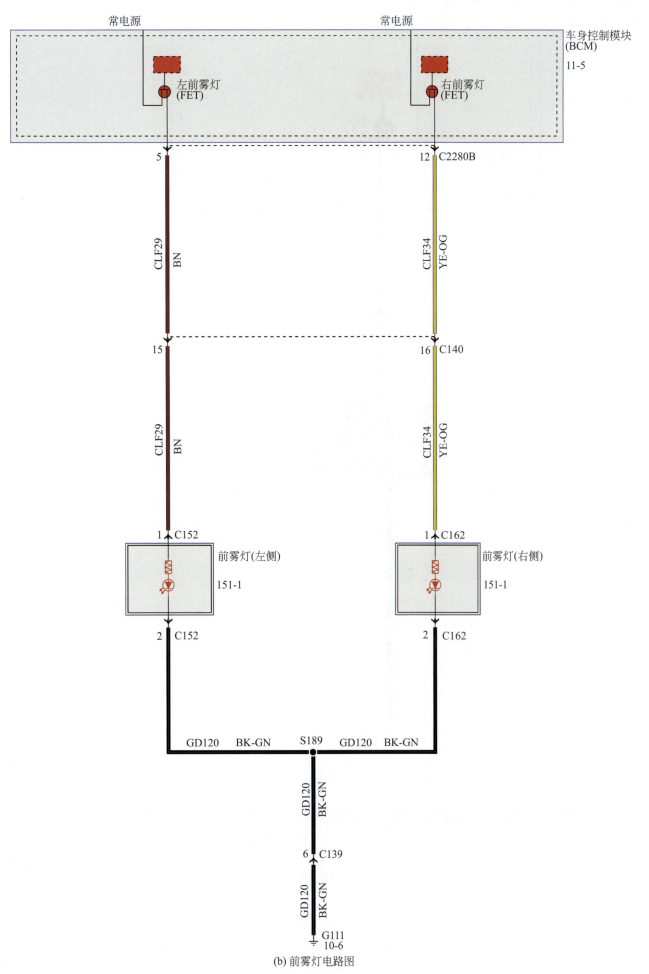

(b) 前雾灯电路图

图 1-3-15

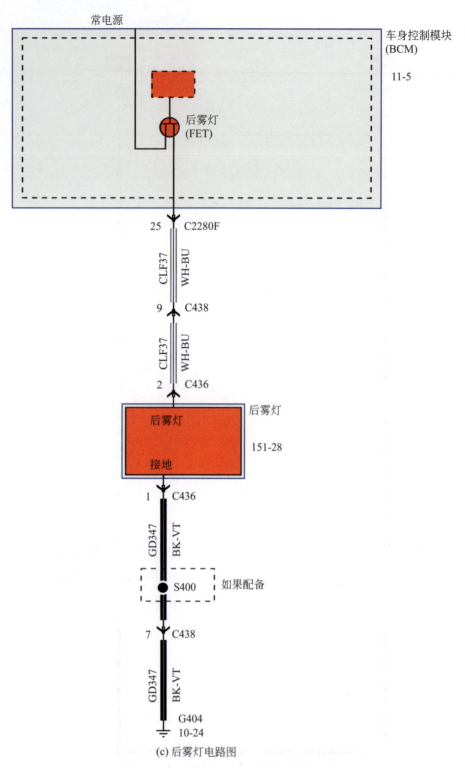

(c) 后雾灯电路图

图 1-3-15　锐界 EDGE 雾灯控制电路

13. 传祺车型典型雾灯电路详解——GS5 雾灯控制电路（图 1-3-16）

（1）前雾灯控制电路

当车辆示宽灯开关打开并且前雾灯置于接通位置时，前雾灯开启信号发送到车身控制单元，车身控制单元内前雾灯继电器线圈通电，然后前雾灯继电器常开开关闭合，电流流向左/右前雾灯，前雾灯得电点亮。

（2）后雾灯控制电路

当车辆示宽灯开关打开并且后雾灯置于接通位置时，后雾灯开启信号发送到车身控制单元，车身控制单元向后雾灯供电，后雾灯得电点亮。

第一章
照明以及信号灯典型控制电路详解

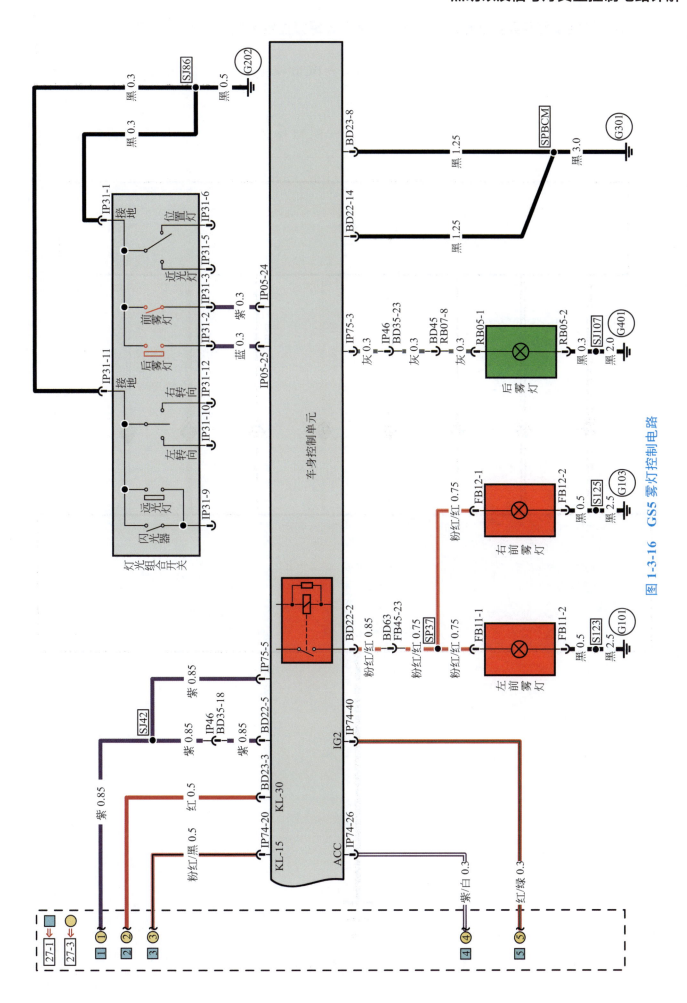

图 1-3-16 GS5 雾灯控制电路

14. 长城车型典型雾灯电路详解——哈弗 H6 雾灯控制电路（图 1-3-17）

（1）前雾灯控制电路

灯光开关 A1 端子→ BCM 控制单元 J2-20 端子→ BCM 控制单元→左 / 右前雾灯→搭铁，此时前雾灯得电点亮。

（2）后雾灯控制电路

灯光开关 A2 端子→ BCM 控制单元 J2-38 端子→ BCM 控制单元→后雾灯→搭铁，此时后雾灯得电点亮。

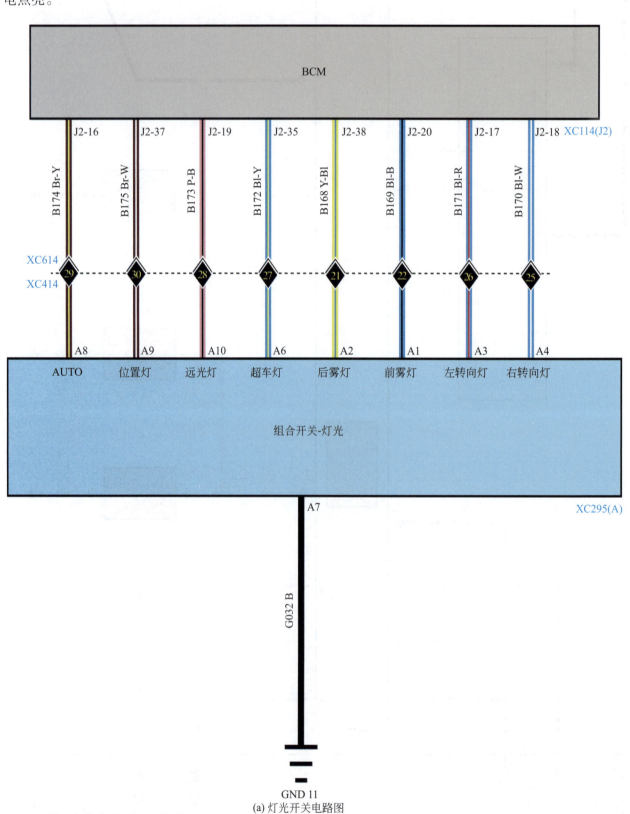

(a) 灯光开关电路图

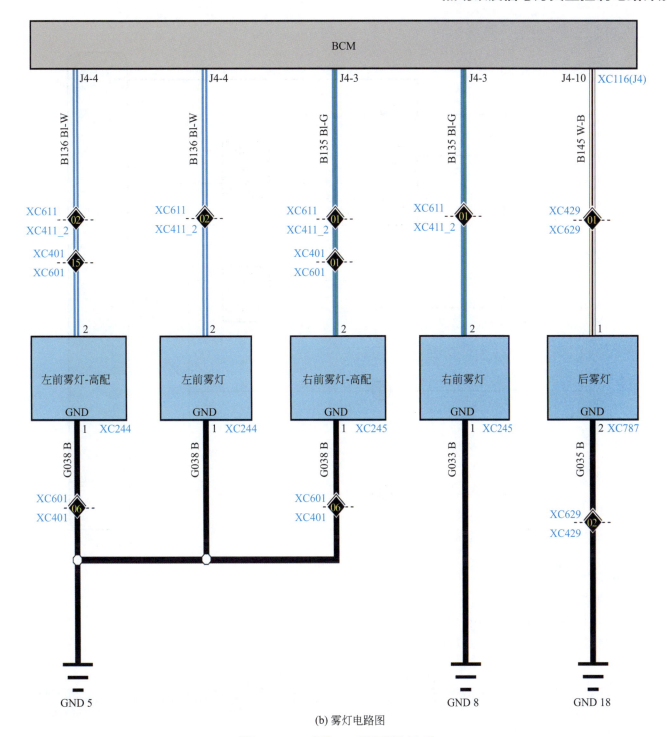

(b) 雾灯电路图

图 1-3-17 哈弗 H6 雾灯控制电路

四、雾灯典型故障检修技巧

本小节以丰田卡罗拉车型为例进行介绍。

1. 前雾灯电路故障诊断

（1）故障描述

在进行前雾灯控制故障排除前，检查并确认尾灯工作正常。

如果仅一侧的前雾灯没有亮起，检查灯泡或与该灯泡相关的线束。

如果左右两侧的前雾灯都没有亮起，执行前雾灯继电器主动测试，并读取数据表中的前雾灯开关值，以确定是开关侧还是继电器侧存在故障。

（2）电路图（图1-3-18）

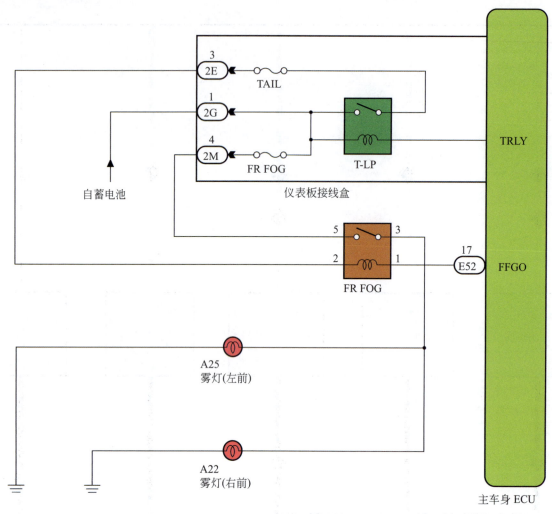

图 1-3-18　电路图

（3）故障诊断

❶ 用检测仪进行主动测试（表1-3-1）

将灯控开关置于 TAIL 位置进行测试。

表 1-3-1　检测仪检测前雾灯继电器

检测仪显示	测试部位	控制范围
Front Fog Light Relay[*1] （前雾灯继电器）	前雾灯继电器	ON/OFF

正常：前雾灯继电器工作（前雾灯亮起）。

如果检查结果异常，则读取检测仪的值；如果检查结果正常，则继续检查下一个有可能出现故障的电路。

❷ 读取检测仪的值（表1-3-2）

表 1-3-2　检测仪检测前雾灯开关

检测仪显示	测量项目/范围	正常状态
Front Fog Light SW[*1] （前雾灯开关）	前雾灯开关信号/ON 或 OFF	ON：前雾灯开关置于 ON 位置 OFF：前雾灯开关置于 OFF 位置

094

正常：检测仪上显示了上面列出的正常状态。

如果检查结果异常，则继续检查下一个有可能出现故障的电路；如果检查结果正常，则检查保险丝（FR FOG）。

❸ 检查保险丝（FR FOG）

a. 将 FR FOG 保险丝从仪表板接线盒上拆下。

b. 根据表 1-3-3 中的值测量电阻。

表 1-3-3　标准电阻

检测仪连接	条件	规定状态
FR FOG 保险丝	始终	小于 1Ω

如果检查结果异常，则更换保险丝；如果检查结果正常，则检查前雾灯继电器（FR FOG）。

❹ 检查前雾灯继电器（FR FOG）

a. 从 6 号继电器盒上拆下前雾灯继电器（图 1-3-19）。

b. 根据表 1-3-4 中的值测量电阻。

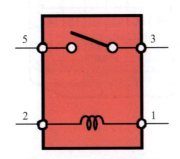

图 1-3-19　继电器端子

表 1-3-4　标准电阻

检测仪连接	条件	规定状态
3—5	在端子 1 和 2 间未施加电压	10kΩ 或更大
3—5	在端子 1 和 2 间施加电压	小于 1Ω

如果检查结果异常，则更换前雾灯继电器；如果检查正常，则检查结果线束和连接器（蓄电池—前雾灯继电器）。

❺ 检查线束和连接器（蓄电池—前雾灯继电器）

根据图 1-3-20 和表 1-3-5 中的值测量电压。

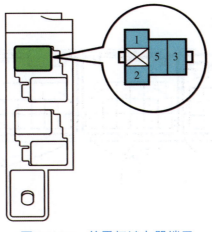

图 1-3-20　前雾灯继电器端子

表 1-3-5　标准电压

检测仪连接	条件	规定状态
前雾灯继电器端子 5—车身搭铁	始终	11 ～ 14V
前雾灯继电器端子 2—车身搭铁	灯控开关 OFF → TAIL	低于 1V →（11 ～ 14）V

如果检查结果异常，则维修或更换线束或连接器；如果检查结果正常，则检查线束和连接器（前雾灯继电器—主车身 ECU）。

❻ 检查线束和连接器（前雾灯继电器—主车身 ECU）

a. 断开主车身 ECU 连接器 E52（图 1-3-21）。

b. 根据图 1-3-20、图 1-3-21 和表 1-3-6 中的值测量电阻。

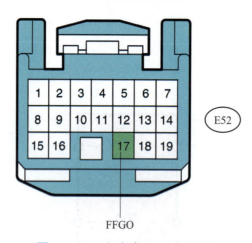

图 1-3-21　主车身 ECU 连接器

表 1-3-6　标准电阻

检测仪连接	条件	规定状态
前雾灯继电器端子 1—E52-17（FFGO）	始终	小于 1Ω
E52-17（FFGO）—车身搭铁	始终	10kΩ 或更大

如果检查结果异常，则维修或更换线束或连接器；如果检查结果正常，则检查主车身 ECU（仪表板接线盒）。

❼ 检查主车身 ECU（仪表板接线盒）

a. 重新连接主车身 ECU 连接器 E52（图 1-3-22）。

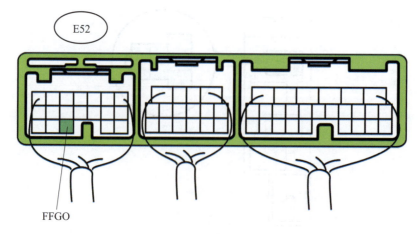

图 1-3-22　主车身 ECU 连接器

b. 将前雾灯继电器安装到 6 号继电器盒上。

c. 根据表 1-3-7 中的值测量电压。

表 1-3-7 标准电压

检测仪连接	开关状态	规定状态
E52-17（FFGO）—车身搭铁	灯控开关置于 TAIL 位置，前雾灯开关从 OFF → ON	（11～14）V → 低于 1V

如果检查结果异常，则更换主车身 ECU（仪表板接线盒）；如果检查结果正常，则维修或更换线束或连接器（前雾灯继电器—车身搭铁）。

2. 后雾灯电路故障诊断

（1）故障描述

在对后雾灯控制系统执行故障排除之前，检查并确认近光前照灯和前雾灯工作正常。

（2）电路图（图 1-3-23）

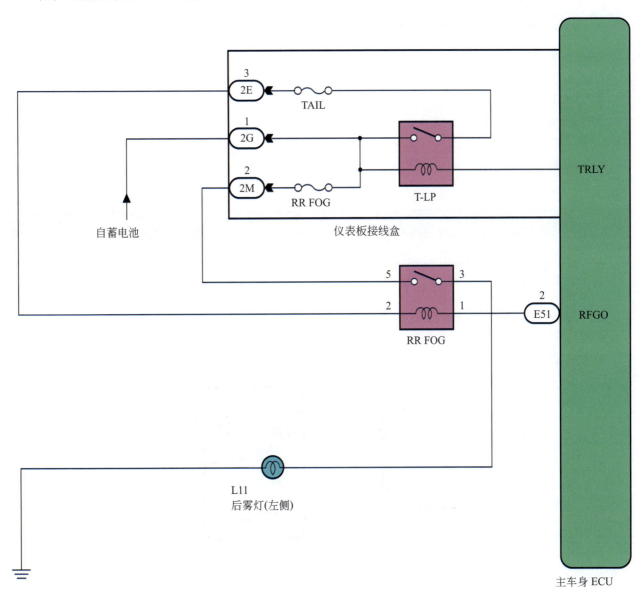

图 1-3-23 电路图

（3）故障诊断

❶ 用检测仪进行主动测试（表 1-3-8）

将灯控开关置于 HEAD 位置进行测试。

097

表 1-3-8　检测仪检测后雾灯继电器

检测仪显示	测试部位	控制范围
Rear Fog Light Relay[*1]（后雾灯继电器）	后雾灯继电器	ON/OFF

正常：后雾灯继电器工作（后雾灯亮起）。

如果检查结果异常，则读取检测仪的值；如果检查结果正常，则继续检查下一个有可能出现故障的电路。

❷ 读取检测仪的值（表 1-3-9）

表 1-3-9　检测仪检测后雾灯开关

检测仪显示	测量项目/范围	正常状态
Rear Fog Light SW[*1]（后雾灯开关）	后雾灯开关信号/ON 或 OFF	ON：后雾灯开关置于 ON 位置 OFF：后雾灯开关置于 OFF 位置

正常：检测仪上显示了上面列出的正常状态。

如果检查结果异常，则继续检查下一个有可能出现故障的电路；如果检查结果正常，则检查保险丝（RR FOG）。

❸ 检查保险丝（RR FOG）

a. 将 RR FOG 保险丝从仪表板接线盒上拆下。

b. 根据表 1-3-10 中的值测量电阻。

表 1-3-10　标准电阻

检测仪连接	条件	规定状态
RR FOG 保险丝	始终	小于 1Ω

如果检查结果异常，则更换保险丝；如果检查结果正常，则检查后雾灯继电器（RR FOG）。

❹ 检查后雾灯继电器（RR FOG）

a. 从 5 号继电器盒上拆下后雾灯继电器（图 1-3-24）。

b. 根据表 1-3-11 中的值测量电阻。

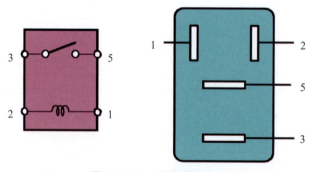

图 1-3-24　继电器端子

表 1-3-11　标准电阻

检测仪连接	条件	规定状态
3—5	在端子 1 和 2 间未施加电压	10kΩ 或更大
3—5	在端子 1 和 2 间施加电压	小于 1Ω

如果检查结果异常,则更换后雾灯继电器;如果检查结果正常,则检查线束和连接器(蓄电池—后雾灯继电器)。

❺ 检查线束和连接器(蓄电池—后雾灯继电器)

根据图 1-3-25 和表 1-3-12 中的值测量电压。

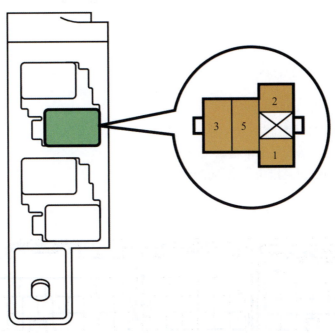

图 1-3-25　后雾灯继电器端子

表 1-3-12　标准电压

检测仪连接	条件	规定状态
后雾灯继电器端子 5—车身搭铁	始终	11～14V
后雾灯继电器端子 2—车身搭铁	灯控开关 OFF → TAIL	低于 1V →（11～14）V

如果检查结果异常,则维修或更换线束或连接器;如果检查结果正常,则检查线束和连接器(后雾灯继电器—主车身 ECU)。

❻ 检查线束和连接器(后雾灯继电器—主车身 ECU)

a. 断开主车身 ECU 连接器 E51(图 1-3-26)。

b. 根据图 1-3-25、图 1-3-26 和表 1-3-13 中的值测量电阻。

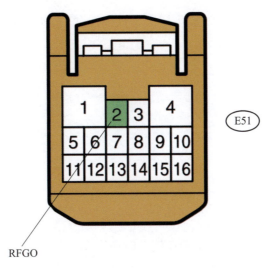

图 1-3-26　主车身 ECU 连接器

表 1-3-13　标准电阻

检测仪连接	条件	规定状态
后雾灯继电器端子 1—E51-2（RFGO）	始终	小于 1Ω
E51-2（RFGO）—车身搭铁	始终	10kΩ 或更大

如果检查结果异常，则维修或更换线束或连接器；如果检查结果正常，则检查主车身 ECU（仪表板接线盒）。

❼ 检查主车身 ECU（仪表板接线盒）

a. 重新连接主车身 ECU 连接器 E51（图 1-3-27）。

b. 将后雾灯继电器安装到 5 号继电器盒上。

c. 根据表 1-3-14 中的值测量继电器盒侧的电压。

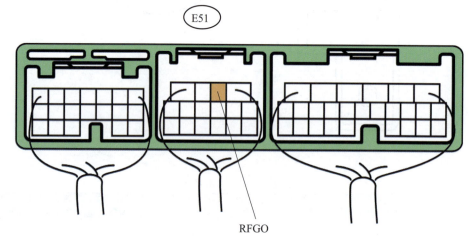

图 1-3-27　主车身 ECU 连接器

表 1-3-14　标准电压

检测仪连接	开关状态	规定状态
E51-2（RFGO）—车身搭铁	灯控开关置于 HEAD 位置，后雾灯开关从 OFF → ON	（11 ～ 14）V → 低于 1V

如果检查结果异常，则更换主车身 ECU（仪表板接线盒）；如果检查结果正常，则维修或更换线束或连接器（后雾灯继电器—车身搭铁）。

第四节　倒车灯控制电路

一、倒车灯的作用

汽车倒车灯，安装在汽车的尾部，用于在倒车时照亮车后的路面，并起到警示车后的车辆和行人的作用（图 1-4-1）。

图 1-4-1　倒车灯

二、倒车灯的工作原理

在变速箱上面安装有倒车开关，当挂入倒挡或者 R 挡的时候开关接通，开关控制继电器，继电器后面串了保险丝然后把电流传送给倒车灯泡，灯泡便点亮。

三、倒车灯典型控制电路

1. 大众 / 奥迪车型典型倒车灯电路详解——大众宝来倒车灯控制电路（图 1-4-2）

这里以大众宝来车型为例进行介绍，同样适用于大众 / 奥迪其他车型，限于篇幅不再赘述。

当车辆挂入倒车挡时，F4 倒车灯开关闭合，将闭合信号发送至 J519 控制单元 T73a/12 号端子，J519 控制单元接收到倒车灯开关闭合信号，向左 / 右倒车灯供电，此时倒车灯点亮。

电源→ F4 倒车灯开关→ J519，此时 J519 接收到倒车灯闭合信号。

J519 →左 / 右倒车灯→搭铁，此时倒车灯得电点亮。

2. 别克 / 雪佛兰 / 凯迪拉克车型典型倒车灯电路详解——别克威朗倒车灯控制电路（图 1-4-3）

这里以别克威朗车型为例进行介绍，同样适用于别克 / 雪佛兰 / 凯迪拉克其他车型，限于篇幅不再赘述。

当发动机运转且变速器被置于倒挡位置时，变速器控制模块（TCM）向车身控制模块（BCM）发送一条串行数据信息。该信息指示换挡杆挂倒挡。车身控制模块向倒车灯控制电路提供蓄电池电压点亮倒车灯。一旦驾驶员将换挡杆移出倒挡位置，变速器控制模块就通过串行数据发送一条消息，请求车身控制模块从倒车灯控制电路上撤销蓄电池电压。注意：必须运转发动机使倒车灯工作。

3. 比亚迪车型典型倒车灯电路详解——S7 倒车灯控制电路（图 1-4-4）

当发动机运转且变速器被置于倒挡位置时，倒挡信号被发送至 MICU 控制单元，MICU 控制单元向 BCM 控制单元发送倒车灯开启信号，BCM 控制单元向左 / 右倒车灯供电，此时左 / 右倒车灯点亮。

一旦驾驶员将换挡杆移出倒挡位置，倒车灯开关断开，BCM 控制模块从倒车灯控制电路上撤销蓄电池电压。

倒车灯开关 2 号端子→ IMCU 控制单元。

IMCU 控制单元→ BCM 控制单元→左 / 右倒车灯→搭铁，此时倒车灯点亮。

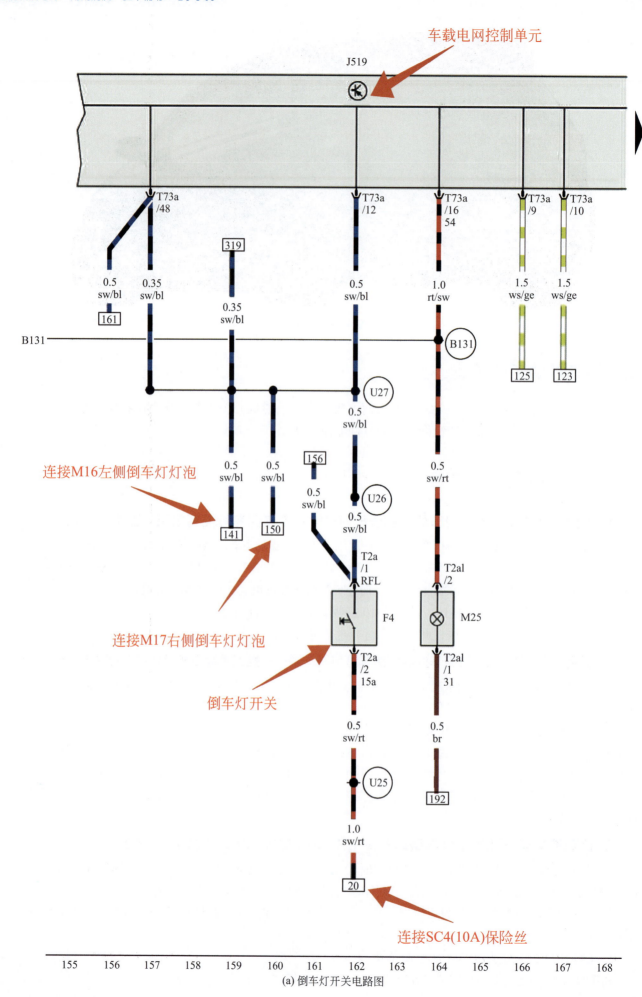

(a) 倒车灯开关电路图

第一章 照明以及信号灯典型控制电路详解

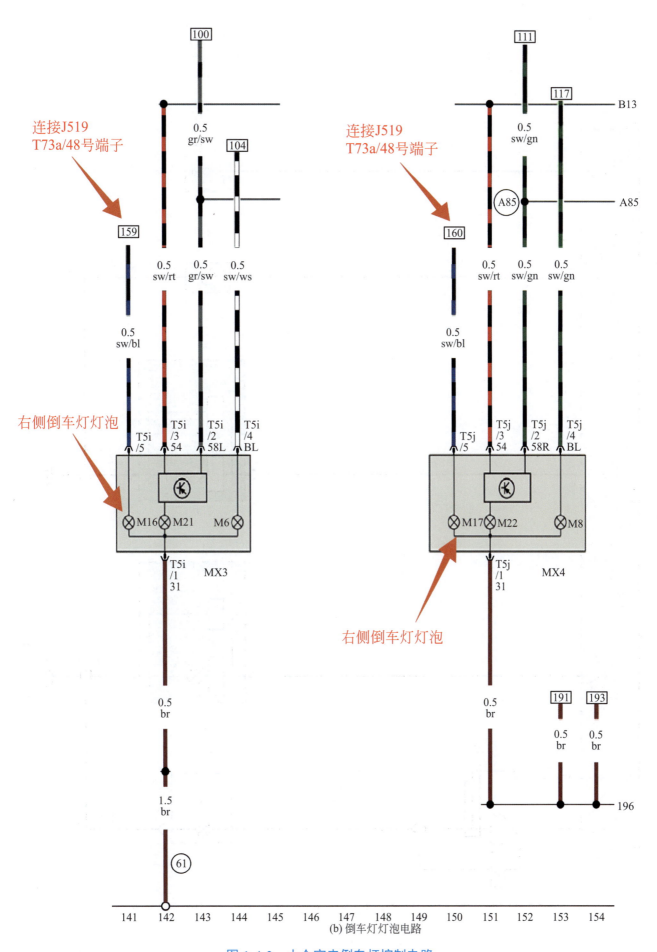

图 1-4-2 大众宝来倒车灯控制电路

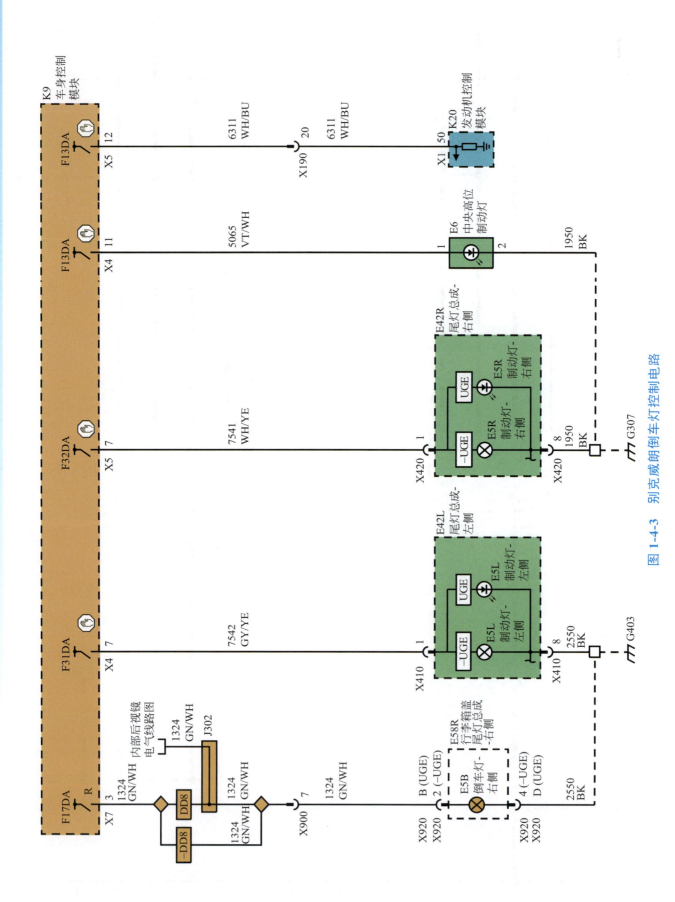

图 1-4-3 别克威朗倒车灯控制电路

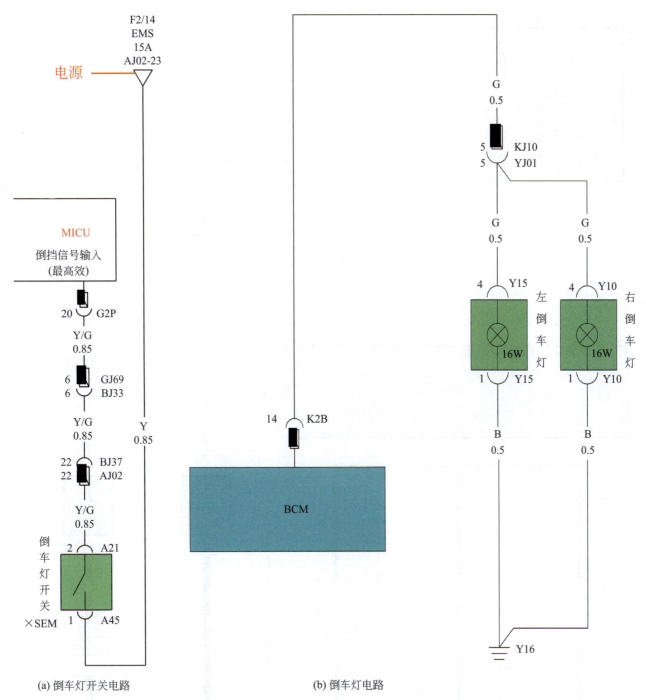

(a) 倒车灯开关电路　　　　　　　　(b) 倒车灯电路

图 1-4-4　比亚迪 S7 倒车灯控制电路

4. 吉利车型典型倒车灯电路详解——帝豪 GS 倒车灯控制电路（图 1-4-5）

当发动机运转且变速器被置于倒挡位置时，倒挡开关 2 号端子将倒挡开关闭合信号发送至 BCM 控制单元 6 号端子，BCM 控制单元接收到倒挡开关闭合信号后，向左 / 右倒车灯供电，此时倒车灯点亮。

当驾驶员将换挡杆移出倒挡位置，倒车灯开关断开，BCM 控制模块从倒车灯控制电路上撤销蓄电池电压。

倒车灯开关 2 号端子→ BCM 控制单元。

电源→ IF31（10A）保险丝→ BCM 控制单元→左 / 右倒车灯→搭铁，此时倒车灯得电点亮。

5. 长安车型典型倒车灯电路详解——悦翔 V7 倒车灯控制电路（图 1-4-6）

当发动机运转且变速器被置于倒挡位置时，电源→ DF07（10A）保险丝→倒车灯开关 1 号端子→倒车灯开关 2 号端子→左 / 右倒车灯→搭铁，此时倒车灯得电点亮。

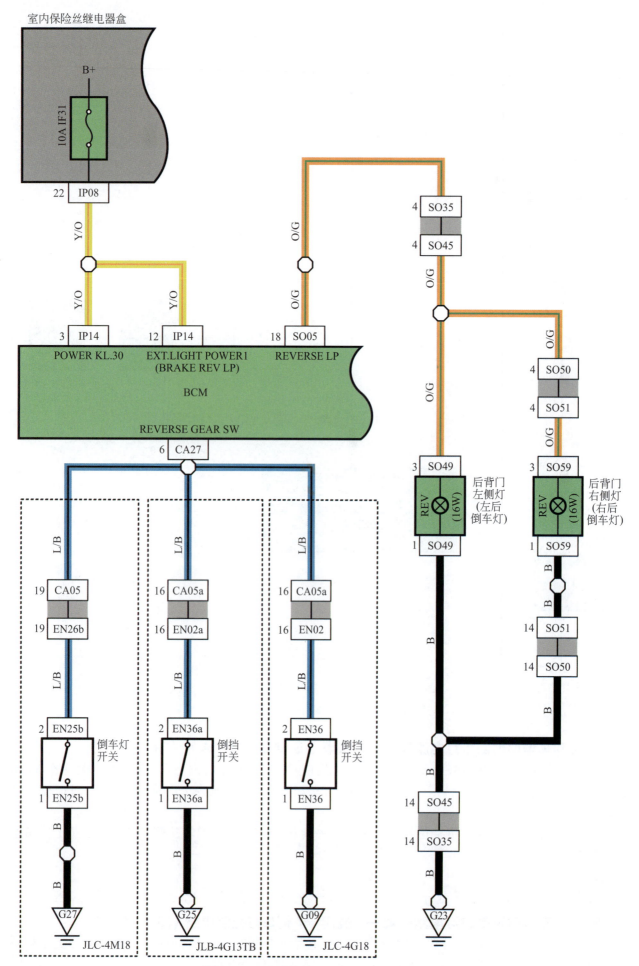

图 1-4-5 吉利帝豪 GS 倒车灯控制电路

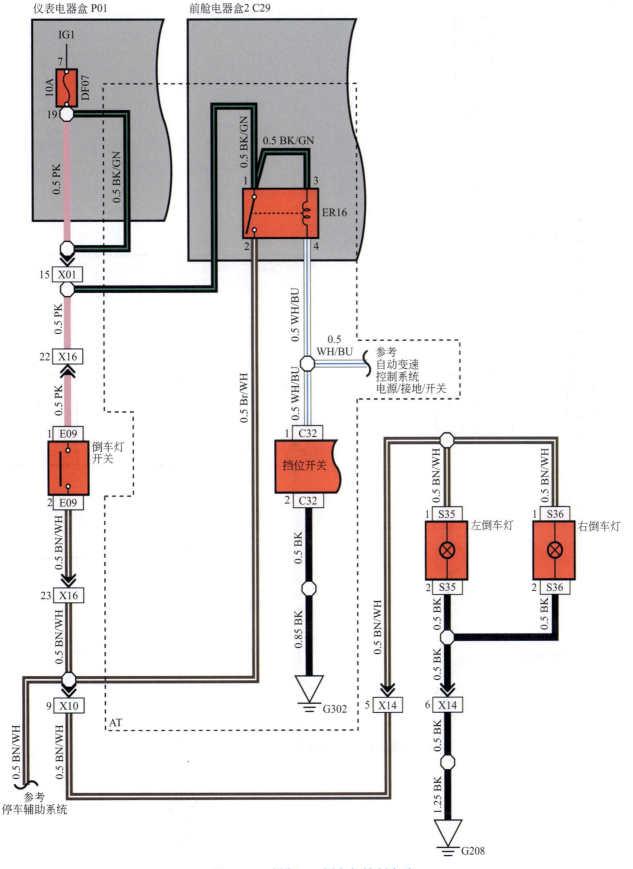

图 1-4-6　悦翔 V7 倒车灯控制电路

6. 丰田车型典型倒车灯电路详解——卡罗拉倒车灯控制电路（图 1-4-7）

电源→7.5A 保险丝→挡位开关或驻车/空挡位置开关总成→左/右倒车灯→搭铁，此时倒车灯得电点亮。

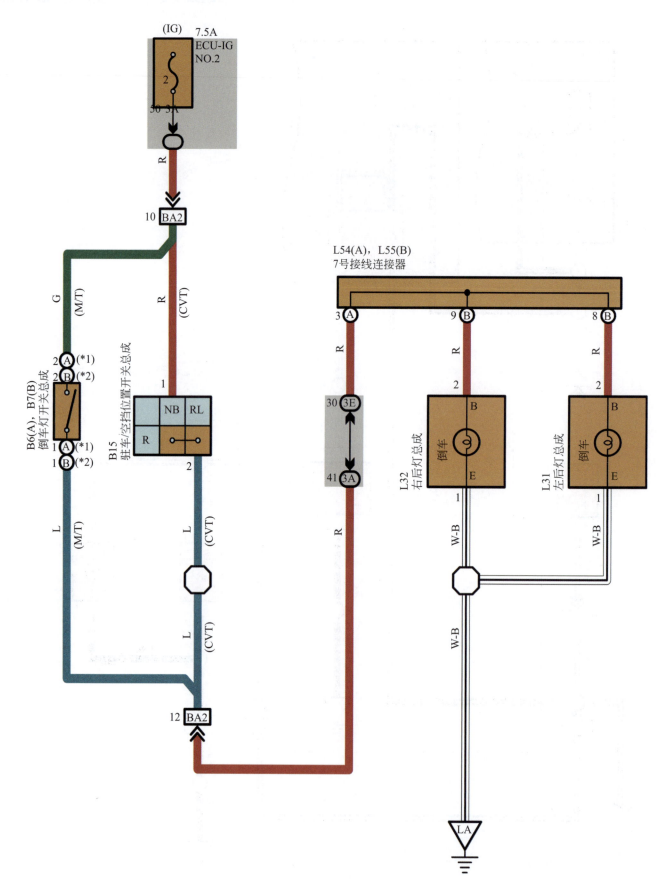

图 1-4-7　丰田卡罗拉倒车灯控制电路

7. 日产车型典型倒车灯电路详解——天籁倒车灯控制电路（图 1-4-8 和图 1-4-9）
由 BCM 的倒车灯控制功能控制倒车灯。

BCM 通过 CAN 通信从 TCM 接收换挡杆位置状态（挡位信号）。
BCM 根据满足的倒车灯 ON 条件向倒车灯供应电压。

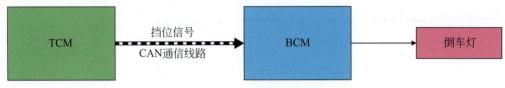

图 1-4-8　倒车灯工作原理

蓄电池正极→ BCM 控制单元→左 / 右倒车灯→搭铁，此时倒车灯点亮。

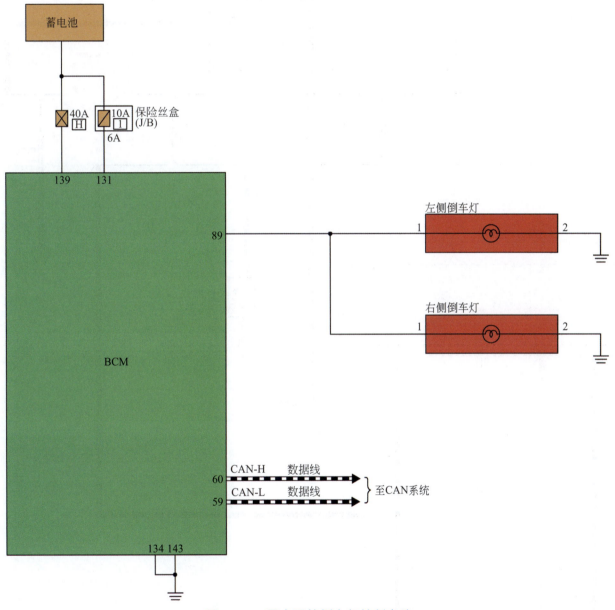

图 1-4-9　日产天籁倒车灯控制电路

8. 现代 / 起亚车型典型倒车灯电路详解——现代名图 MISTRA 倒车灯控制电路（图 1-4-10）

只要变速器挡位在 R（倒挡）位置，此灯亮，显示汽车挂倒挡行驶。

配备自动变速器的车辆，如果要移动换挡杆，必须将点火开关置于 IG1 以上位置，并踩下制动踏板。

配备手动变速器的车辆，必须在完全踩下离合器踏板状态下进行换挡。

如果要倒车，把换挡杆移动到 R 位置时，车辆必须要完全停止。如果在车辆移动时把换挡杆移动到 R 位置，可能会出现无法预料的危险。

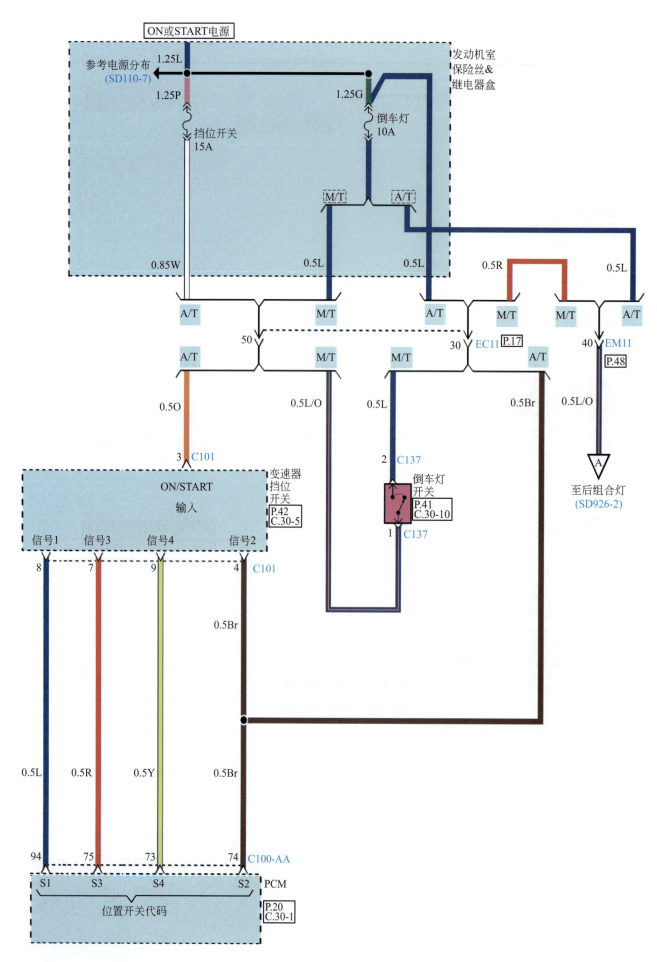

(a) 倒车灯开关/变速器挡位开关电路

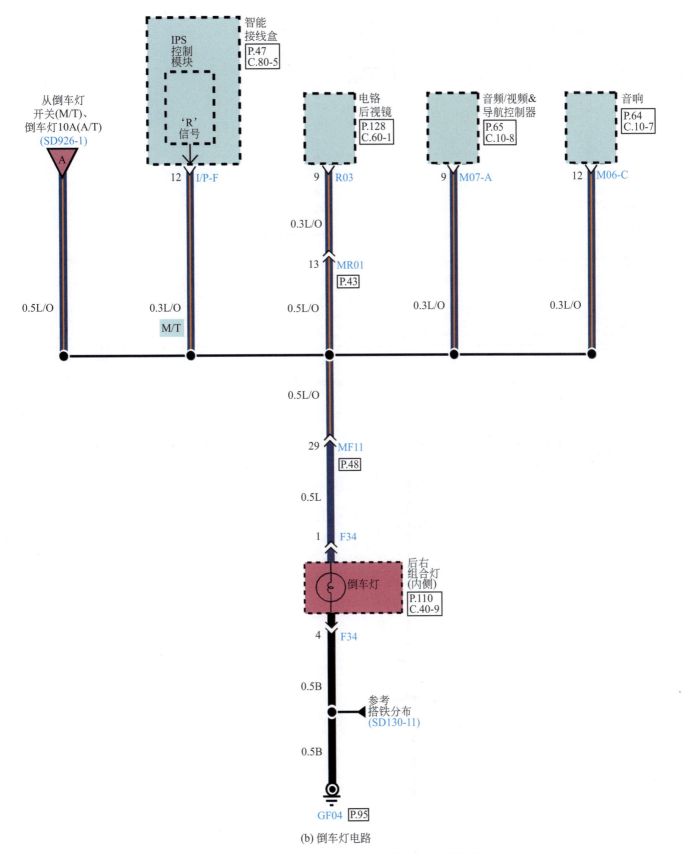

(b) 倒车灯电路

图 1-4-10 现代名图 MISTRA 倒车灯控制电路

9. 福特车型典型倒车灯电路详解——锐界 EDGE 倒车灯控制电路（图 1-4-11）

当发动机运转且变速器被置于倒挡位置时，倒挡开关闭合信号发送到动力系统控制模块；动力系统控制模块→BCM 控制模块→BCM 控制模块内部继电器→左/右倒车灯→搭铁，此时倒车灯得电点亮。

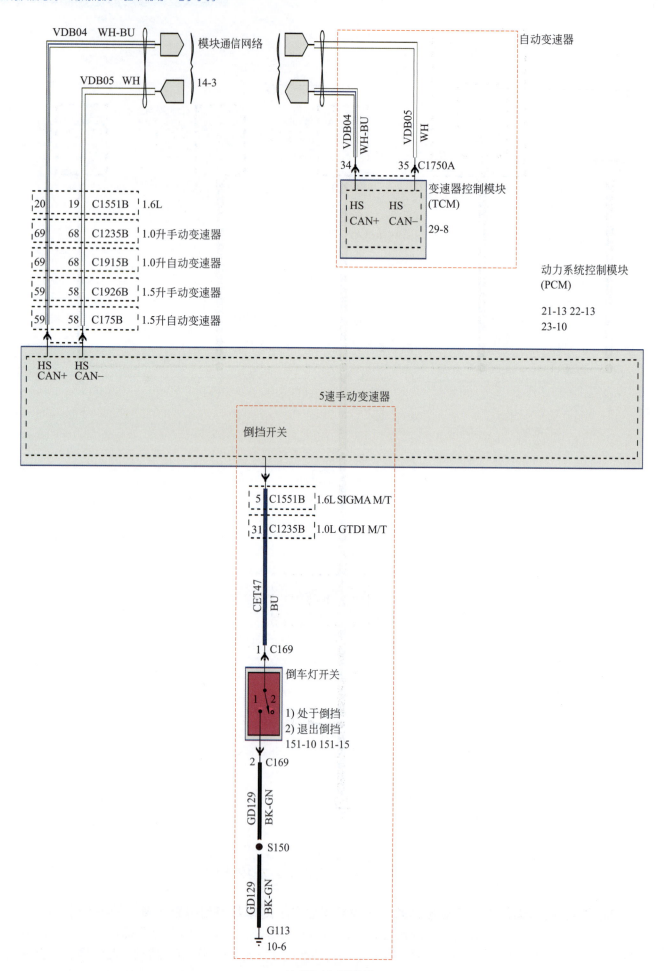

(a) 倒车灯开关电路

第一章
照明以及信号灯典型控制电路详解

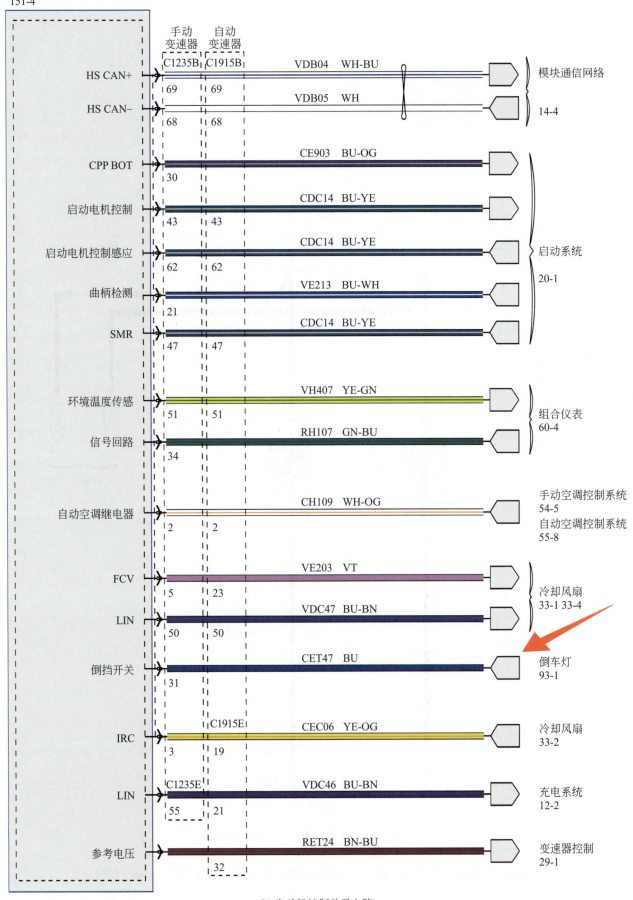

(b) 发动机控制单元电路

图 1-4-11

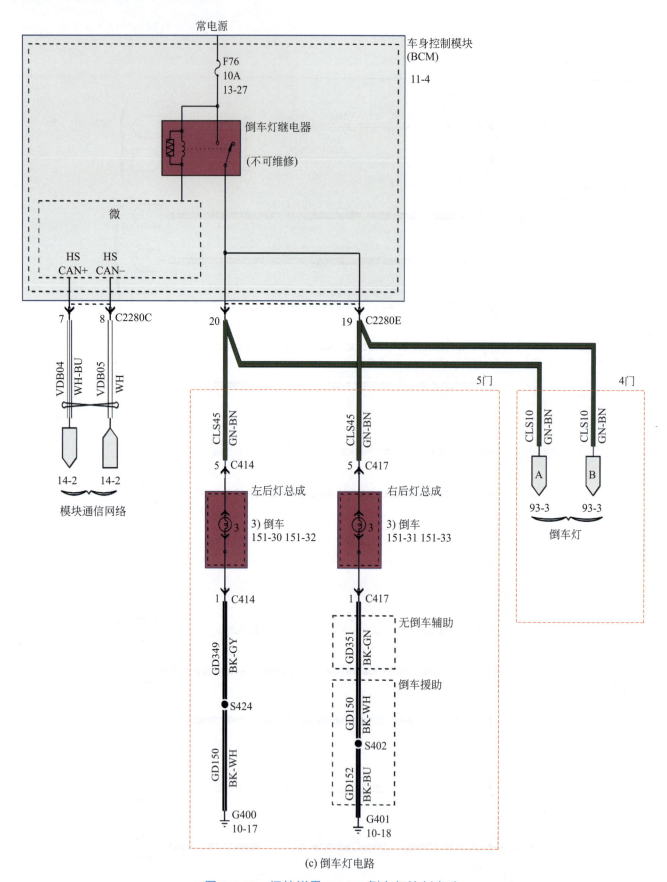

图 1-4-11　福特锐界 EDGE 倒车灯控制电路

10. 传祺车型典型倒车灯电路详解——GS5 倒车灯控制电路（图 1-4-12）

当发动机运转且变速器被置于倒挡位置时，倒车开关闭合信号被发送至车身控制单元 IP74/22 号端子，车身控制单元在接收到倒车开关闭合信号后，向倒车灯供电，此时倒车灯点亮。

第一章
照明以及信号灯典型控制电路详解

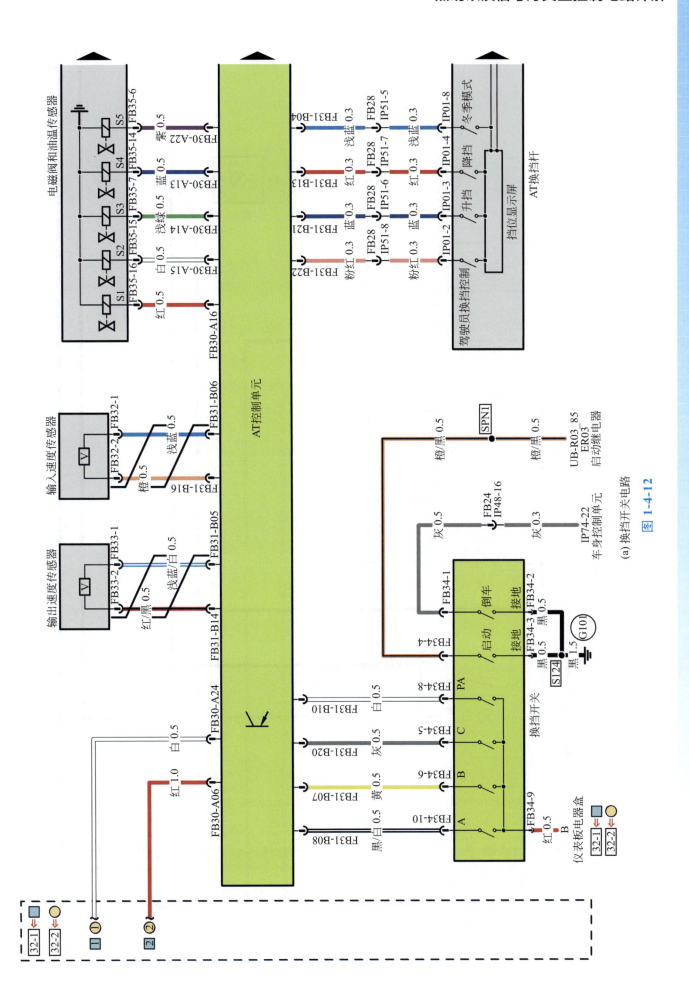

图 1-4-12 (a) 换挡开关电路

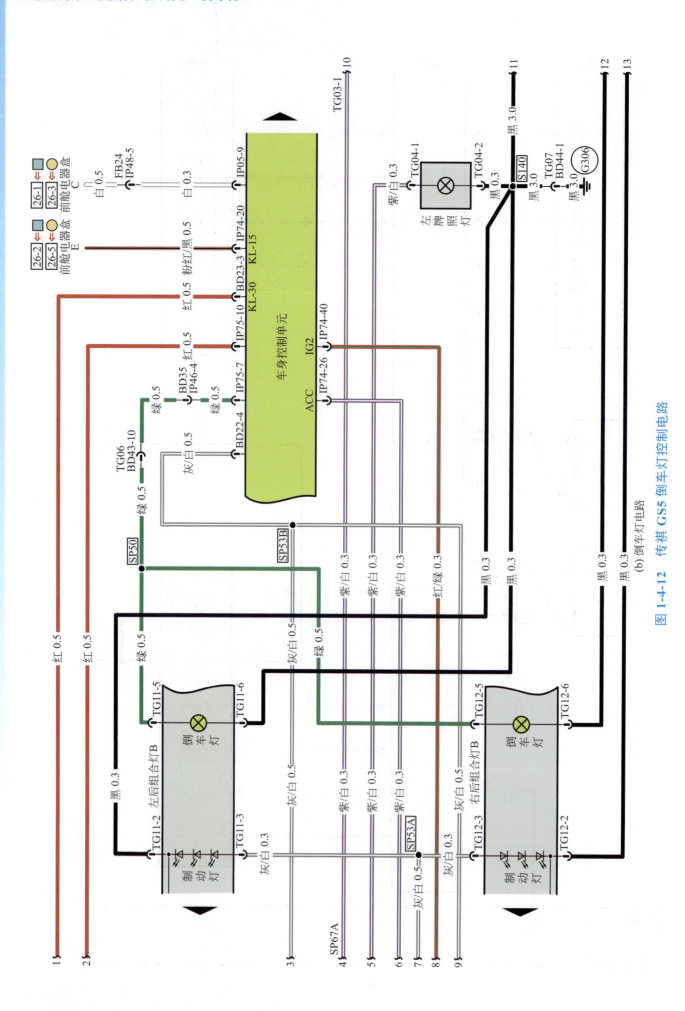

图 1-4-12 传祺 GS5 倒车灯控制电路
(b) 倒车灯电路

11. 长城车型典型倒车灯电路详解——WEY（魏派）VV7 倒车灯控制电路（图 1-4-13）

当发动机运转且变速器被置于倒挡位置时，倒挡信号从挡位传感器 2 号端子被发送至变速器控制单元 53 号端子，变速器控制单元控制倒车灯继电器搭铁。

挡位传感器 2 号端子→变速器控制单元 53 号端子，此时变速器控制单元收到倒挡信号。

电源→倒车灯继电器 1 号端子→倒车灯继电器 2 号端子→变速器控制单元→搭铁。

电源→倒车灯继电器 3 号端子→倒车灯继电器 5 号端子→左/右倒车灯→搭铁，此时倒车灯点亮。

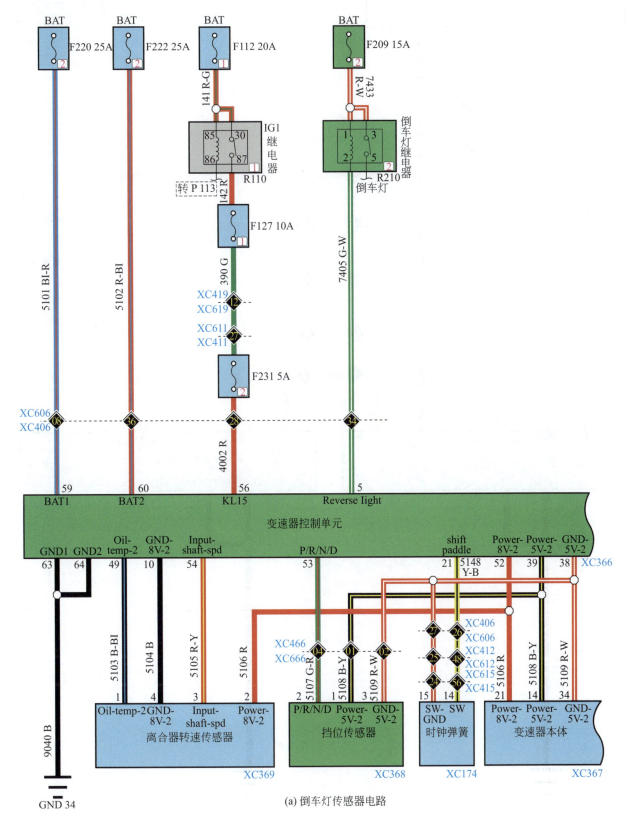

(a) 倒车灯传感器电路

图 1-4-13

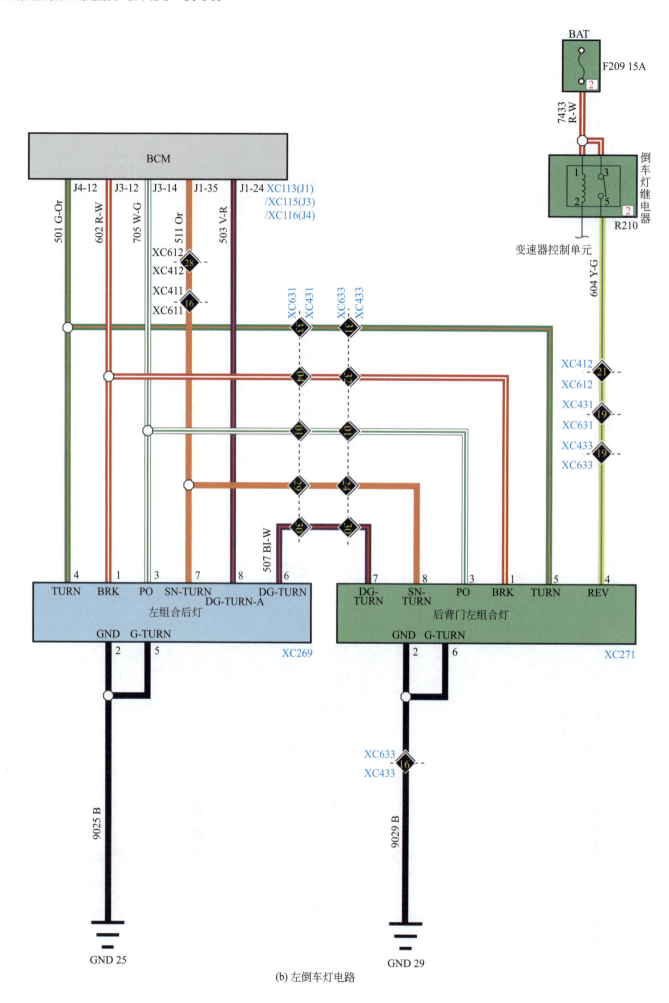

(b) 左倒车灯电路

第一章 照明以及信号灯典型控制电路详解

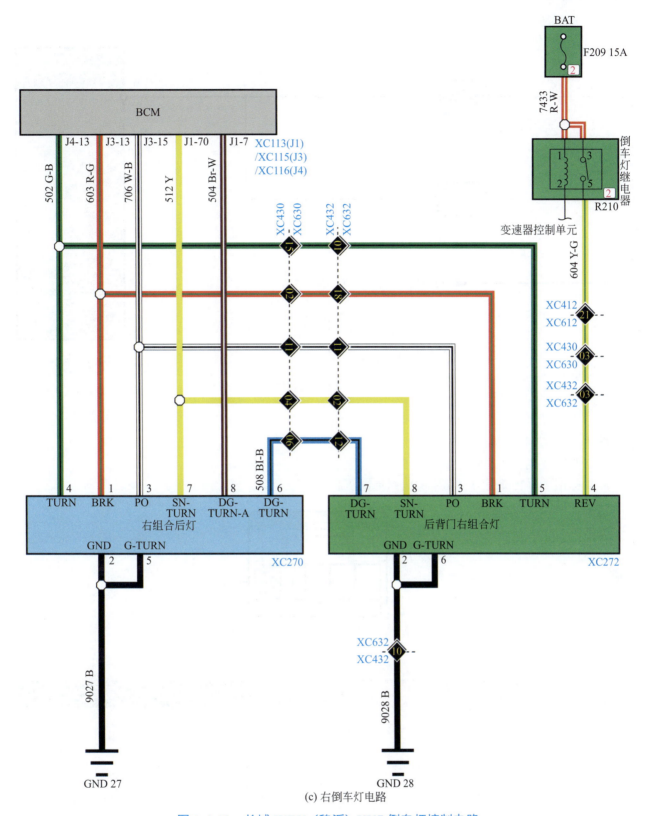

(c) 右倒车灯电路

图 1-4-13　长城 WEY（魏派）VV7 倒车灯控制电路

四、倒车灯典型故障检修技巧

本小节以丰田卡罗拉车型为例进行故障分析。

（1）功能描述

导航接收器总成接收来自倒车灯开关或驻车挡/空挡位置开关的倒挡信号以及关于 GPS 天线的信息，然后调整车辆位置。

119

(2) 电路图（图1-4-14）

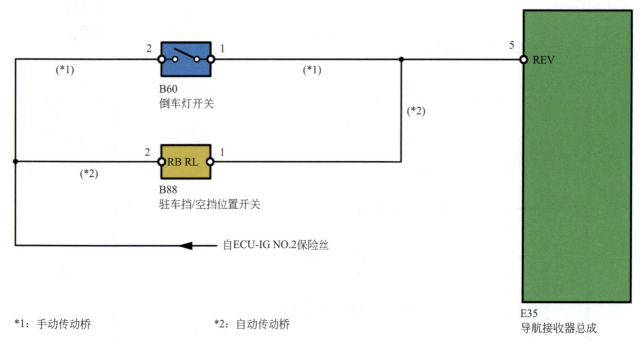

*1：手动传动桥　　　*2：自动传动桥

图 1-4-14　电路图

(3) 故障诊断

❶ 检查导航接收器总成

a. 断开导航接收器总成连接器 E35。

b. 根据图 1-4-15 和表 1-4-1 中的值测量电压。

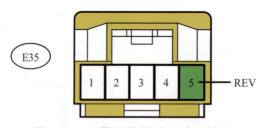

图 1-4-15　导航接收器总成连接器

表 1-4-1　标准电压

检测仪连接	条件	规定状态
E35-5（REV）—车身搭铁	点火开关置于 ON（IG）位置 换挡杆移到 R 位置	11～14V
E35-5（REV）—车身搭铁	点火开关置于 ON（IG）位置 换挡杆移到除 R 外的任意位置	低于 1V

如果检查结果异常，则检查线束和连接器（导航接收器—倒车灯开关、PNP 开关）；如果检查结果正常，则更换导航接收器总成。

❷ 检查线束和连接器（导航接收器—倒车灯开关、PNP 开关）

a. 断开导航接收器总成连接器 E35。

b. 断开倒车灯开关 B60（*1）或驻车挡/空挡位置开关 B88（*2）（图 1-4-16 和图 1-4-17）。

c. 根据表 1-4-2 中的值测量电阻。

第一章
照明以及信号灯典型控制电路详解

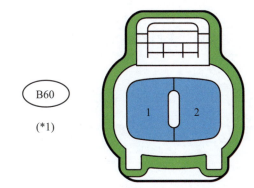

图 1-4-16　倒车灯开关连接器

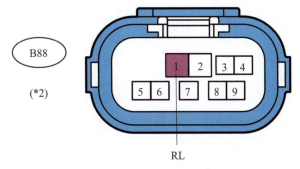

图 1-4-17　驻车挡/空挡位置开关连接器 1 号端子

表 1-4-2　标准电阻

检测仪连接	条件	规定状态
E35-5（REV）—B60-1（*1）	始终	小于 1Ω
E35-5（REV）—B88-1（RL）（*2）	始终	小于 1Ω
E35-5（REV）—车身搭铁	始终	10kΩ 或更大

如果检查结果异常，则维修或更换线束或连接器；如果检查结果正常，则检查线束和连接器（倒车灯开关、PNP 开关—蓄电池）。

❸ 检查线束和连接器（倒车灯开关、PNP 开关—蓄电池）

根据图 1-4-16 和图 1-4-18 以及表 1-4-3 中的值测量电压。

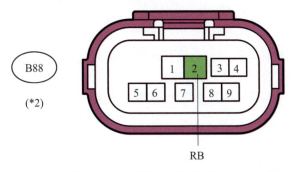

图 1-4-18　驻车挡/空挡位置开关连接器 2 号端子

表 1-4-3　标准电压

检测仪连接	条件	规定状态
B60-2—车身搭铁（*1）	点火开关置于 ON（IG）位置	11～14V
B88-2—车身搭铁（*2）	点火开关置于 ON（IG）位置	11～14V

如果检查结果异常，则维修或更换线束或连接器；如果检查手动传动桥结果正常，则更换倒车灯开关；如果检查自动传动桥正常，则更换驻车挡/空挡位置开关。

第五节 制动灯控制电路

一、制动灯的作用

制动灯用于提示后面车辆自己的车要减慢速度或停车，后面的车就可以提前做好准备。

二、制动灯的工作原理

如图 1-5-1 所示，当车辆需要刹车时，踩下制动踏板使汽车减速至停车，电流经蓄电池正极和熔断丝至制动灯开关和制动灯，再经搭铁回到蓄电池负极形成一个回路；当松开制动踏板时，制动灯开关断开，制动灯熄灭。

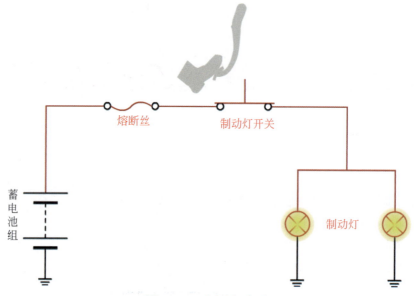

图 1-5-1　制动灯电路

制动灯开关向 ABS 控制模块和制动灯线路传送制动信号。

制动开关为双式开关，包括制动灯开关和制动检测开关。这两个开关根据制动踏板的操作，可发送相反信号数值。正常时，如果踩下制动踏板，制动灯开关将接通制动灯电路，向制动控制系统发送电源电压数值，而制动检测开关发送 0V 数值。如果不踩下制动踏板，输出信号则相反。

三、制动灯典型控制电路

1. 大众/奥迪车型典型制动灯电路详解——大众宝来制动灯控制电路（图 1-5-2）

这里以大众宝来车型为例进行介绍，同样适用于大众/奥迪其他车型，限于篇幅不再赘述。

电源→SC2（5A）保险丝→F 制动信号灯开关 T4f/4→F 制动信号灯开关 T4f/3→J519 控制单元 T73/43 号端子，此时 J519 接收到制动灯开关闭合信号。

J519 控制单元 T73a/16 号端子→高位制动灯/左侧制动灯/右侧制动灯→搭铁，此时制动灯点亮。

第一章
照明以及信号灯典型控制电路详解

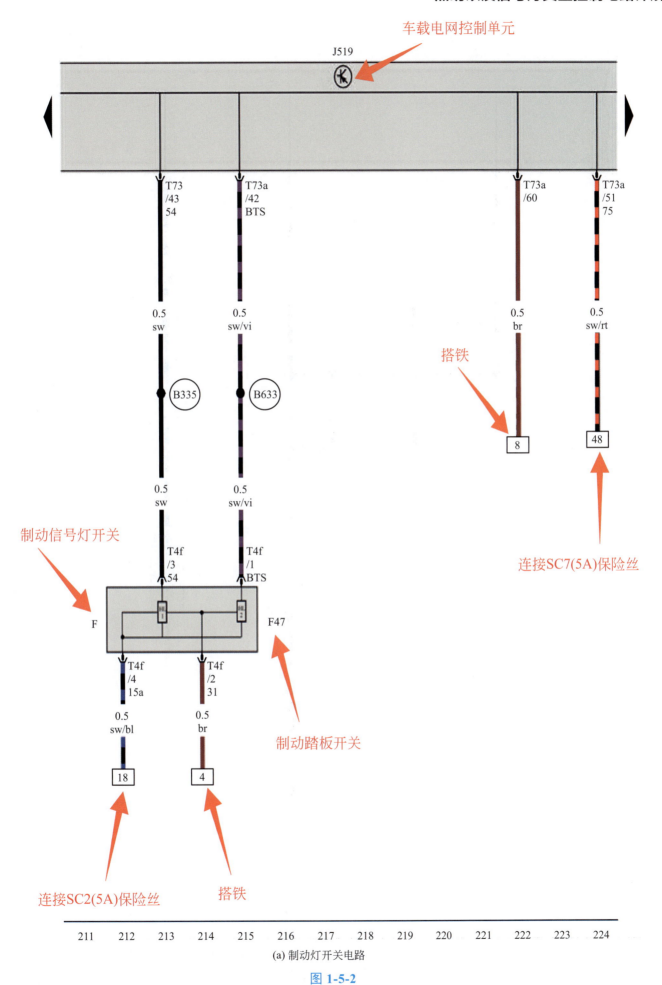

(a) 制动灯开关电路

图 1-5-2

123

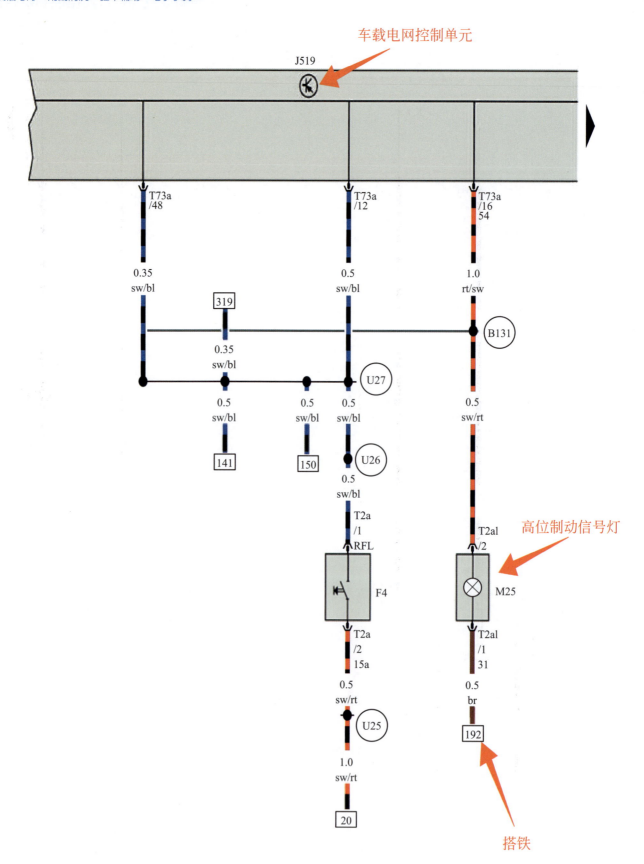

(b) 高位制动灯电路

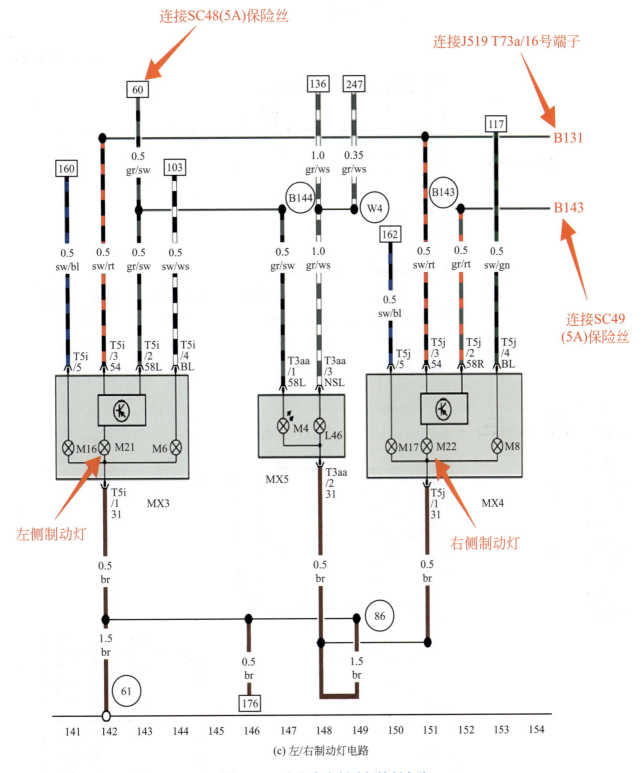

(c) 左/右制动灯电路

图 1-5-2 大众宝来制动灯控制电路

2. 别克/雪佛兰/凯迪拉克车型典型制动灯电路详解——别克威朗制动灯控制电路（图 1-5-3）

这里以别克威朗车型为例进行介绍，同样适用于别克/雪佛兰/凯迪拉克其他车型，限于篇幅不再赘述。

制动踏板位置传感器用于感测驾驶员操作制动踏板的动作。制动踏板位置传感器提供一个模拟电压信号，当踩下制动踏板时该信号将增大。车身控制模块（BCM）向制动踏板位置传感器提供一个低电平参考电压信号和一个 5V 参考电压。当可变信号达到指示制动器已接合的电压阈值时，车身控制模块将向左右制动灯控制电路、发动机控制模块（ECM）和中央高位制动灯控制电路提供蓄电池电压。

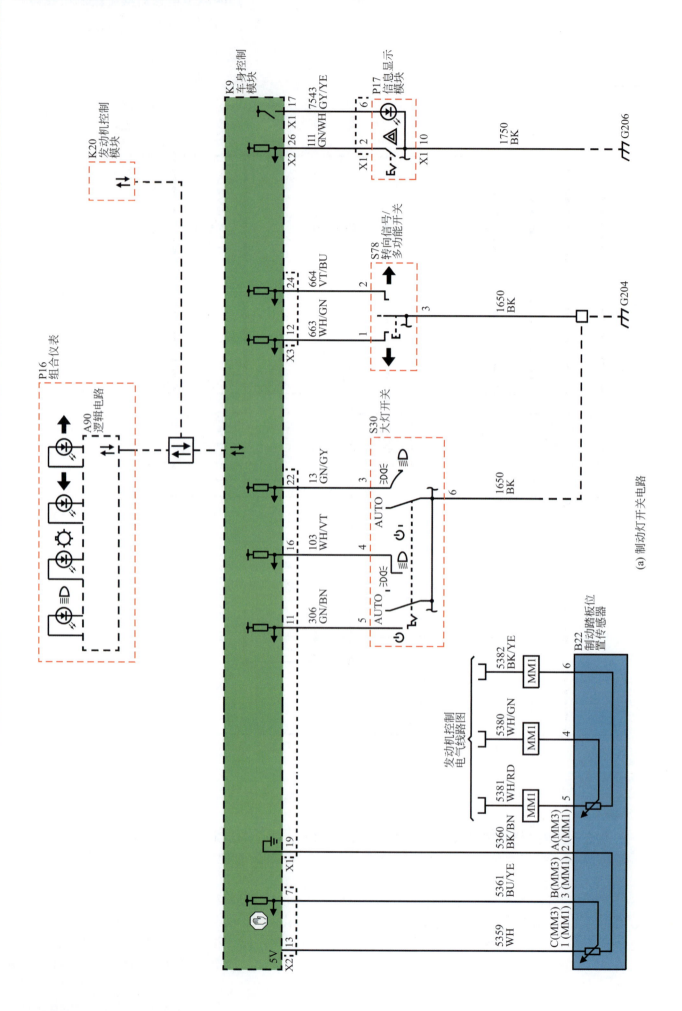

(a) 制动灯开关电路

第一章

照明以及信号灯典型控制电路详解

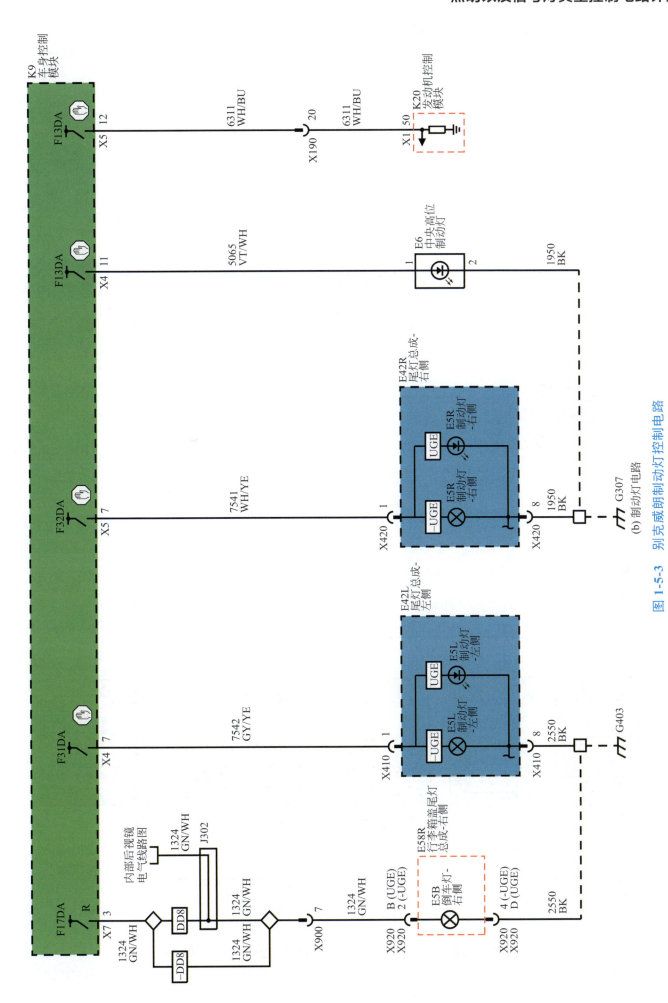

图 1-5-3 别克威朗制动灯控制电路
(b) 制动灯控制电路

127

3. 比亚迪车型典型制动灯电路详解——S7制动灯控制电路（图1-5-4）

制动灯开关3、4号端子在闭合状态，1、2号端子在断开状态，BCM控制单元检测到制动踏板未踩下。

当踩下制动踏板时，制动灯开关1、2号端子闭合，电源→F1/14保险丝→制动灯开关1号端子→制动灯开关2号端子→BCM控制单元G2I/13号端子→BCM控制单元K2G/6号端子→制动灯→搭铁，此时制动灯点亮。

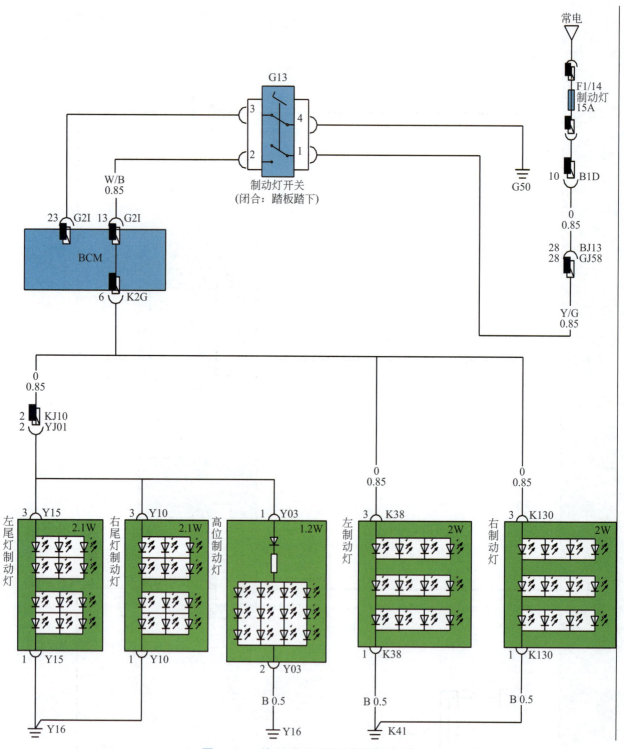

图1-5-4 比亚迪S7制动灯控制电路

4. 吉利车型典型制动灯电路详解——帝豪GS制动灯控制电路（图1-5-5）

当踩下制动踏板时，制动开关向ECM控制单元发送制动开关闭合信号，BCM控制单元接收到制动灯开启信号向制动灯供电，此时制动灯点亮。

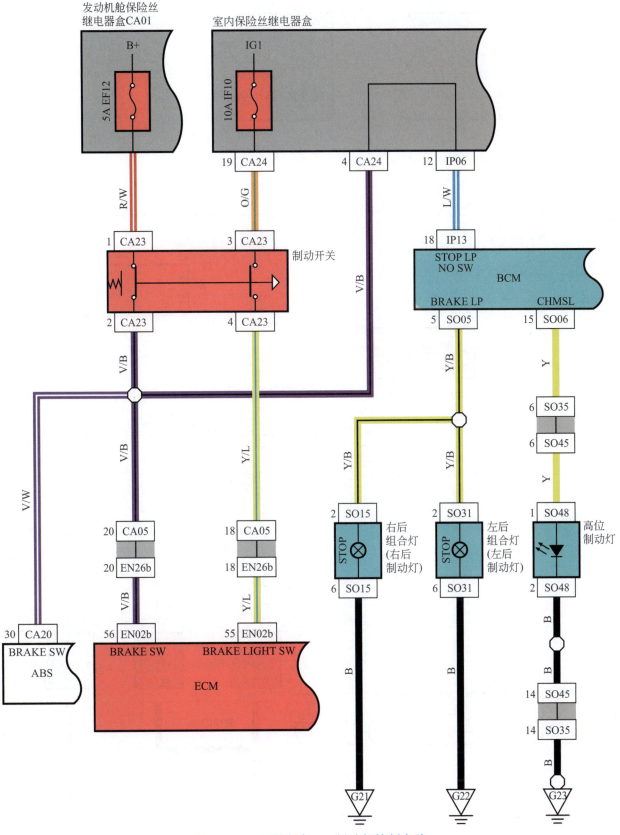

图 1-5-5 吉利帝豪 GS 制动灯控制电路

5. 长安车型典型制动灯电路详解——悦翔 V7 制动灯控制电路（图 1-5-6）

当踩下制动踏板时，制动开关闭合，B+ 电源→制动开关 2 号端子→制动开关 1 号端子→制动灯→搭铁，此时制动灯点亮。

制动开关 1 号端子继续向 BCM 控制单元提供制动信号。

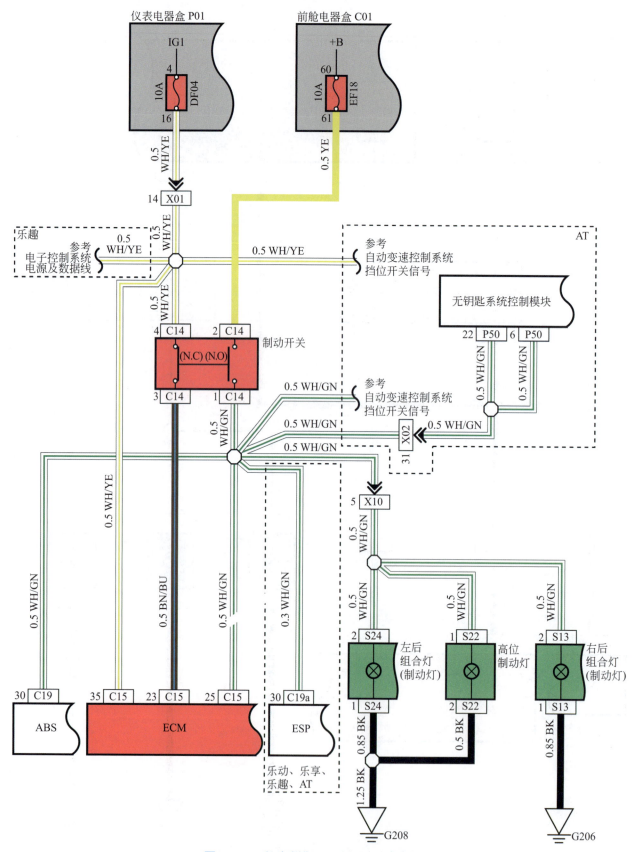

图 1-5-6　长安悦翔 V7 制动灯控制电路

6. 丰田车型典型制动灯电路详解——卡罗拉制动灯控制电路（图 1-5-7）

当踩下制动踏板时，制动开关闭合，电源→7.5A 保险丝→制动灯开关总成 2 号端子→制动灯开关总成 1 号端子→制动灯→搭铁，此时制动灯点亮。

第一章

照明以及信号灯典型控制电路详解

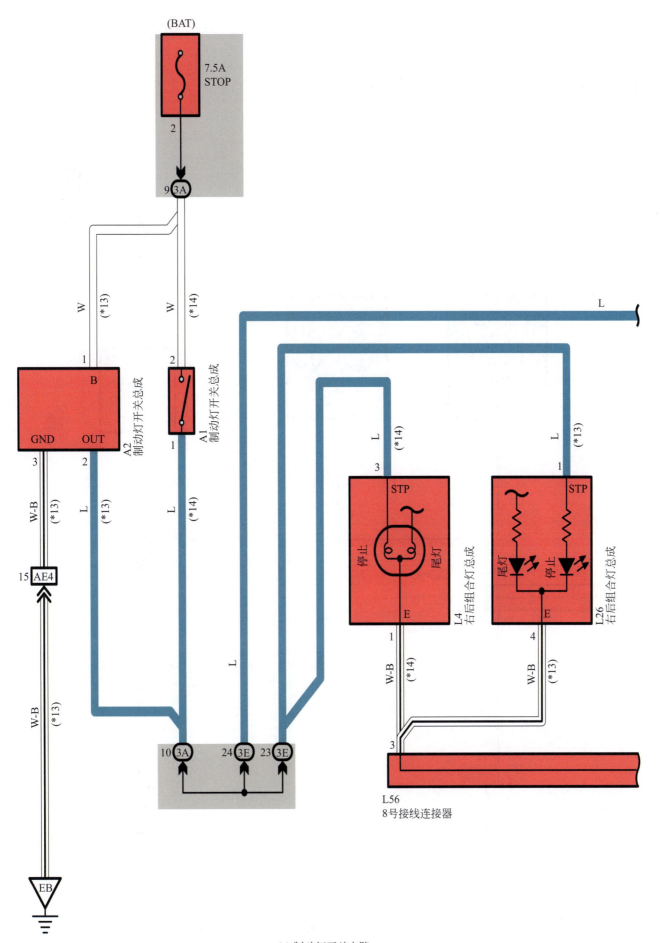

(a) 制动灯开关电路

图 1-5-7

131

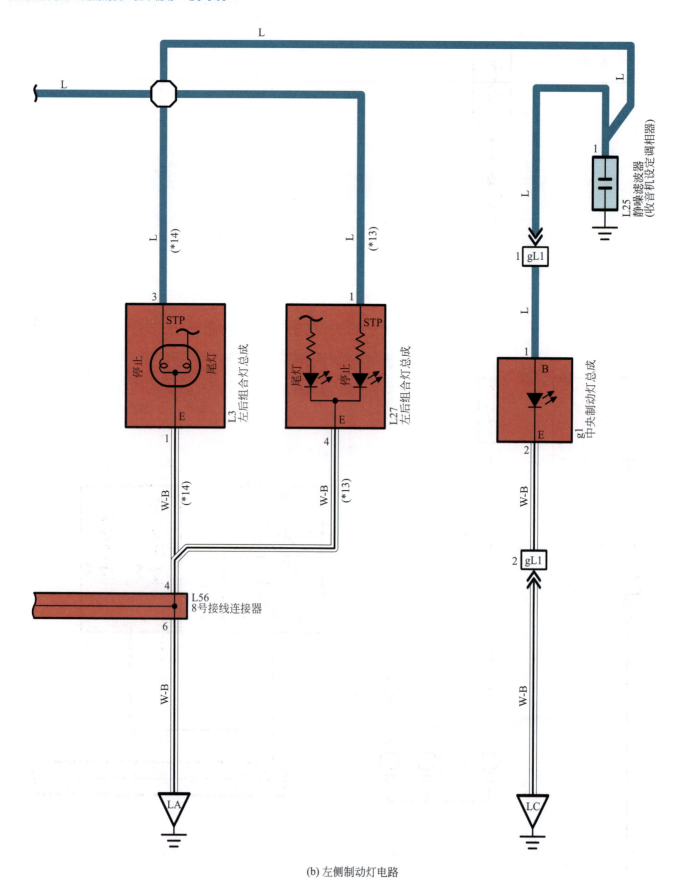

(b) 左侧制动灯电路

图 1-5-7 丰田卡罗拉制动灯控制电路

7. 本田车型典型制动灯电路详解——飞度制动灯控制电路（图 1-5-8）

当踩下制动踏板时，制动开关闭合，电源→24号（10A）保险丝→制动踏板位置开关1号端子→制动踏板位置开关2号端子→制动灯→搭铁，此时制动灯点亮。

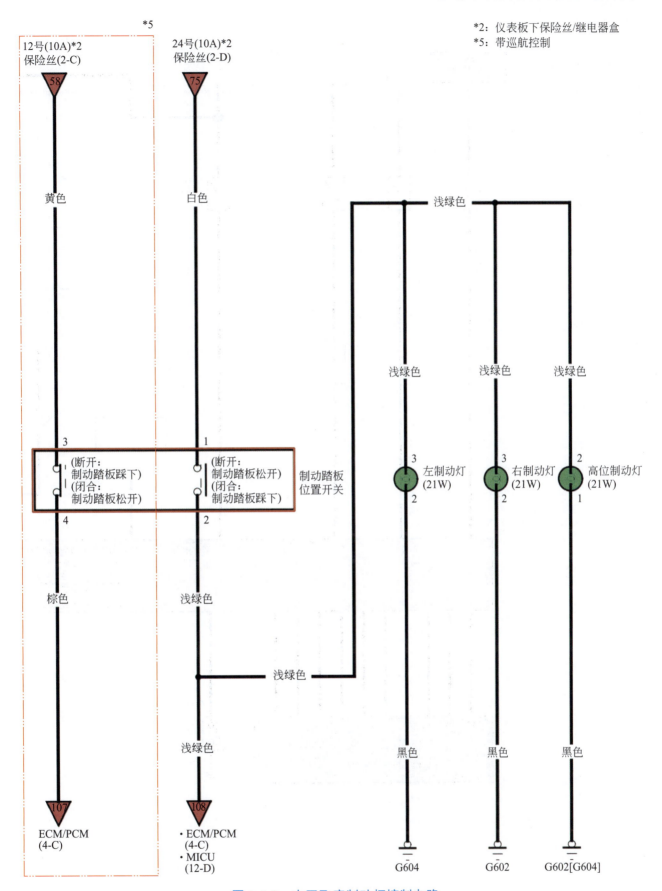

图 1-5-8 本田飞度制动灯控制电路

8. 日产车型典型制动灯电路详解——轩逸制动灯控制电路（图1-5-9）

当踩下制动踏板时，制动开关闭合，蓄电池→10A保险丝→制动灯开关1号端子→制动灯开关2号端子→制动灯，此时制动灯点亮。

133

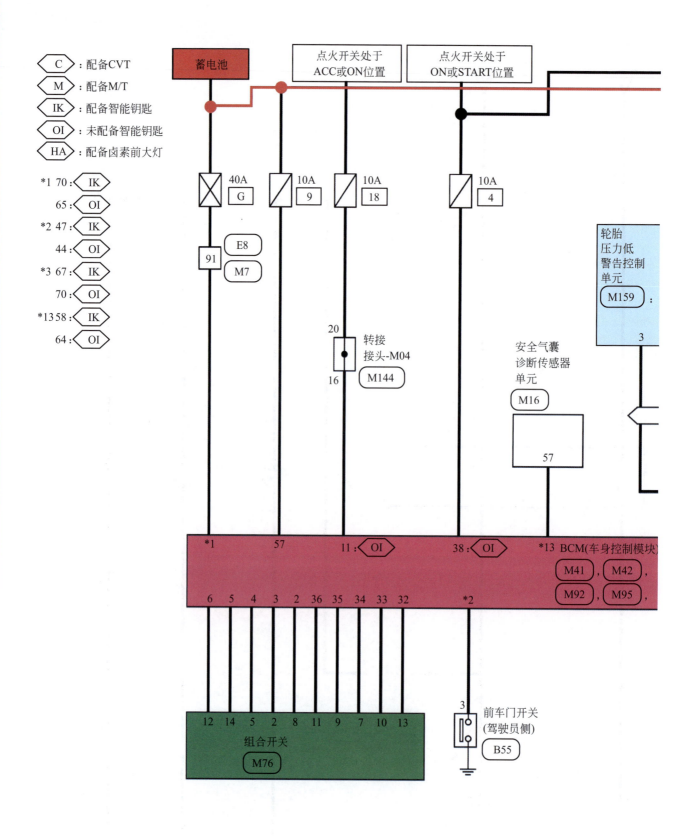

(a) 制动灯开

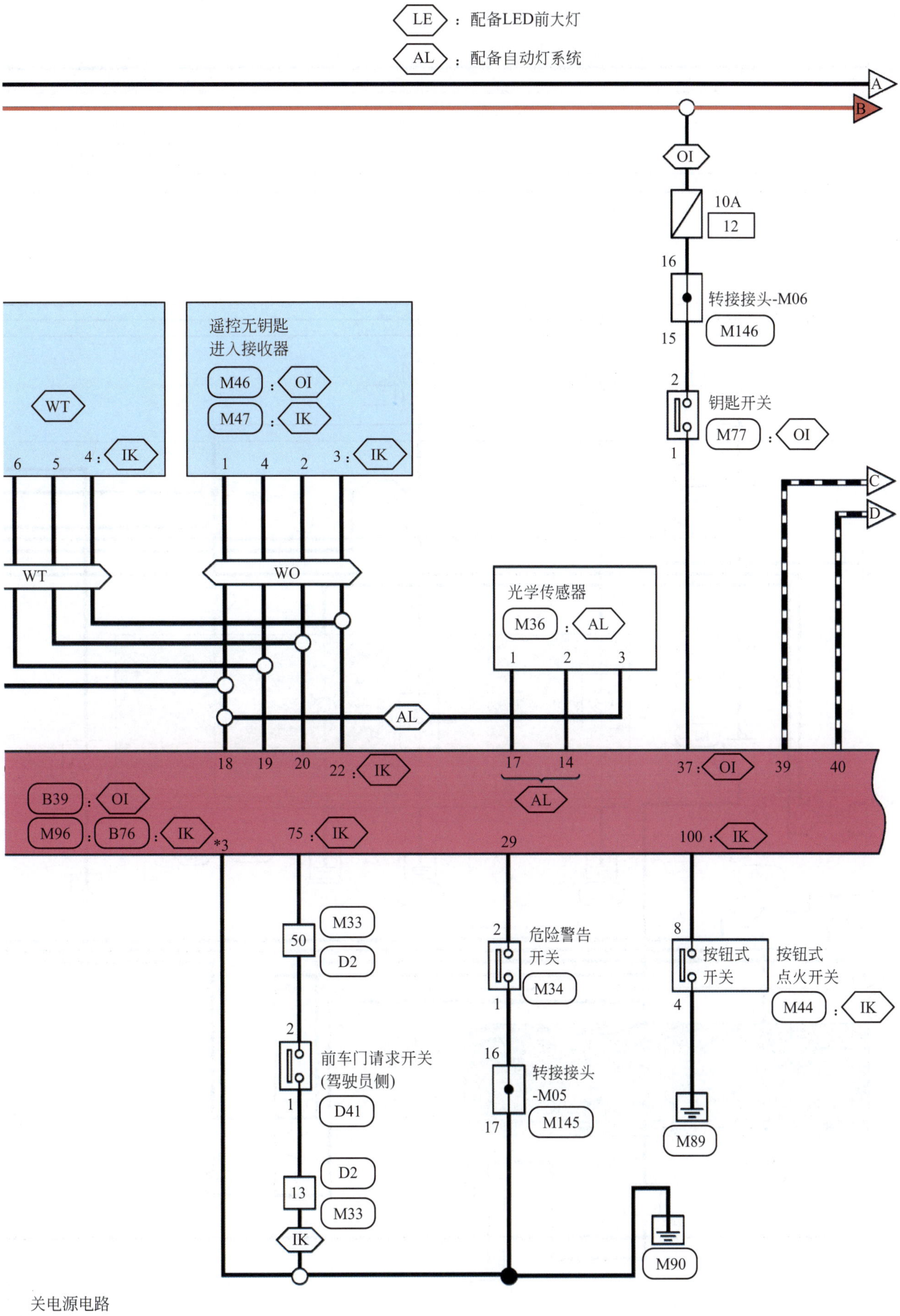
LE : 配备LED前大灯
AL : 配备自动灯系统
A
B
OI
10A
12
16
转接接头-M06
M146
15
2
钥匙开关
M77 : OI
1
C
D
遥控无钥匙
进入接收器
M46 : OI
M47 : IK
WT
6 5 4 : IK
1 4 2 3 : IK
WT
WO
光学传感器
M36 : AL
1 2 3
AL
18 19 20 22 : IK
17 14
AL
37 : OI 39 40
B39 : OI
M96 : B76 : IK *3
75 : IK
29
100 : IK
M33
50
D2
2
危险警告
开关
M34
1
8
按钮式
开关
按钮式
点火开关
M44 : IK
4
2
前车门请求开关
(驾驶员侧)
D41
1
16
转接接头
-M05
M145
17
M89
D2
13
M33
IK
M90
关电源电路

图 1-5-9

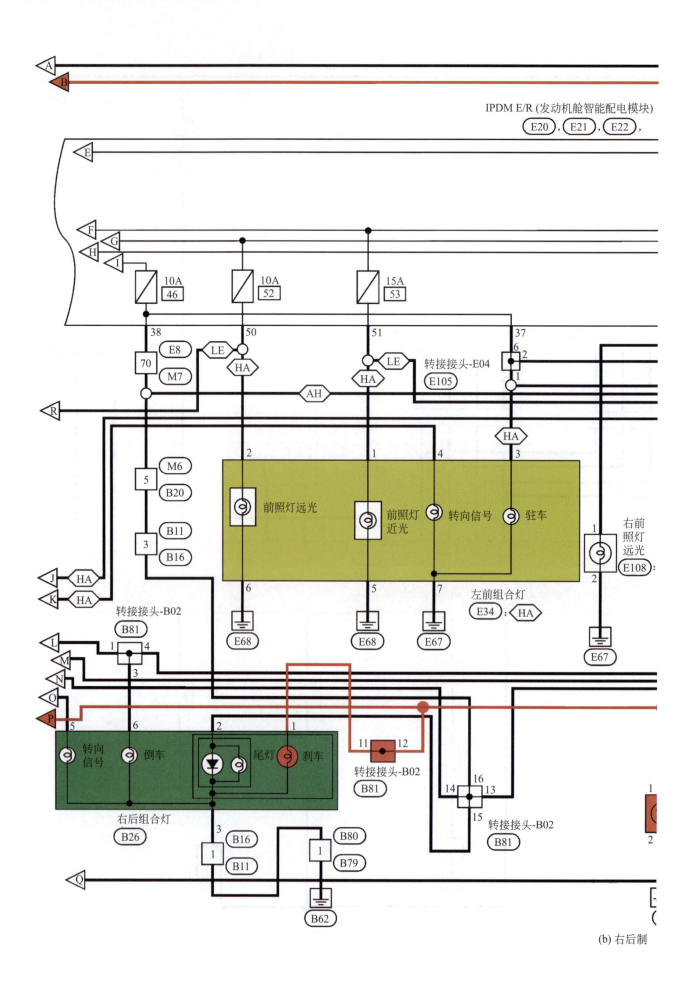

第一章

照明以及信号灯典型控制电路详解

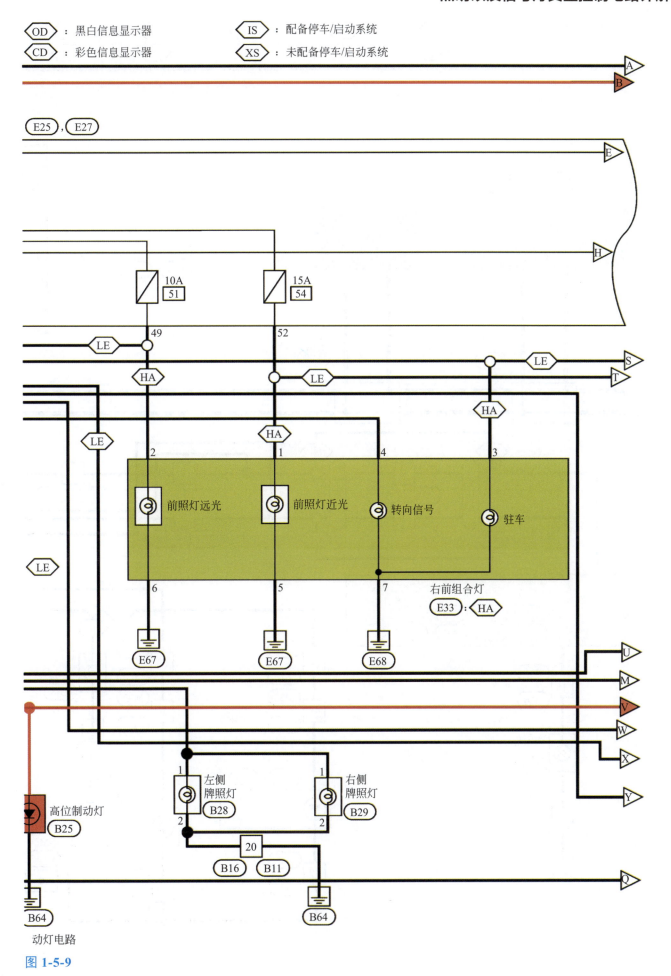

图 1-5-9

137

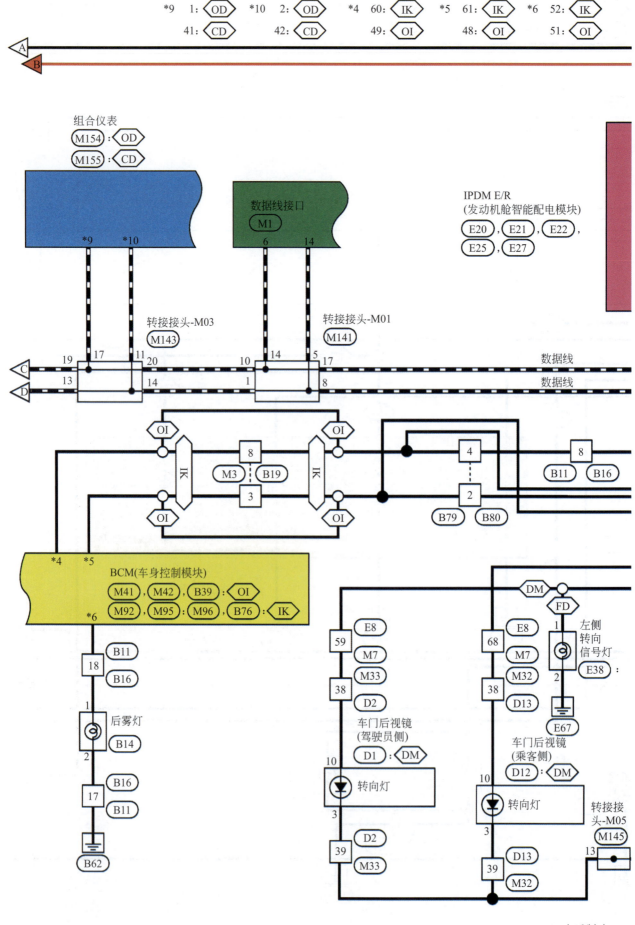

第一章

照明以及信号灯典型控制电路详解

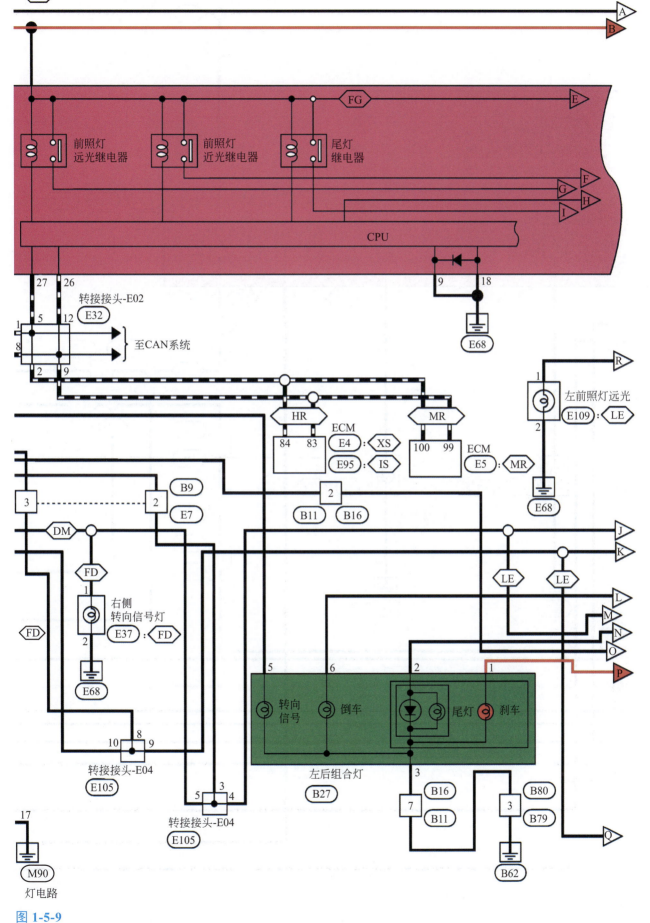

图 1-5-9

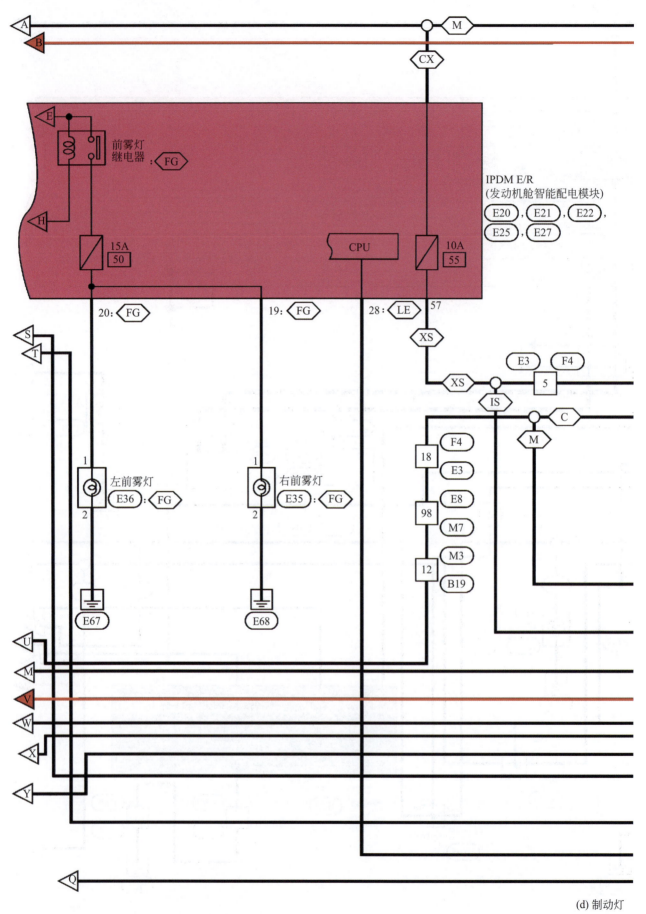

(d) 制动灯

图 1-5-9　日产轩逸

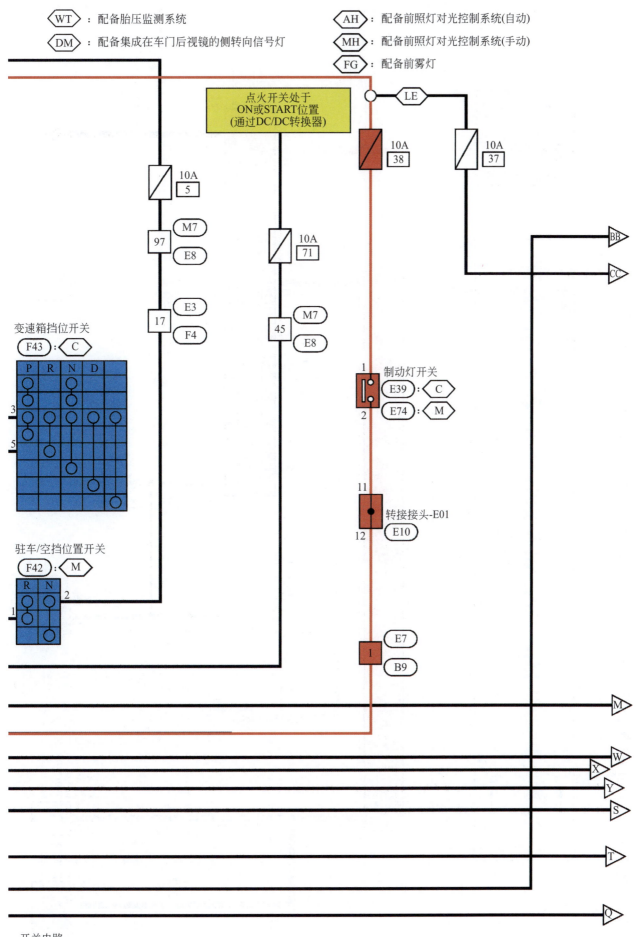

9. 现代/起亚车型典型制动灯电路详解——现代名图 MISTRA 制动灯控制电路（图 1-5-10）

(a) 制动开关电路

第一章
照明以及信号灯典型控制电路详解

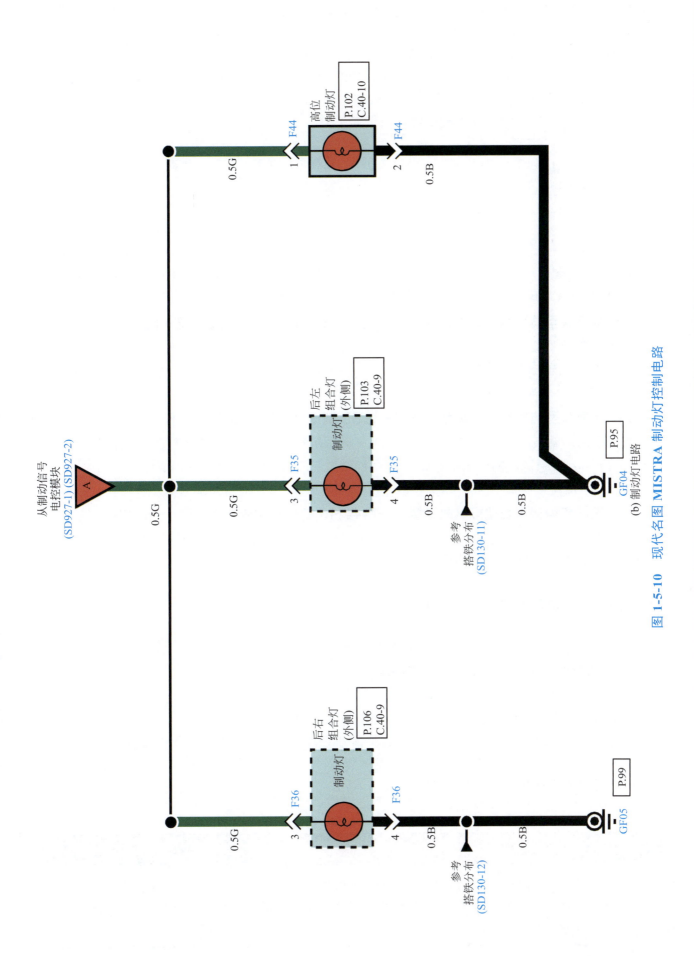

图 1-5-10 现代名图 MISTRA 制动灯控制电路
(b) 制动灯电路

此系统将当前车辆的减速或停止状态通知给后方车辆驾驶人员，利用制动灯或高位制动灯确保安全。制动灯开关为双开关式（开关 A 和 B），根据制动踏板的操作传送信号相反值。如果没有踩下踏板，制动灯开关 B 传送电源电压值，制动灯开关 A 传送 0V；如踩下制动踏板，输出值相反。制动灯开关 A 用于制动灯控制也用于传送相关系统（ECM、PCM）、ABS/ESP 控制模块、BCM、智能钥匙控制模块的控制信号，制动开关 B 用于传送制动灯开关检测信号。

制动灯工作路径主要为以下两种电路。

❶ 控制电路

制动开关 A ON（3、4 号端子）→制动信号电控模块（5、1 号端子）→搭铁（GM01），此时制动信号电控模块的输入电路控制 IPS。

制动信号电控模块（6 号端子）传送制动开关工作信号到相关系统（ECM、PCM）、ABS/ESP 控制模块、BCM、智能钥匙控制模块。

❷ 主电路

常时电源（制动灯 15A）→制动灯信号电控模块（8、4 号端子）→制动灯 ON，ABS/ESP 控制模块传送 HAC/DBC、ESS 信号到制动信号电控模块，以控制制动。

10. 福特车型典型制动灯电路详解——锐界制动灯控制电路（图 1-5-11）

当踩下制动踏板时，制动开关闭合，电源→F47（10A）保险丝→制动灯开关 1 号端子→制动灯开关 2 号端子→车身控制模块→高位制动灯 / 左侧制动灯 / 右侧制动灯→搭铁，此时制动灯点亮。

11. 传祺车型典型制动灯电路详解——GS5 制动灯控制电路（图 1-5-12）

当踩下制动踏板时，制动开关闭合，电源→制动开关 FB42-2 号端子→制动开关 FB42-4 号端子→高位制动灯→搭铁，此时高位制动灯点亮。同时另一路信号发送给车身控制模块。

车身控制单元 BD22-4 号端子→左 / 右制动灯→搭铁，此时左右制动灯点亮。

12. 长城车型典型制动灯电路详解——哈弗 H6 制动灯控制电路（图 1-5-13）

当踩下制动踏板时，制动开关闭合，电源→F116（5A）保险丝→制动灯开关→BCM 控制单元→制动灯→搭铁，此时制动灯点亮。

四、制动灯典型故障检修技巧

本小节以丰田卡罗拉为例进行故障诊断分析。

1. 制动开关 "B" 电路高电位故障诊断

（1）功能描述

本电路的目的是在锁止状态下驾驶并突然施加制动时，防止发动机失速。

当踩下制动踏板时，此开关向 ECM 发送一信号。然后，ECM 在制动过程中取消锁止离合器的操作。

（2）故障码（表 1-5-1）

表 1-5-1 故障码含义

故障代码	故障码出现条件	故障部位
P0724	即使车辆反复停止（车速低于 3km/h）然后再行驶（车速不低于 30km/h）达 5 次，制动灯开关仍保持接通状态（双程检测逻辑）	• 制动灯开关电路短路 • 制动灯开关 • ECM

第一章

照明以及信号灯典型控制电路详解

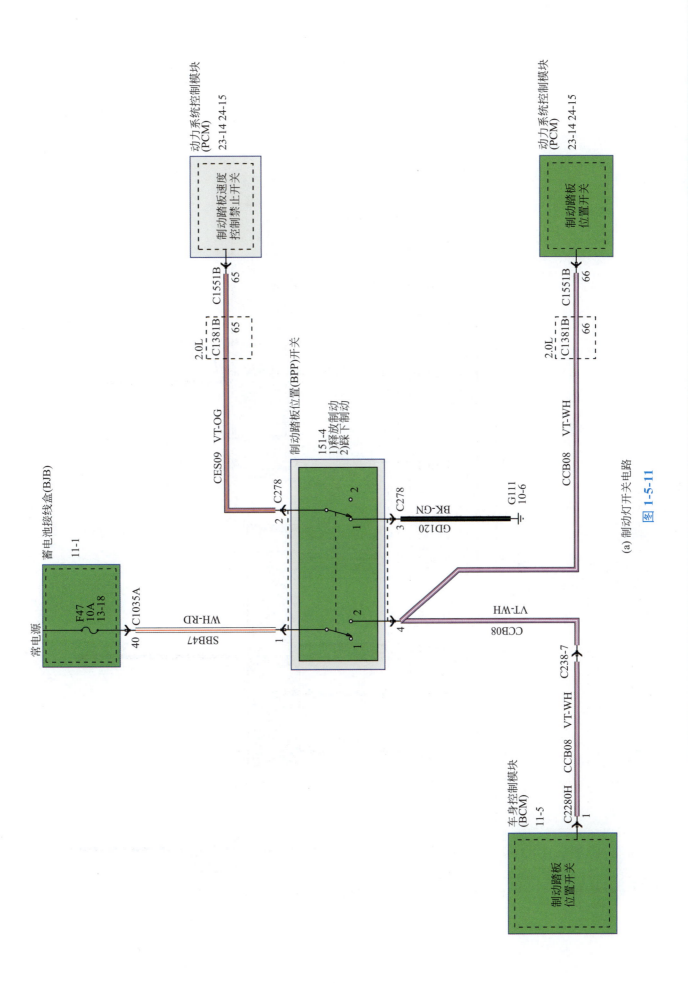

图 1-5-11 (a) 制动灯开关电路

145

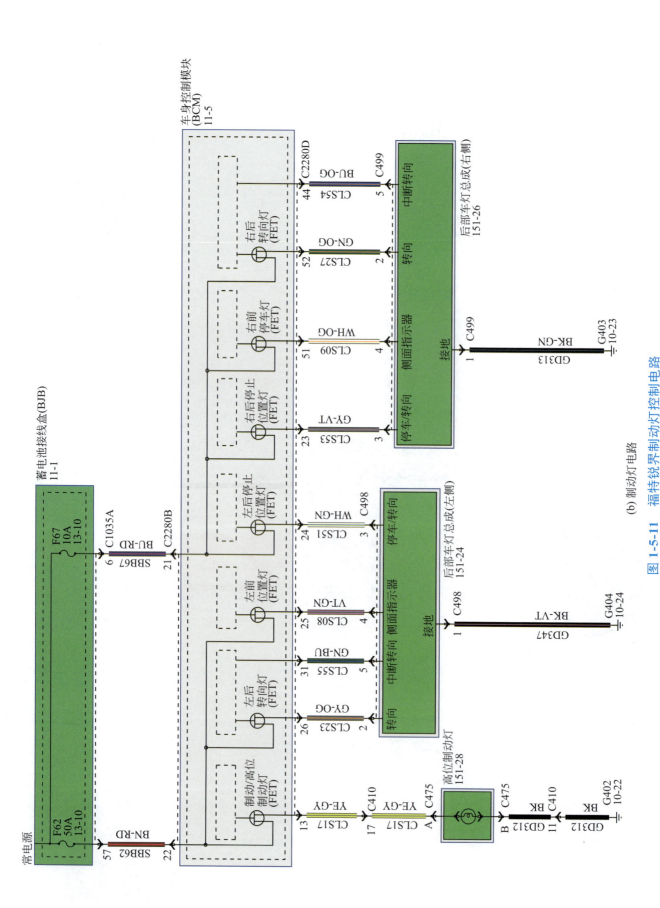

图 1-5-11 福特锐界制动灯控制电路（b）制动灯电路

第一章

照明以及信号灯典型控制电路详解

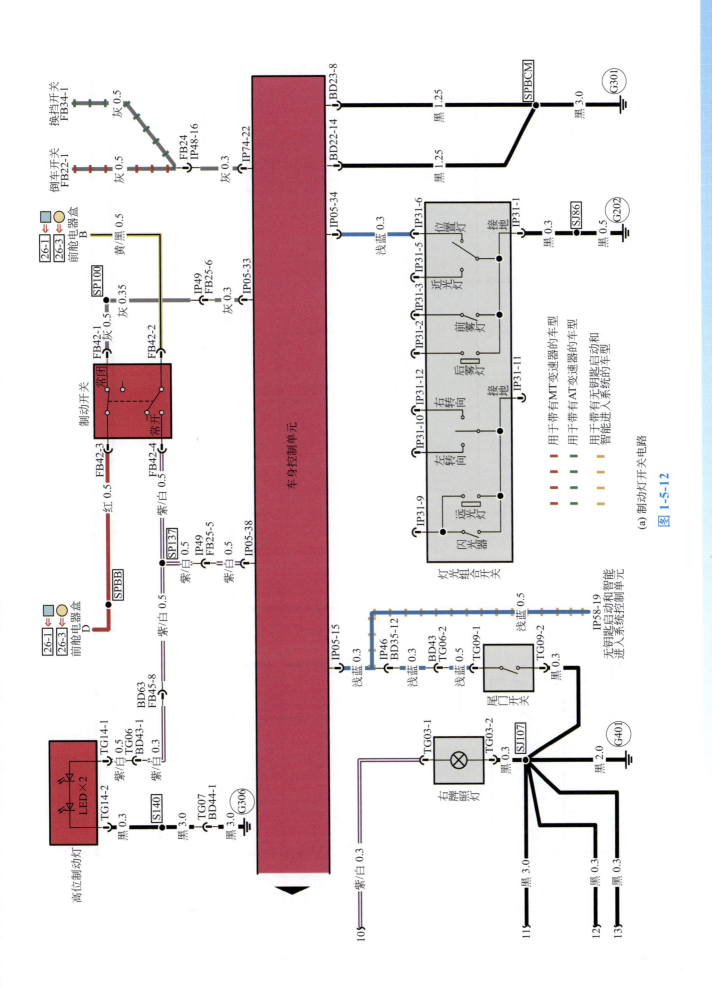

(a) 制动灯开关电路

图 1-5-12

汽车车身电路详解（第二册）

照明及信号灯·雨刮清洗·驻车辅助·电子手刹

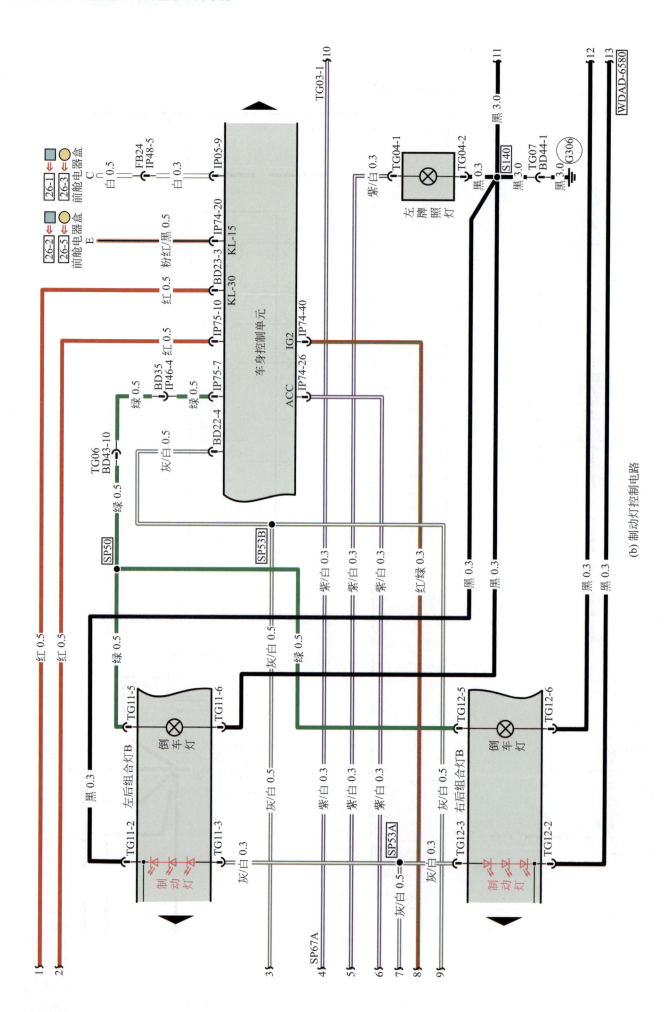

(b) 制动灯控制电路

第一章 照明以及信号灯典型控制电路详解

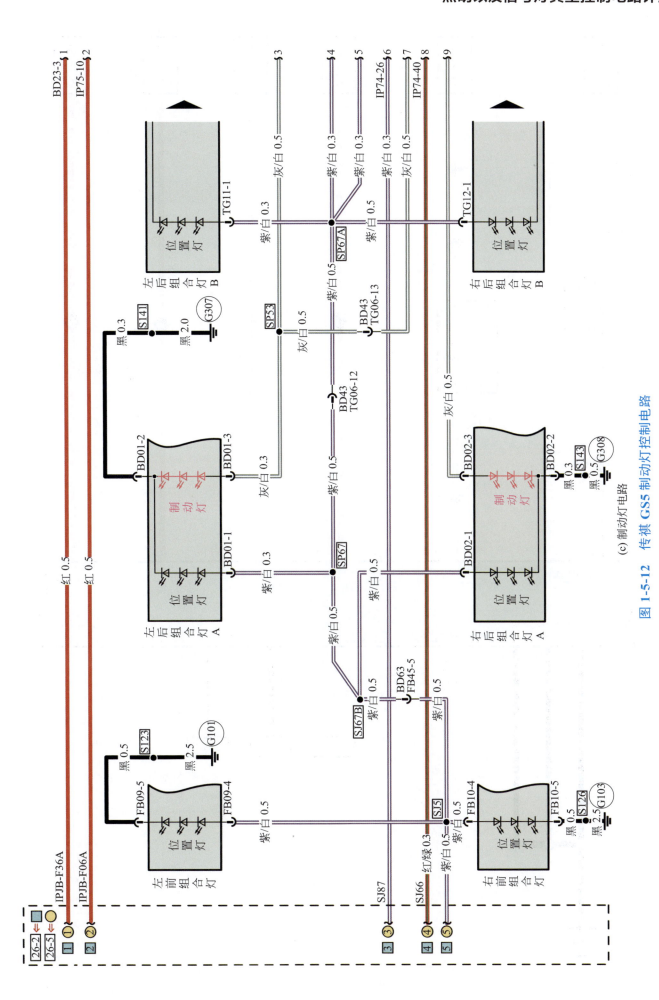

图 1-5-12 传祺 GS5 制动灯控制电路
(c) 制动灯电路

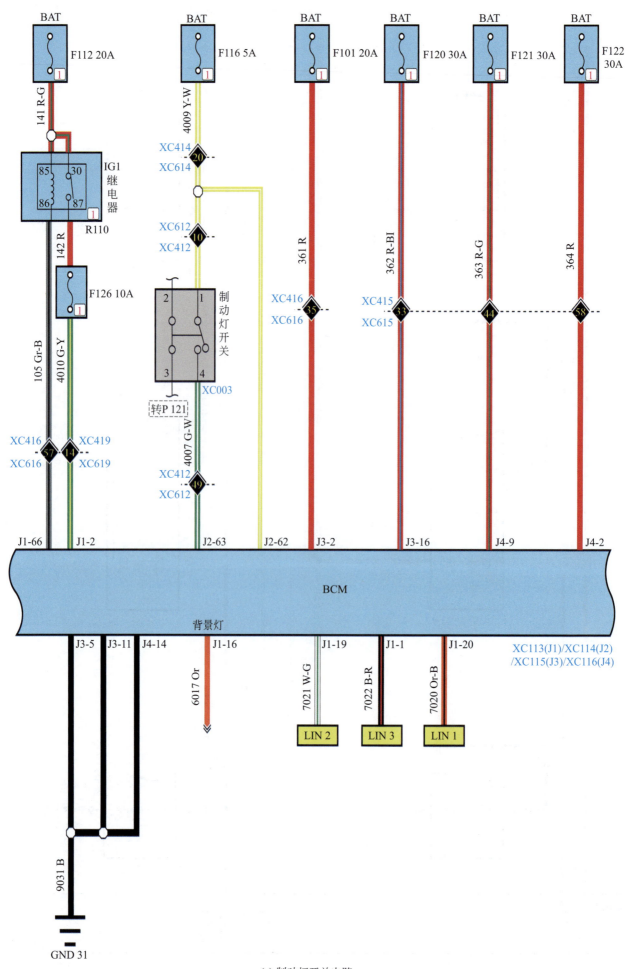

(a) 制动灯开关电路

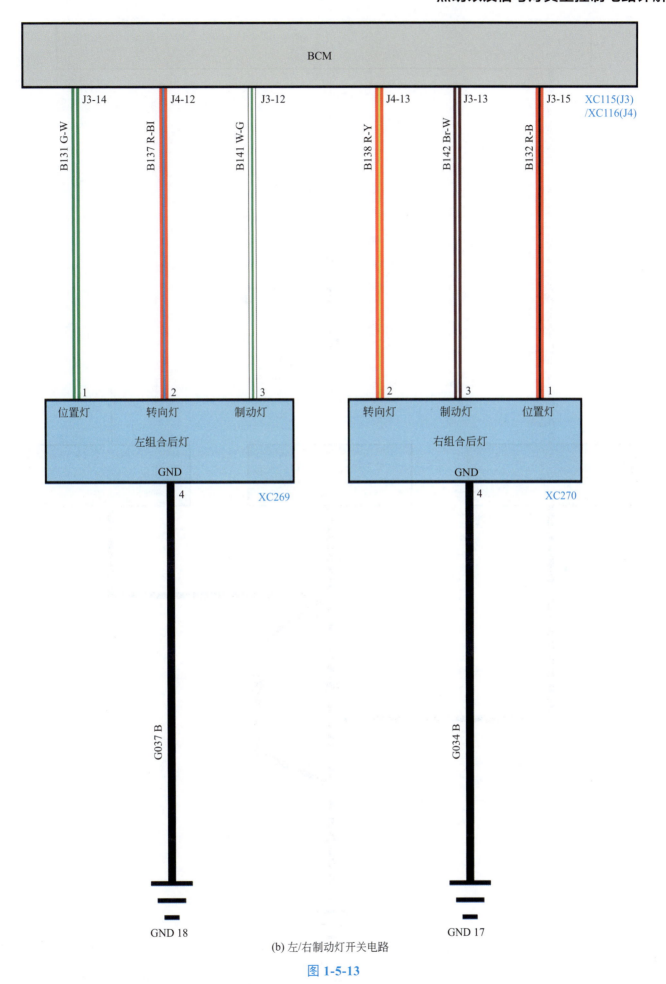

(b) 左/右制动灯开关电路

图 1-5-13

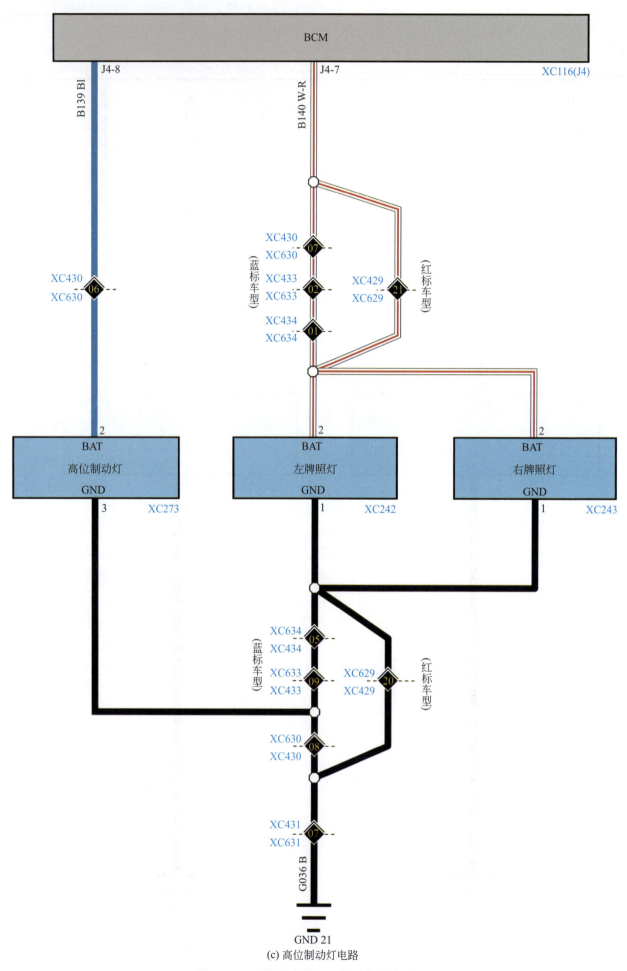

(c) 高位制动灯电路

图 1-5-13 长城哈弗 H6 制动灯控制电路

（3）电路图（图 1-5-14）

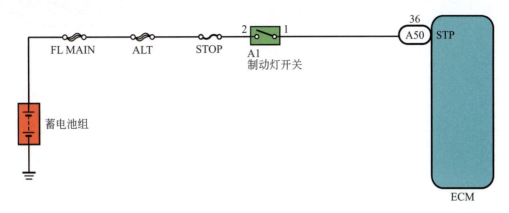

图 1-5-14　电路图

（4）故障诊断

❶ 读取数据表的值

使用智能检测仪读取数据表，可以读取开关、传感器、执行器及其他项的数值或状态，而无需拆下任何零件。这种非侵入式检查非常有用，因为此种方法可在扰动零件或配线之前发现间歇性故障或信号。在故障排除时，尽早读取数据表信息是节省诊断时间的方法之一。

 a. 使发动机暖机。

 b. 将点火开关置于 OFF 位置。

 c. 将智能检测仪连接到 DLC3。

 d. 将点火开关置于 ON（IG）位置。

 e. 打开检测仪。

 f. 选择项目：Enter（开始）/Powertrain（动力系统）/Engine and ECT（发动机和 ECT）/ Data List（数据表）。

 g. 根据检测仪上的显示读取 Data List（表 1-5-2）。

表 1-5-2　检测仪检测制动灯开关

检测仪显示	测量项目 / 范围	正常状态
Stop Light Switch（制动灯开关）	制动灯开关状态 /ON 或 OFF	• 踩下制动踏板：ON • 松开制动踏板：OFF

如果检查结果异常，则检查制动灯开关总成；如果检查结果正常，则检查线束和连接器（制动灯开关总成—ECM）。

❷ 检查制动灯开关总成

 a. 拆下制动灯开关总成。

 b. 根据图 1-5-15 和表 1-5-3 中的值测量电阻。

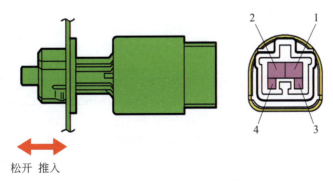

图 1-5-15　制动灯开关连接器

表 1-5-3　标准电阻

检测仪连接	开关位置	规定状态
1—2	松开开关销	小于 1Ω
↑	推入开关销	10kΩ 或更大
3—4	松开开关销	10kΩ 或更大
↑	推入开关销	小于 1Ω

如果检查结果异常，则更换制动灯开关总成；如果检查结果正常，则检查线束和连接器（制动灯开关总成—ECM）。

❸ 检查线束和连接器（制动灯开关总成—ECM）

a. 安装制动灯开关总成。

b. 断开 ECM 连接器（图 1-5-16）。

c. 当踩下和松开制动踏板时，根据表 1-5-4 中的值测量电压。

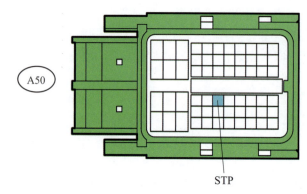

图 1-5-16　ECM 连接器

表 1-5-4　标准电压

检测仪连接	条件	规定状态
A50-36（STP）—车身搭铁	踩下制动踏板	11～14V
	松开制动踏板	低于 1V

如果检查结果异常，则维修或更换线束或连接器；如果检查结果正常，则更换 ECM。

2. 制动灯开关电路断路故障诊断

（1）功能描述

防滑控制 ECU（内置于执行器总成内）输入制动灯开关信号和制动器工作状态。

防滑控制 ECU 有一断路检测电路，当制动灯开关关闭（制动踏板未踩下），检测到制动灯输入线路或制动灯搭铁断路时，该检测电路将输出故障码。

（2）故障码（表 1-5-5）

表 1-5-5　故障代码含义

故障代码	故障码出现条件	故障部位
C1249/49	IG1 端子电压为 9.5 V 或更高时，制动灯开关电路断路 0.3s 或更长时间	• STOP 保险丝 • 制动灯开关 • 制动灯开关电路 • 制动器执行器总成（防滑控制 ECU）

（3）电路图（图1-5-17）

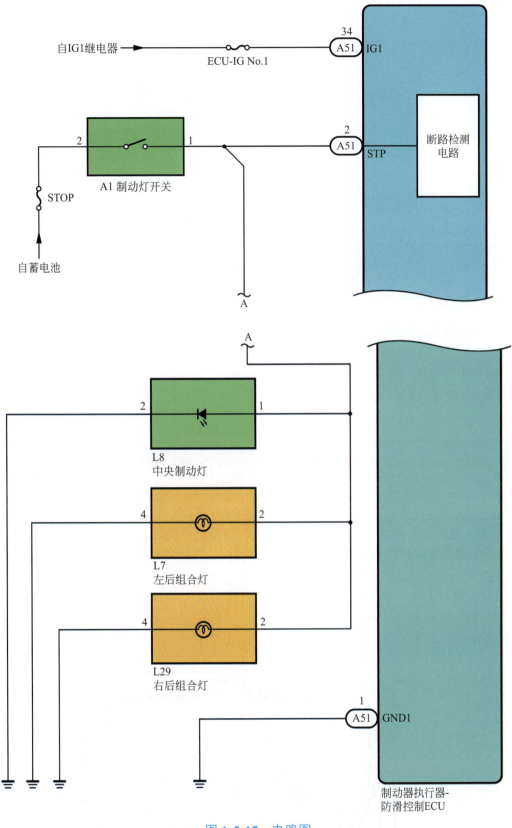

图1-5-17　电路图

（4）故障诊断

❶ 检查STOP保险丝

a. 从主车身ECU（仪表板接线盒）上拆下STOP保险丝（图1-5-18）。

b. 根据表1-5-6中的值测量电阻。

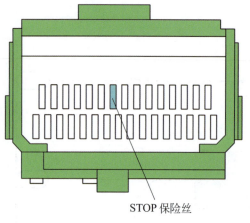

图 1-5-18　主车身 ECU

表 1-5-6　标准电阻

检测仪连接	条件	规定状态
STOP（10A）保险丝	始终	小于 1Ω

如果检查结果异常，则更换 STOP 保险丝；如果检查结果正常，则检查制动灯的工作情况。

❷ 检查制动灯的工作情况

a. 安装 STOP 保险丝。

b. 如表 1-5-7 所示，检查并确认踩下制动踏板时制动灯亮起，松开制动踏板时制动灯熄灭。

表 1-5-7　照明条件及状态

条件	照明状态
踩下制动踏板	ON
松开制动踏板	OFF

如果检查结果异常，则检查制动灯开关（电源端子）；如果检查结果正常，则检查防滑控制 ECU（STP 端子）。

❸ 检查防滑控制 ECU（STP 端子）

a. 断开防滑控制 ECU 连接器。

b. 根据图 1-5-19 和表 1-5-8 中的值测量电压。

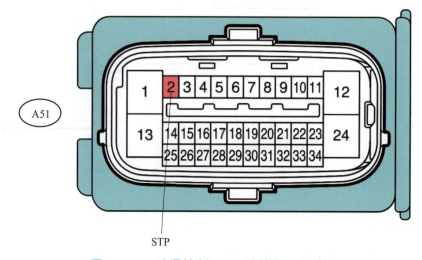

图 1-5-19　防滑控制 ECU 连接器 2 号端子

表 1-5-8　标准电压

检测仪连接	开关条件	规定状态
A51-2（STP）—车身搭铁	制动灯开关打开（踩下制动踏板）	8～14V
A51-2（STP）—车身搭铁	制动灯开关关闭（松开制动踏板）	低于1.5V

如果检查结果异常，则维修或更换线束或连接器（STP 电路）；如果检查结果正常，则检查防滑控制 ECU（IG1 端子）。

❹ 检查防滑控制 ECU（IG1 端子）

a. 将发动机开关置于 ON（IG）位置。

b. 根据图 1-5-20 和表 1-5-9 中的值测量电压。

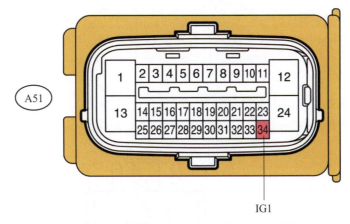

图 1-5-20　防滑控制 ECU 连接器 34 号端子

表 1-5-9　标准电压

检测仪连接	开关条件	规定状态
A51-34（IG1）—车身搭铁	发动机开关置于 ON（IG）位置	11～14V

如果检查结果异常，则维修或更换线束或连接器（IG1 电路）；如果检查结果正常，则检查防滑控制 ECU（GND1 端子）。

❺ 检查防滑控制 ECU（GND1 端子）

a. 将发动机开关置于 OFF 位置。

b. 根据图 1-5-21 和表 1-5-10 中的值测量电阻。

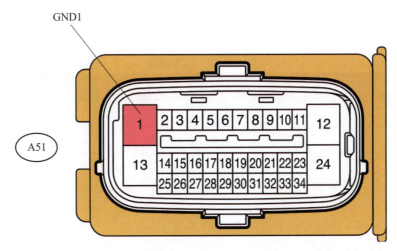

图 1-5-21　防滑控制 ECU 连接器 1 号端子

表 1-5-10　标准电阻

检测仪连接	条件	规定状态
A51-1（GND1）—车身搭铁	始终	小于 1Ω

如果检查结果异常，则维修或更换线束或连接器（GND1 电路）；如果检查结果正常，则再次确认故障码。

❻ 再次确认故障码

a. 重新连接防滑控制 ECU 连接器。

b. 清除故障码。

c. 启动发动机。

d. 踩下制动踏板若干次以测试制动灯电路。

e. 检查是否记录同一故障码。

若未输出故障码（C1249/49），则检查是否存在间歇性故障；若输出故障码（C1249/49），则更换制动器执行器总成。

❼ 检查制动灯开关（电源端子）

a. 断开制动灯开关连接器（图 1-5-22）。

b. 根据表 1-5-11 中的值测量电压。

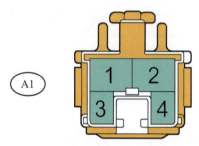

图 1-5-22　制动灯开关连接器

表 1-5-11　标准电压

检测仪连接	条件	规定状态
A1-2—车身搭铁	始终	11～14V

如果检查结果异常，则维修或更换线束或连接器（电源电路）；如果检查结果正常，则检查制动灯开关。

❽ 检查制动灯开关

根据图 1-5-15 和表 1-5-12 中的值测量电阻。

表 1-5-12　标准电阻

检测仪连接	开关条件	规定状态
1—2	松开开关销	小于 1Ω
1—2	推入开关销	10kΩ 或更大

如果检查结果异常，则更换制动灯开关；如果检查结果正常，则检查线束和连接器（防滑控制 ECU—制动灯开关）。

❾ 检查线束和连接器（防滑控制 ECU—制动灯开关）

a. 断开防滑控制 ECU 连接器。

b. 根据图 1-5-19、图 1-5-22 和表 1-5-13 中的值测量电阻。

表 1-5-13　标准电阻

检测仪连接	条件	规定状态
A51-2（STP）—A1-1	始终	小于 1Ω
A51-2（STP）—车身搭铁	始终	10kΩ 或更大

如果检查结果异常，则维修或更换线束或连接器；如果检查结果正常，则再次检查故障码。

❿ 再次检查故障码

a. 重新连接防滑控制 ECU 连接器和制动灯开关连接器。

b. 清除故障码。

c. 启动发动机。

d. 踩下制动踏板若干次以测试制动灯电路。

e. 检查是否记录同一故障码。

若未输出 DTC（C1249/49），则检查照明系统（制动灯电路）；若输出 DTC（C1249/49），则更换制动器执行器总成。

第六节
转向信号灯控制电路

一、转向信号灯的作用

汽车转向信号灯主要用来指示车辆行驶方向。其灯光信号采用闪烁的方式，用来指示车辆左转或右转，以引起其他车辆和行人的注意，提高车辆行驶的安全性。

二、转向信号灯的工作原理（图 1-6-1）

（1）左转向信号灯电路

其信号控制电路为：蓄电池正极→10A 保险丝→闪光继电器→转向组合开关→搭铁。

其转向工作电路为：蓄电池正极→10A 保险丝→闪光继电器→左前转向灯/左侧转向灯/左后转向灯/仪表板转向指示灯→搭铁，此时左转向灯点亮。

（2）右转向信号灯电路

右转向及危险警告时的信号控制电路和工作电路与左转向时的情况一样。

三、转向信号灯典型控制电路

1. 大众/奥迪车型典型转向信号灯电路详解——大众宝来转向信号灯控制电路（图 1-6-2～图 1-6-5）

这里以大众宝来车型为例进行介绍，同样适用于大众/奥迪其他车型，限于篇幅不再赘述。

（1）左转向时

E2 转向信号灯开关内部端子接通，从转向信号灯开关 T16j/13 号端子向 J519 控制单元 T73/33 号端子发送左转向灯开启信号。J519 控制单元在接收到左转向灯开启信号后，向左前/左后转向灯供电，此时左侧转向灯点亮。

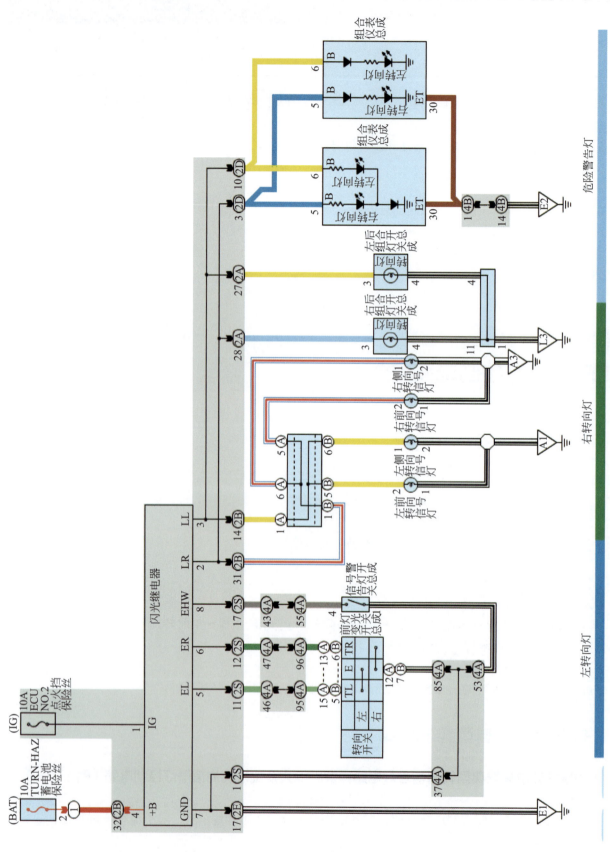

图 1-6-1 转向信号灯控制电路

第一章
照明以及信号灯典型控制电路详解

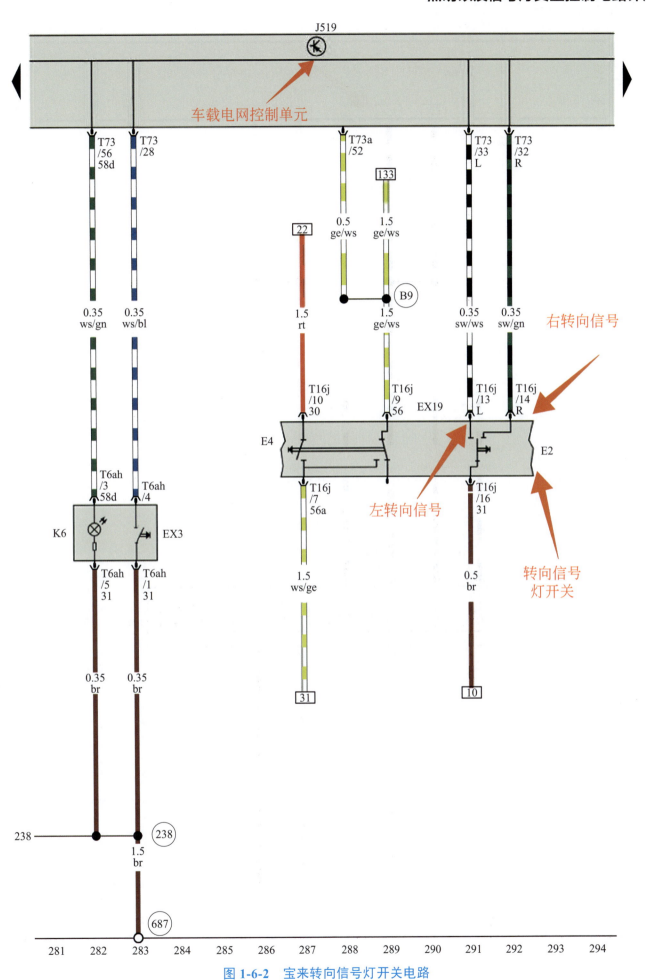

图 1-6-2　宝来转向信号灯开关电路

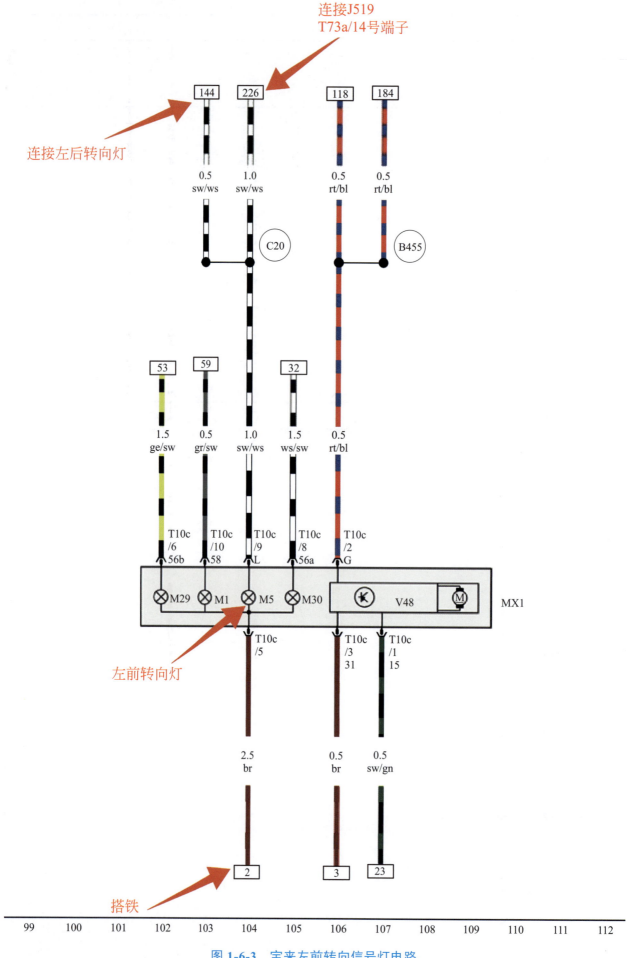

图 1-6-3　宝来左前转向信号灯电路

第一章

照明以及信号灯典型控制电路详解

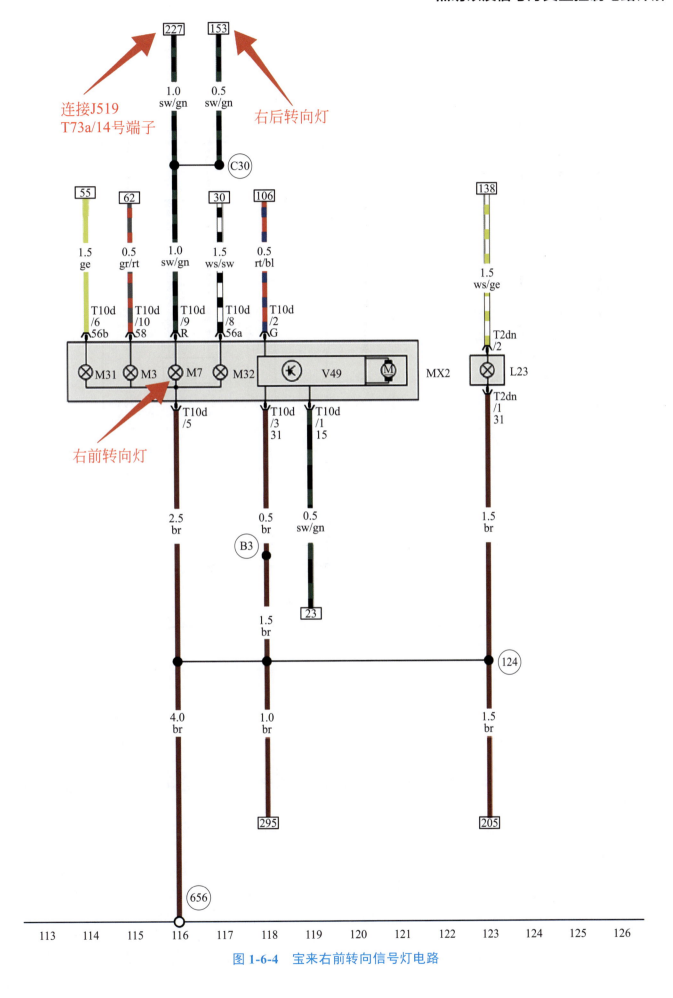

图 1-6-4　宝来右前转向信号灯电路

163

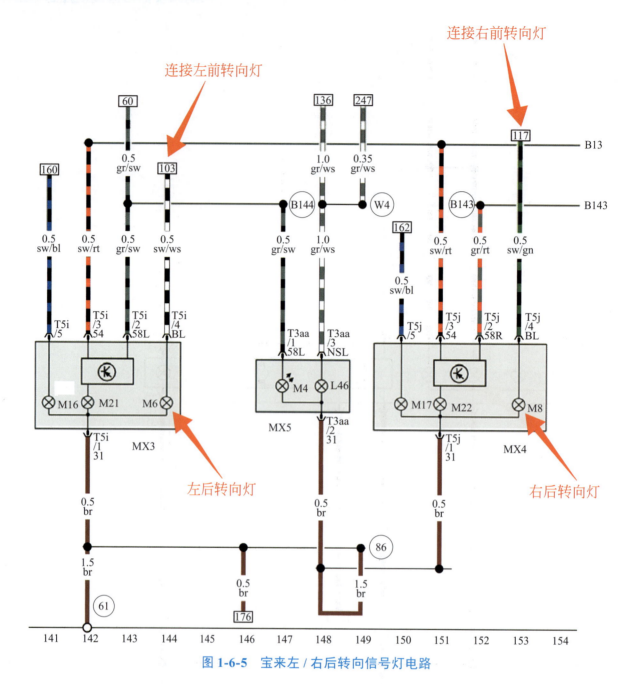

图 1-6-5 宝来左/右后转向信号灯电路

（2）右转向时

E2 转向信号灯开关内部端子接通，从转向信号灯开关 T16j/14 号端子向 J519 控制单元 T73/32 号端子发送右转向灯开启信号。J519 控制单元在接收到右转向灯开启信号后，向右前/右后转向灯供电，此时右侧转向灯点亮。

2. 别克/雪佛兰/凯迪拉克车型典型转向信号灯电路详解——别克威朗转向信号灯控制电路（图 1-6-6）

这里以别克威朗车型为例进行介绍，同样适用于别克/雪佛兰/凯迪拉克其他车型，限于篇幅不再赘述。

转向信号灯电路始终向转向信号/多功能开关提供搭铁。转向信号灯只在点火开关置于 ON（打开）或 START（启动）位置时才点亮。当转向信号/多功能开关置于 TURN RIGHT（右转）或 TURN LEFT（左转）位置时，通过右转向或左转向信号开关电路向车身控制模块提供搭铁。作为对转向信号开关输入的反应，车身控制模块分别通过三个控制电路向前后转向信号灯提供脉冲电压。车身控制模块在接收到转向信号请求后，将一条串行数据消息发送至仪表板组合仪表（IPC），请求各转向信号指示灯点亮和熄灭。

第一章

照明以及信号灯典型控制电路详解

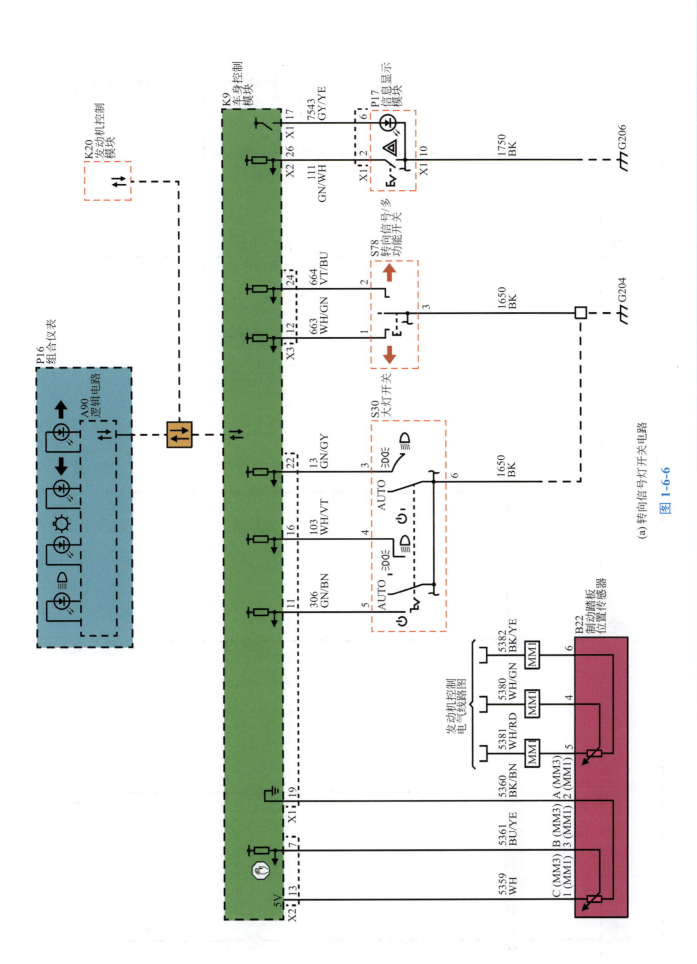

(a) 转向信号灯开关电路

图 1-6-6

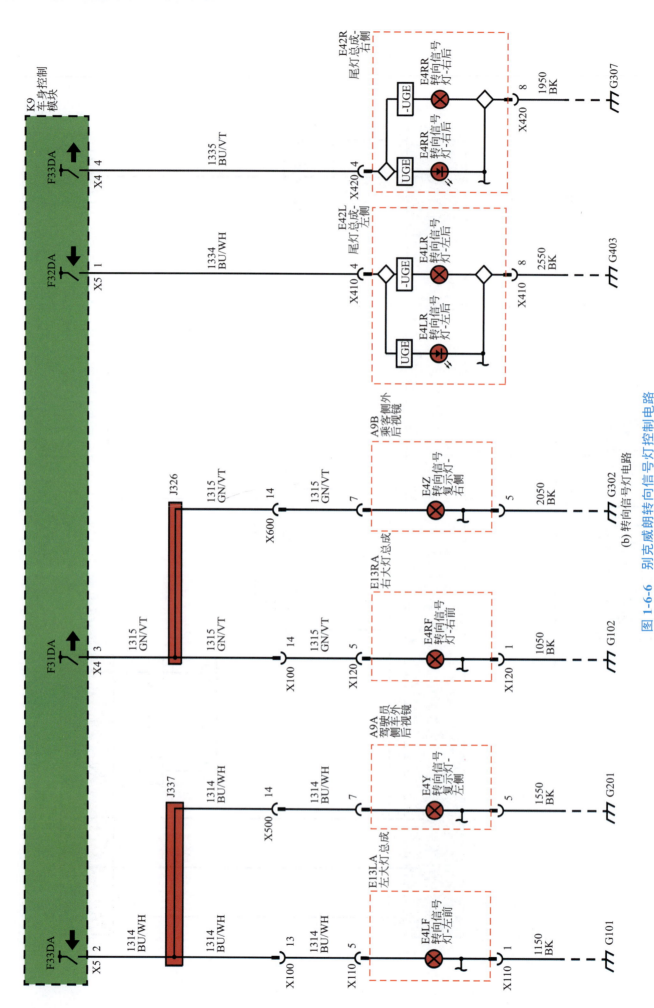

图 1-6-6 别克威朗转向信号灯控制电路 (b) 转向信号灯电路

第一章 照明以及信号灯典型控制电路详解

3. 比亚迪车型典型转向信号灯电路详解——S7 转向信号灯控制电路（图 1-6-7）

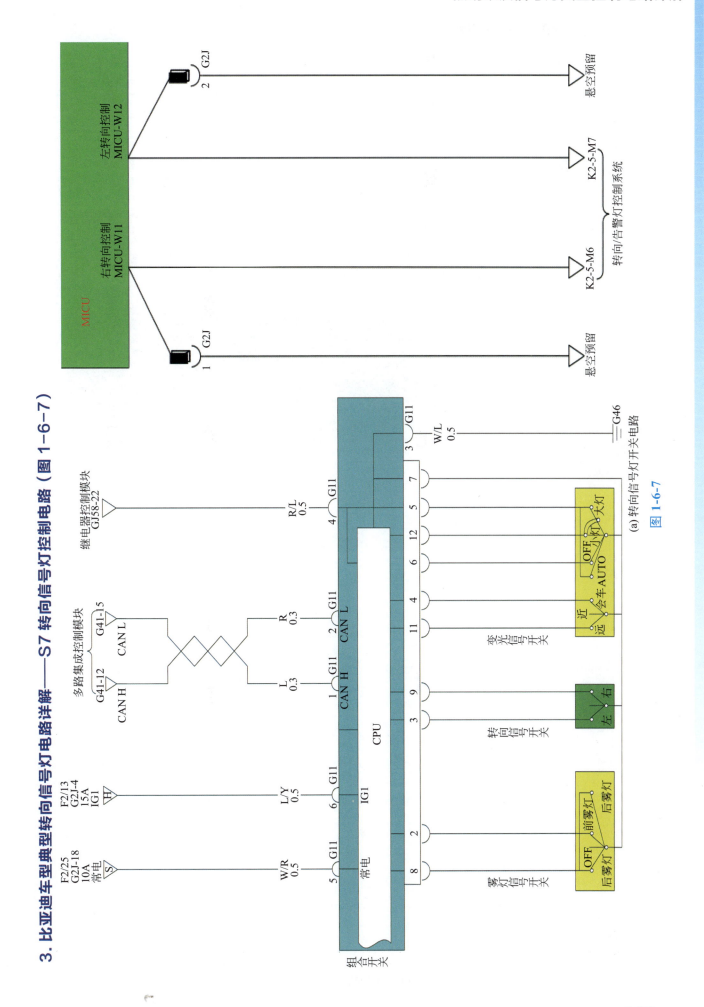

图 1-6-7

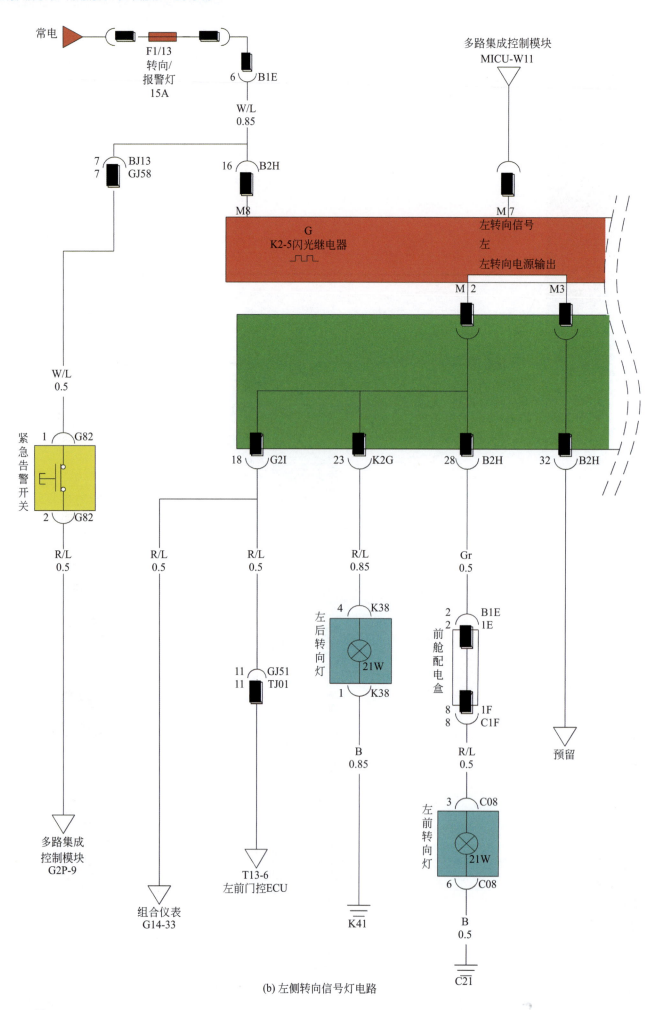

(b) 左侧转向信号灯电路

第一章
照明以及信号灯典型控制电路详解

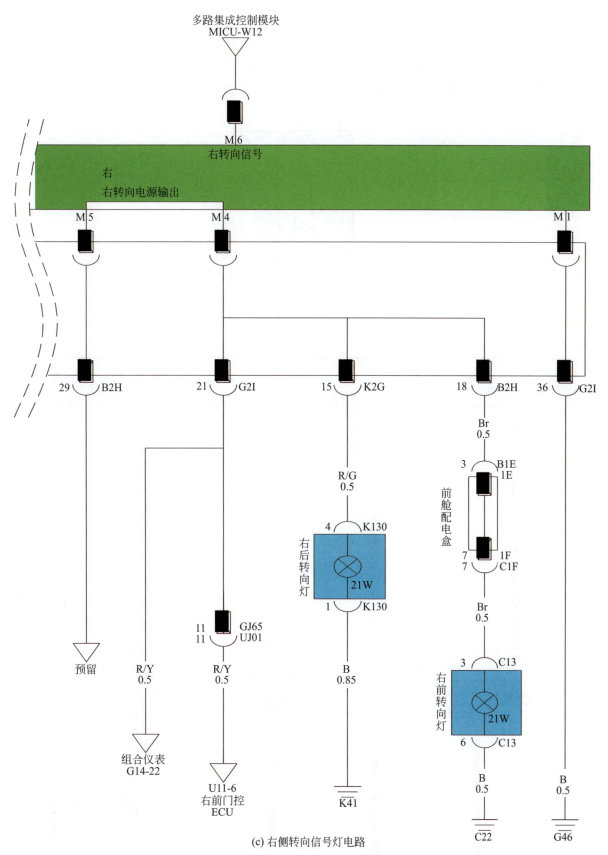

(c) 右侧转向信号灯电路

图 1-6-7　比亚迪 S7 转向信号灯控制电路

（1）左转向时

当转向信号开关拨到左转向时，灯光组合开关向 MICU 控制单元发送左转向开关闭合信号。MICU 控制单元在接收到左转向开关闭合信号后，控制闪光继电器左侧转向灯供电，此时左侧转向灯点亮。

169

（2）右转向时

当转向信号开关拨到右转向时，灯光组合开关向 MICU 控制单元发送右转向开关闭合信号。MICU 控制单元在接收到右转向开关闭合信号后，控制闪光继电器右侧转向灯供电，此时右侧转向灯点亮。

4. 吉利车型典型转向信号灯电路详解——帝豪 GS 转向信号灯控制电路（图 1-6-8）

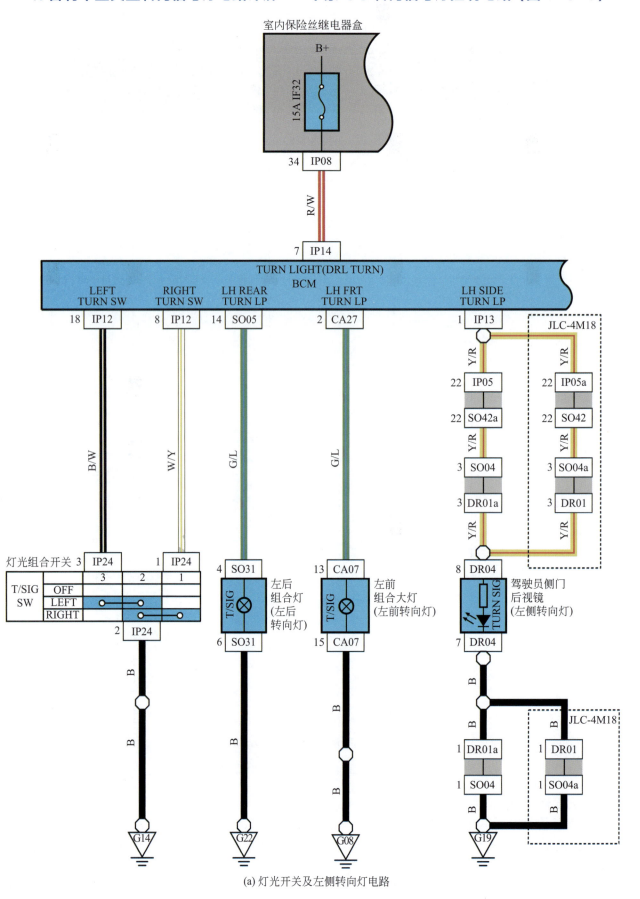

(a) 灯光开关及左侧转向灯电路

第一章 照明以及信号灯典型控制电路详解

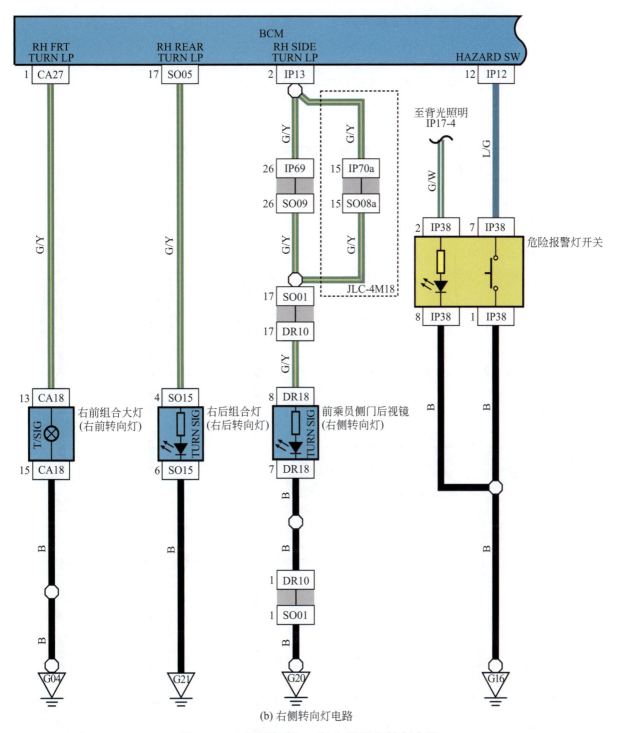

图 1-6-8 吉利帝豪 GS 转向信号灯控制电路

（1）左转向时

当转向信号开关拨到左转向时（LEFT，2/3 端子闭合），灯光组合开关 IP24/3 号端子→BCM 控制单元 IP12/18 号端子，此时 BCM 控制单元接收到左转开关闭合信号，向左侧转向灯供电。

BCM 控制单元 CA27/2 号端子和 SO05/14 号端子→左前/左后转向灯→搭铁，此时左转向灯点亮。

（2）右转向时

当转向信号开关拨到右转向时（RIGHT，1/2 端子闭合），灯光组合开关 IP24/1 号端子→BCM 控制单元 IP12/8 号端子，此时 BCM 控制单元接收到右转开关闭合信号，向右侧转向灯供电。

BCM 控制单元 CA27/1 号端子和 SO05/17 号端子→右前/右后转向灯→搭铁，此时右转向灯点亮。

171

5. 长安车型典型转向信号灯电路详解——悦翔 V7 转向信号灯控制电路（图 1-6-9）

（1）左转向时

当转向信号开关拨到左转向时（LEFT，11/12 端子闭合），灯光组合开关 P02/11 号端子→BCM 控制单元 P24/32 号端子，此时 BCM 控制单元接收到左转开关闭合信号，向左侧转向灯供电。

BCM 控制单元 P23/11 号端子→左侧转向灯→搭铁，此时左转向灯点亮。

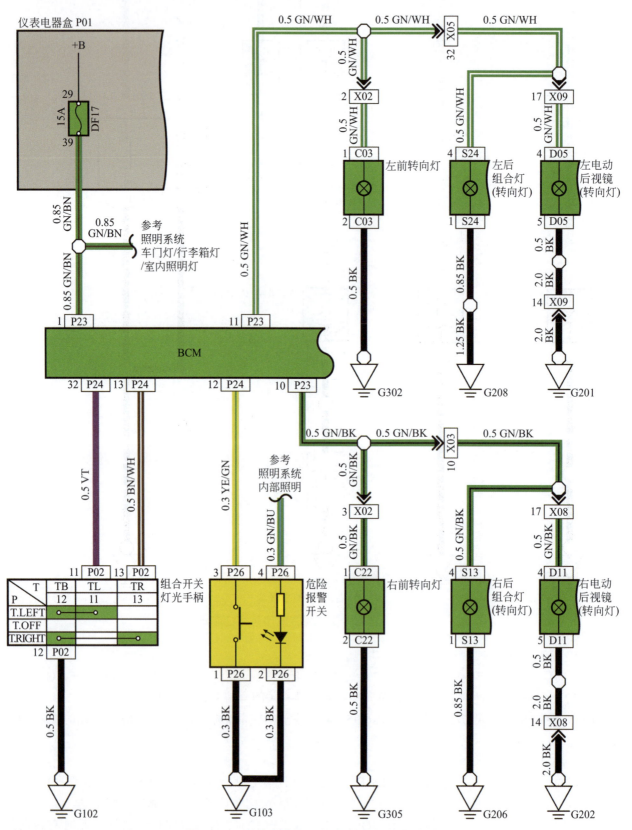

图 1-6-9　长安悦翔 V7 转向信号灯控制电路

（2）右转向时

当转向信号开关拨到右转向时（RIGHT，12/13 端子闭合），灯光组合开关 P02/13 号端子→BCM 控制单元 P24/13 号端子，此时 BCM 控制单元接收到右转开关闭合信号，向右侧转向灯供电。

BCM 控制单元 P23/10 号端子→右侧转向灯→搭铁，此时右转向灯点亮。

6. 丰田车型典型转向信号灯电路详解——卡罗拉转向信号灯控制电路（图1-6-10）

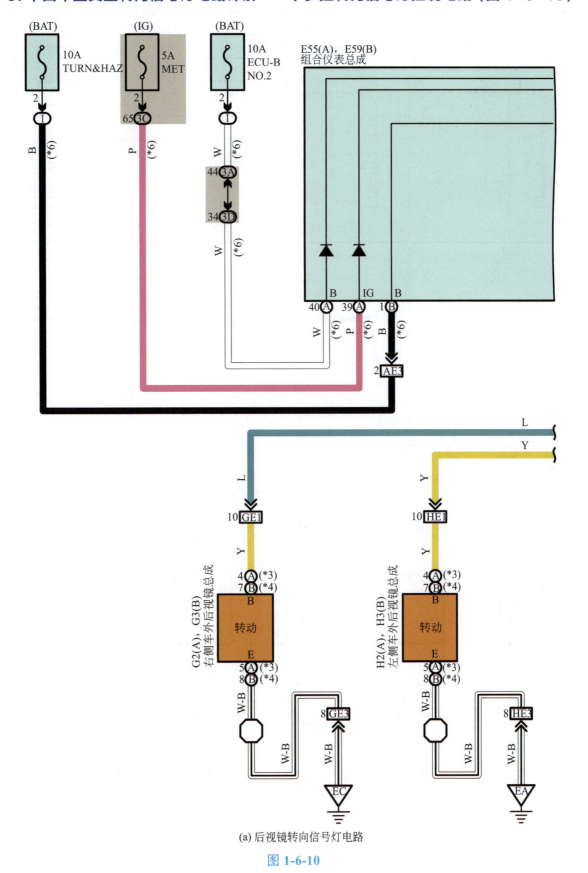

(a) 后视镜转向信号灯电路

图 1-6-10

汽车车身电路详解（第二册）

照明及信号灯·雨刮清洗·驻车辅助·电子手刹

*3：不带卷收器
*4：带卷收器
*5：带TFT显示屏
*6：不带TFT显示屏

(b) 转向信号灯电路

174

第一章
照明以及信号灯典型控制电路详解

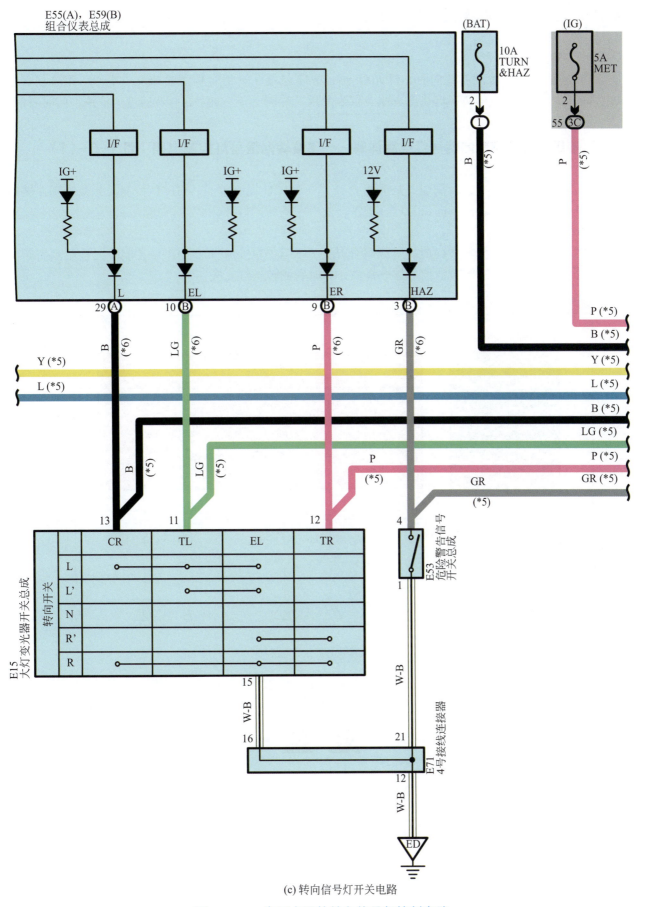

(c) 转向信号灯开关电路

图 1-6-10　丰田卡罗拉转向信号灯控制电路

(1) 左转向时

当转向信号开关拨到左转向时，灯光组合开关 11 号端子→组合仪表总成 10 号端子，组合仪表总成内部闪光继电器向左侧转向灯供电→组合仪表总成 13 号端子→左前 / 左后转向灯→搭铁，此时左前 / 左后转向灯点亮。

（2）右转向时

当转向信号开关拨到右转向时，灯光组合开关 12 号端子→组合仪表总成 9 号端子，组合仪表总成内部闪光继电器向右侧转向灯供电→组合仪表总成 7 号端子→右前 / 右后转向灯→搭铁，此时右前 / 右后转向灯点亮。

7. 本田车型典型转向信号灯电路详解——飞度转向信号灯控制电路（图 1-6-11）

（1）左转向时

当转向信号开关拨到左转向时，灯光组合开关→ MICU 控制单元，MICU 控制单元接收到左转向信号灯开关闭合信号→左侧转向信号灯→搭铁，此时左侧转向灯点亮。

（2）右转向时

当转向信号开关拨到右转向时，灯光组合开关→ MICU 控制单元，MICU 控制单元接收到右转向信号灯开关闭合信号→右侧转向信号灯→搭铁，此时右侧转向灯点亮。

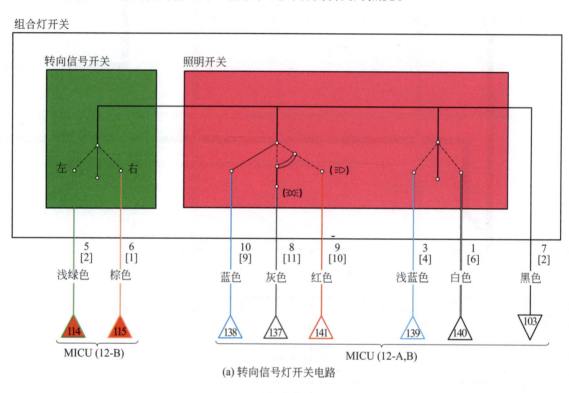

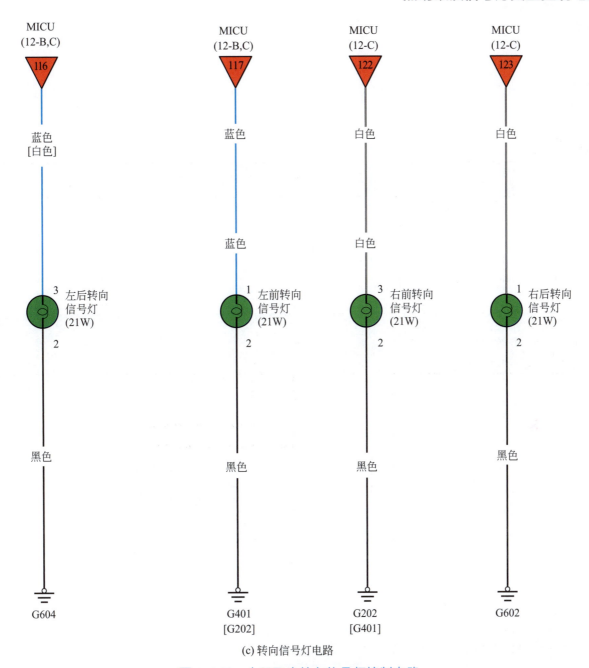

(c) 转向信号灯电路

图 1-6-11　本田飞度转向信号灯控制电路

8. 日产车型典型转向信号灯电路详解——轩逸转向信号灯控制电路（图 1-6-12）

转向信号灯和危险警告灯由 BCM 的组合开关读取功能和闪光器控制功能控制。

BCM 通过组合开关读取功能检测组合开关状态。

当点火开关转至 ON 且转向信号开关处于右（左）位置时，BCM 向右（左）转向信号灯电路供应电压，闪烁转向信号灯。

9. 现代/起亚车型典型转向信号灯电路详解——现代名图 MISTRA 转向信号灯控制电路（图 1-6-13）

使用 IG1 电源，应用组合开关的转向信号灯开关（左/右）操作转向信号灯。在操作转向信号灯开关时，IPS 控制模块接收转向信号灯开关（左/右）信号，通过 IPS 1（右）、3（左）控制转向信号灯 ON。仪表盘通过 C-CAN 通信从 BCM 接收转向信号，并控制转向信号灯闪烁。当转向结束时，自动解除转向信号操作，如果没有自动解除转向信号操作，手动把开关杆置于中立位置。

当改变车道时，驾驶员可以轻微移动开关杆到发出滴答声之前，转向信号灯闪烁。当释放开关杆时，自动回到中立位置，转向信号灯 OFF。

照明及信号灯・雨刮清洗・驻车辅助・电子手刹

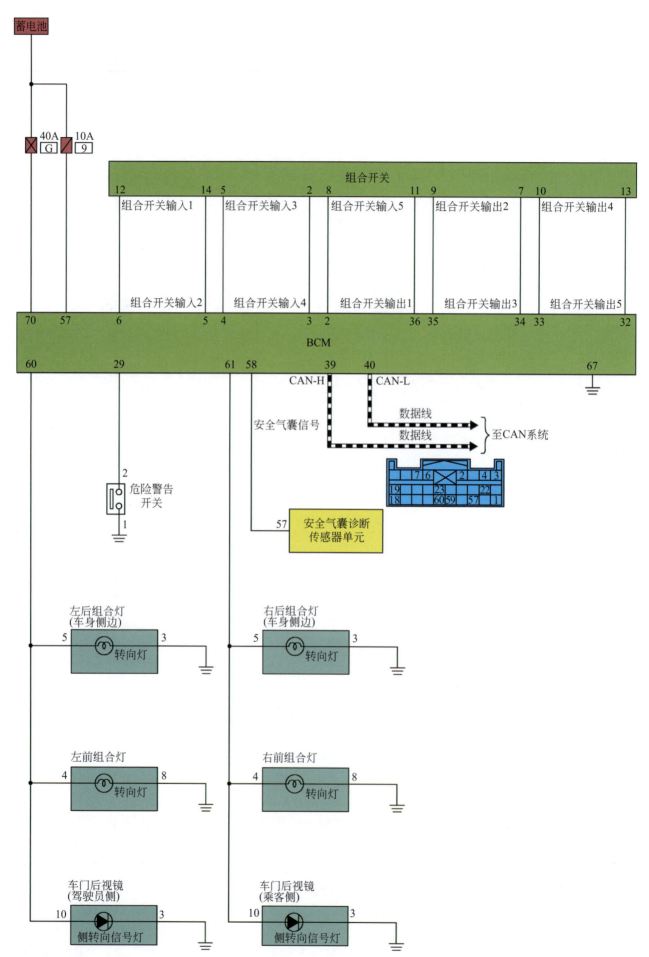

图 1-6-12 日产轩逸转向信号灯控制电路

第一章

照明以及信号灯典型控制电路详解

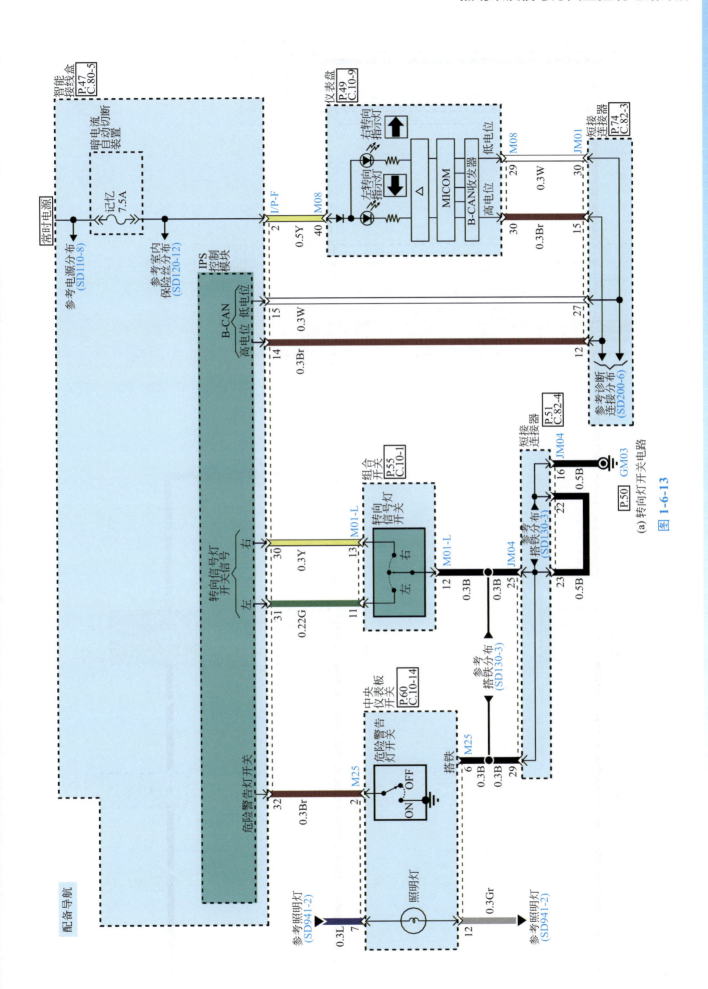

图 1-6-13 (a) 转向灯开关电路

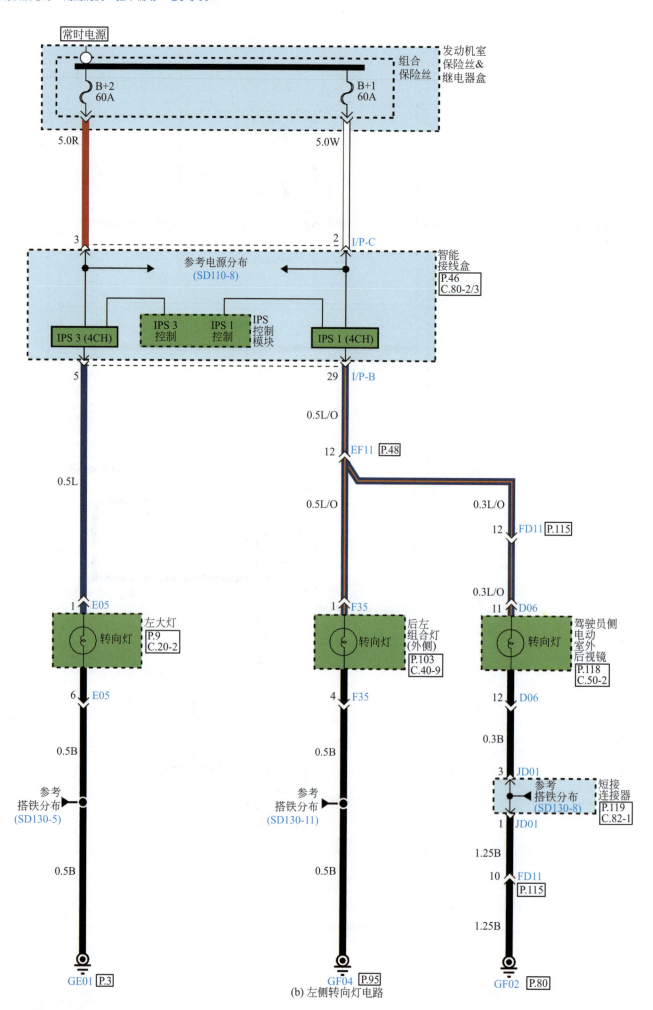

第一章 照明以及信号灯典型控制电路详解

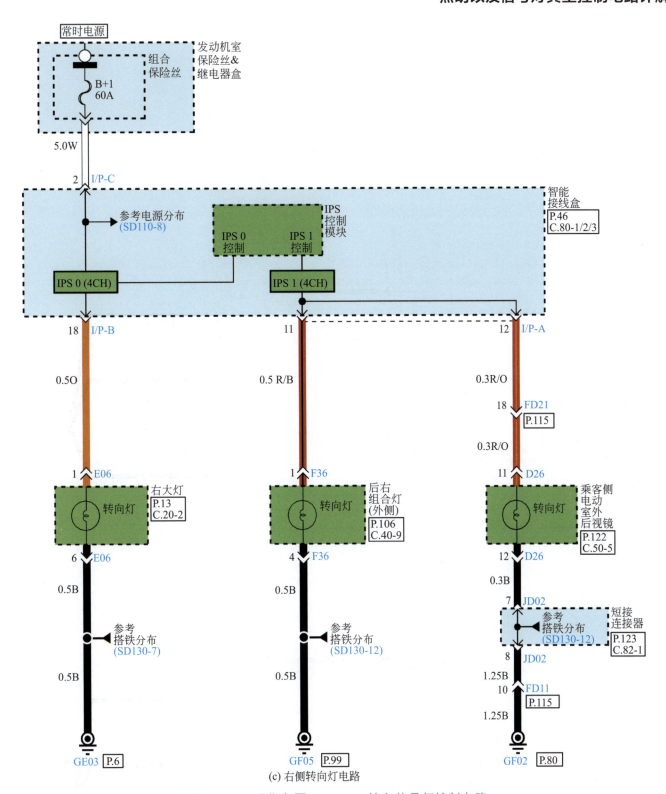

图 1-6-13 现代名图 MISTRA 转向信号灯控制电路

10. 福特车型典型转向信号灯电路详解——锐界 EDGE 转向信号灯控制电路（图 1-6-14）

（1）左转向时

当转向信号开关拨到左转向时，灯光组合开关→车身控制模块，车身控制模块接收到左转向信号灯开关闭合信号，向左侧转向灯供电→左侧转向灯→搭铁，此时左侧转向灯点亮。

（2）右转向时

当转向信号开关拨到右转向时，灯光组合开关→车身控制模块，车身控制模块接收到右转向信号灯开关闭合信号，向右侧转向灯供电→右侧转向灯→搭铁，此时右侧转向灯点亮。

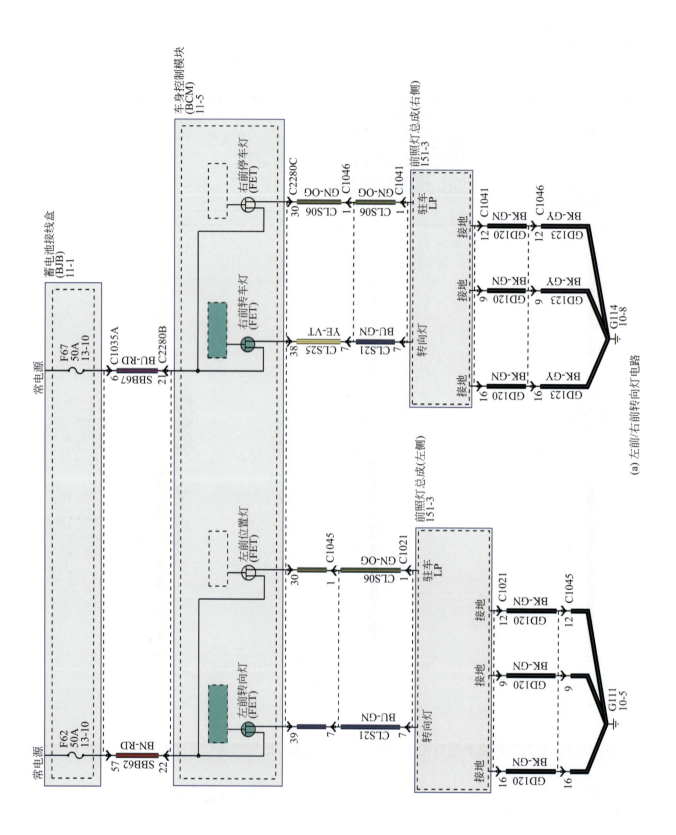

(a) 左前/右前转向灯电路

第一章 照明以及信号灯典型控制电路详解

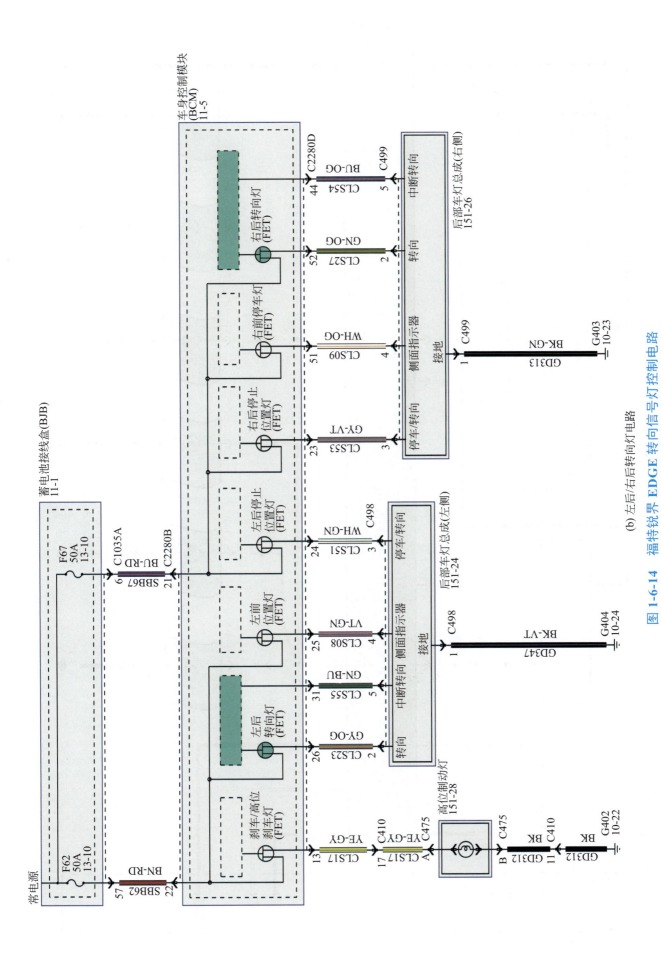

图 1-6-14 福特锐界 EDGE 转向信号灯控制电路
(b) 左后/右后转向灯电路

11. 传祺车型典型转向信号灯电路详解——GS5 转向信号灯控制电路（图1-6-15）

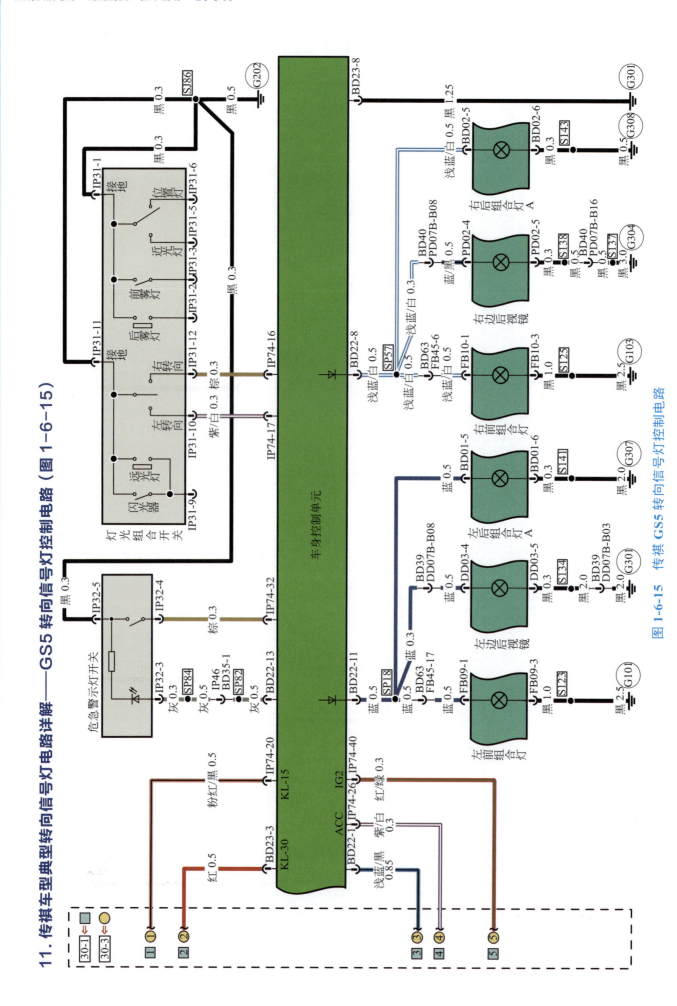

图1-6-15 传祺GS5转向信号灯控制电路

（1）左转向时

当转向信号开关拨到左转向时，灯光组合开关 IP31-10 号端子→车身控制模块 IP74-17 号端子。车身控制模块接收到左转向信号灯开关闭合信号，向左侧转向灯供电，车身控制模块 BD22-11 号端子→左侧转向灯→搭铁，此时左侧转向灯点亮。

（2）右转向时

当转向信号开关拨到右转向时，灯光组合开关 IP31-12 号端子→车身控制模块 IP74-16 号端子。车身控制模块接收到右转向信号灯开关闭合信号，向右侧转向灯供电，车身控制模块 BD22-8 号端子→右侧转向灯→搭铁，此时右侧转向灯点亮。

12. 长城车型典型转向信号灯电路详解——哈弗 H6 转向信号灯控制电路（图 1-6-16）

（1）左转向时

当转向信号开关拨到左转向时，灯光组合开关 A3 号端子→车身控制模块 J2-17 号端子。车身控制模块接收到左转向信号灯开关闭合信号，向左侧转向灯供电，车身控制模块 J4-12 号端子→左侧转向灯→搭铁，此时左侧转向灯点亮。

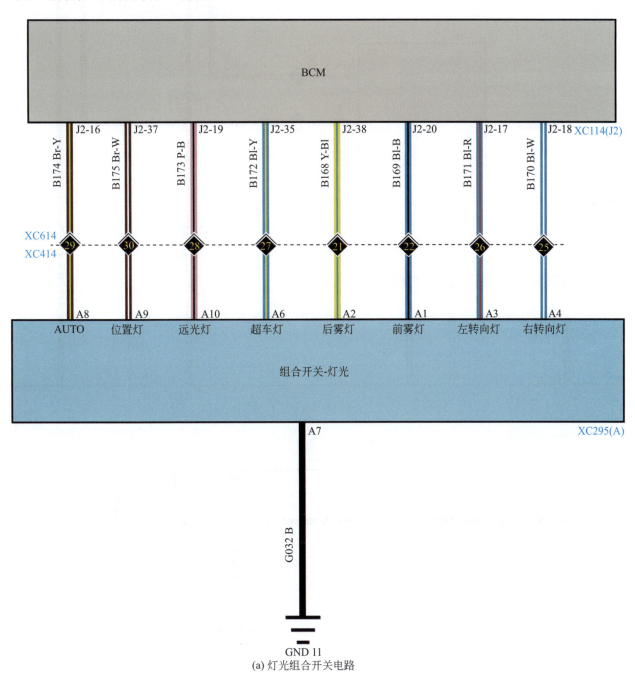

(a) 灯光组合开关电路

图 1-6-16

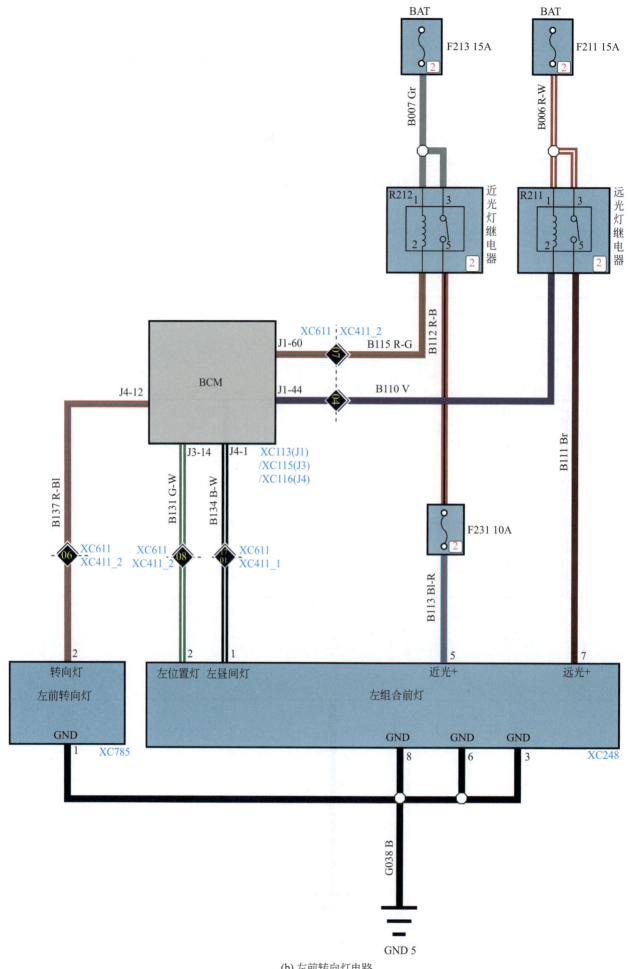

(b) 左前转向灯电路

第一章
照明以及信号灯典型控制电路详解

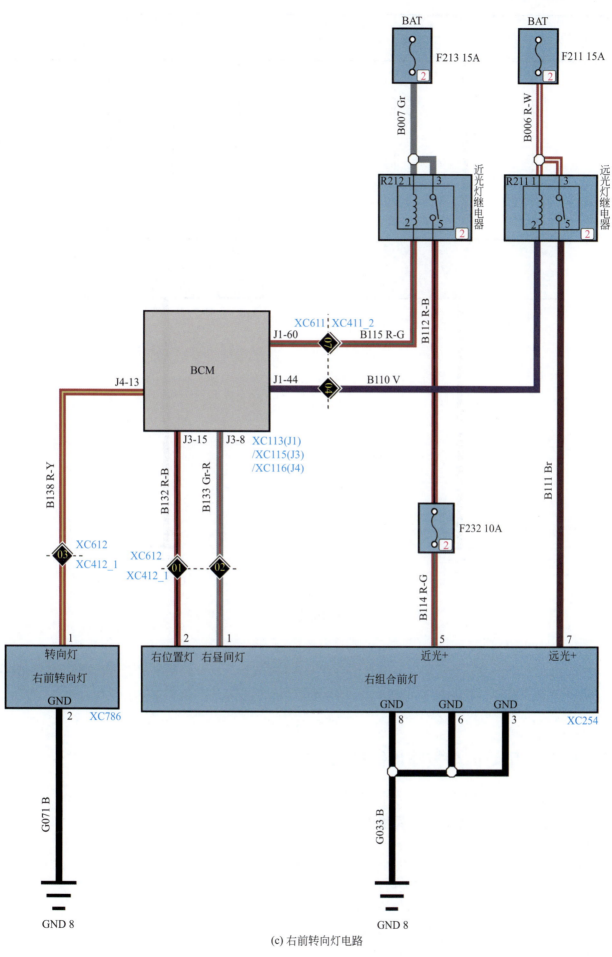

(c) 右前转向灯电路

图 1-6-16

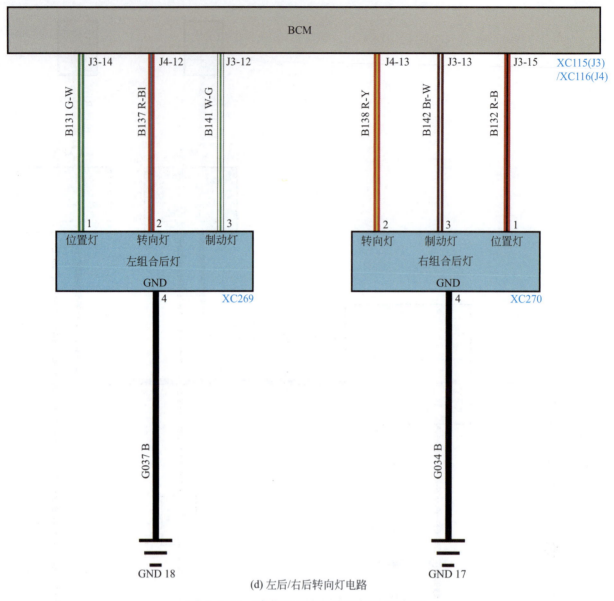

(d) 左后/右后转向灯电路

图 1-6-16　哈弗 H6 转向信号灯控制电路

（2）右转向时

当转向信号开关拨到右转向时，灯光组合开关 A4 号端子→车身控制模块 J2-18 号端子。车身控制模块接收到右转向信号灯开关闭合信号，向右侧转向灯供电，车身控制模块 J4-13 号端子→右侧转向灯→搭铁，此时右侧转向灯点亮。

四、转向信号灯典型故障检修技巧

本小节的转向信号灯典型故障以别克威朗车型为例。

1. 转向信号/多功能开关故障检修

❶ 断电

将点火开关置于 OFF（关闭）位置，断开故障诊断仪，关闭所有车门和附件，并断开 S78 转向信号/多功能开关的线束连接器。可能需要 2 分钟才能让所有车辆系统断电。

❷ 测试搭铁电路端子 3 和搭铁之间的电阻是否小于 15Ω

如果等于或大于 15Ω，则进行以下操作。

a. 将点火开关置于 OFF（关闭）位置。

b. 测试搭铁电路端对端的电阻是否小于 2Ω。

如果等于或大于2Ω，则修理电路中的开路/电阻过大故障；如果小于2Ω，则修理搭铁连接中的开路/电阻过大故障。

如果小于15Ω，则进行以下操作。

❸ 将点火开关置于ON（打开）位置

❹ 确认故障诊断仪的Left Turn Signal Switch（左转向信号开关）参数为Inactive（未激活）

如果不为Inactive（未激活）：

a. 将点火开关置于OFF（关闭）位置，断开K9车身控制模块的X3线束连接器。

b. 测试信号电路端子1和搭铁之间的电阻是否为无穷大。

如果电阻不为无穷大，则修理电路上的对搭铁短路故障；如果电阻为无穷大，则更换K9车身控制模块。

如果为Inactive（未激活），则进行以下操作。

❺ 在信号电路端子1和搭铁电路端子3之间安装3A保险丝的跨接线

❻ 确认故障诊断仪的左转向信号开关参数为Active（激活）

如果不为Active（激活）：

a. 将点火开关置于OFF（关闭）位置，断开K9车身控制模块的X3线束连接器，再将点火开关置于ON（打开）位置。

b. 测试信号电路端子1和搭铁之间的电压是否低于1V。

如果等于或大于1V，则修理电路上的对电压短路故障；如果低于1V，则测试信号电路的端到端电阻是否小于2Ω。

如果等于或大于2Ω，则修理电路中的开路/电阻过大故障；如果小于2Ω，则更换K9车身控制模块。

如果为Active（激活），则进行以下操作。

❼ 确认故障诊断仪的Right Turn Signal Switch（右转向信号开关）参数为Inactive（未激活）

如果不为Inactive（未激活）：

a. 将点火开关置于OFF（关闭）位置，断开K9车身控制模块的X3线束连接器。

b. 测试信号电路端子7和搭铁之间的电阻是否为无穷大。

如果电阻不为无穷大，则修理电路上的对搭铁短路故障；如果电阻为无穷大，则更换K9车身控制模块。

如果为Inactive（未激活），则进行以下操作。

❽ 在信号电路端子7和搭铁电路端子3之间安装3A保险丝的跨接线

❾ 确认故障诊断仪的Right Turn Signal Switch（右转向信号开关）参数为Active（激活）

如果不为Active（激活）：

a. 将点火开关置于OFF（关闭）位置，断开K9车身控制模块的X3线束连接器，再将点火开关置于ON（打开）位置。

b. 测试信号电路端子7和搭铁之间的电压是否低于1V。

如果等于或大于1V，则修理电路上的对电压短路故障；如果低于1V，则测试信号电路的端到端电阻是否小于2Ω。

如果等于或大于2Ω，则修理电路中的开路/电阻过大故障；如果小于2Ω，则更换K9车身控制模块。

如果为Active（激活），则进行步骤❿。

❿ 测试或更换S78转向信号/多功能开关

2. 转向信号灯故障检修

❶ 熄火

将点火开关置于OFF（关闭）位置，熄灭车外灯，闩上后掀门锁闩，并断开相应E4转向信号灯的线束连接器。

❷ 测试下列相应搭铁电路端子和搭铁之间的电阻是否小于 5Ω

- E4LF 左前转向信号灯灯座端子
- E4RF 右前转向信号灯灯座端子
- E4Y 左侧转向信号复示灯端子 1
- E4Z 右侧转向信号复示灯端子 1
- E4LR 左后转向信号灯灯座端子
- E4RR 右后转向信号灯灯座端子

如果等于或大于 5Ω：

a. 将点火开关置于 OFF（关闭）位置。

b. 测试搭铁电路端对端的电阻是否小于 2Ω。如果等于或大于 2Ω，则修理电路中的开路 / 电阻过大故障；如果小于 2Ω，则修理搭铁连接中的开路 / 电阻过大故障。

如果小于 5Ω，则进行以下操作。

❸ 在下列相应控制电路端子和搭铁之间连接一个测试灯

- E4LF 左前转向信号灯灯座端子
- E4RF 右前转向信号灯灯座端子
- E4Y 左侧转向信号复示灯端子 2
- E4Z 右侧转向信号复示灯端子 2
- E4LR 左后转向信号灯灯座端子
- E4RR 右后转向信号灯灯座端子

❹ 当用故障诊断仪指令相应转向信号灯点亮和熄灭时，确认测试灯点亮和熄灭

如果测试灯始终熄灭：

a. 将点火开关置于 OFF（关闭）位置，断开下列 K9 车身控制模块的相应线束连接器。

- X5 左转向信号
- X4 右转向信号

b. 测试控制电路和搭铁之间的电阻是否为无穷大。

如果电阻不为无穷大，则修理电路上的对搭铁短路故障；如果电阻为无穷大，则测试控制电路端对端电阻是否小于 2Ω。

如果等于或大于 2Ω，则修理电路中的开路 / 电阻过大故障；如果小于 2Ω，则更换 K9 车身控制模块。

如果测试灯始终点亮：

c. 将点火开关置于 OFF（关闭）位置，断开下列 K9 车身控制模块的相应线束连接器，然后将点火开关置于 ON（打开）位置。

- X5 左转向信号
- X4 右转向信号

d. 测试控制电路端子和搭铁之间的电压是否低于 1V。

如果等于或大于 1V，则修理电路上的对电压短路故障；如果低于 1V，则更换 K9 车身控制模块。

如果测试灯点亮和熄灭，则实施步骤 ❺。

❺ 测试或更换相应的 E4 转向信号灯

3. 转向信号指示灯故障检修

❶ 将点火开关置于 ON（打开）位置

❷ 当使用故障诊断仪指令所有指示灯测试打开和关闭时，确认左侧和右侧转向信号指示灯点亮和熄灭

如果左侧或右侧转向信号指示灯始终熄灭或保持点亮，则更换 P16 组合仪表；如果左侧和右侧转向信号指示灯点亮和熄灭，则更换 K9 车身控制模块。

第七节 车内阅读灯控制电路

一、车内阅读灯的作用

在车里面光线不足时，阅读灯能供给乘坐人员足够的照明亮度，同时又不会影响驾驶员的正常驾驶，见图 1-7-1。

图 1-7-1　车内阅读灯

二、车内阅读灯的工作原理

车内阅读灯受专门开关控制，许多轿车车内阅读灯还受车门开关控制，用以警示车门关闭情况（图 1-7-2）。

当车内阅读灯开关置于 On 时，为点亮状态；当车内阅读灯开关置于 Door 时，由车身控制单元监测各个车门锁开启状态，如车门锁处于开启状态，车内阅读灯就会点亮。

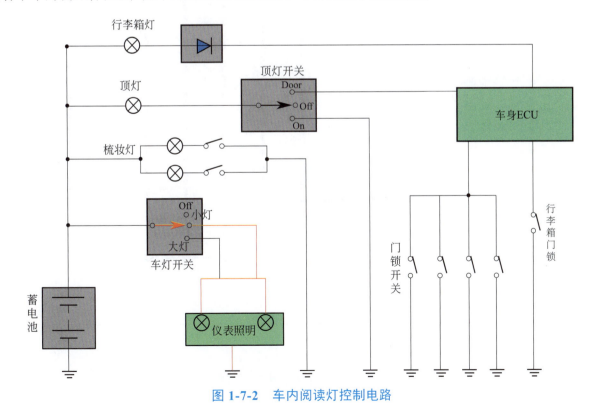

图 1-7-2　车内阅读灯控制电路

三、车内阅读灯典型控制电路

1. 大众/奥迪车型典型阅读灯电路详解——大众宝来阅读灯控制电路（图 1-7-3）

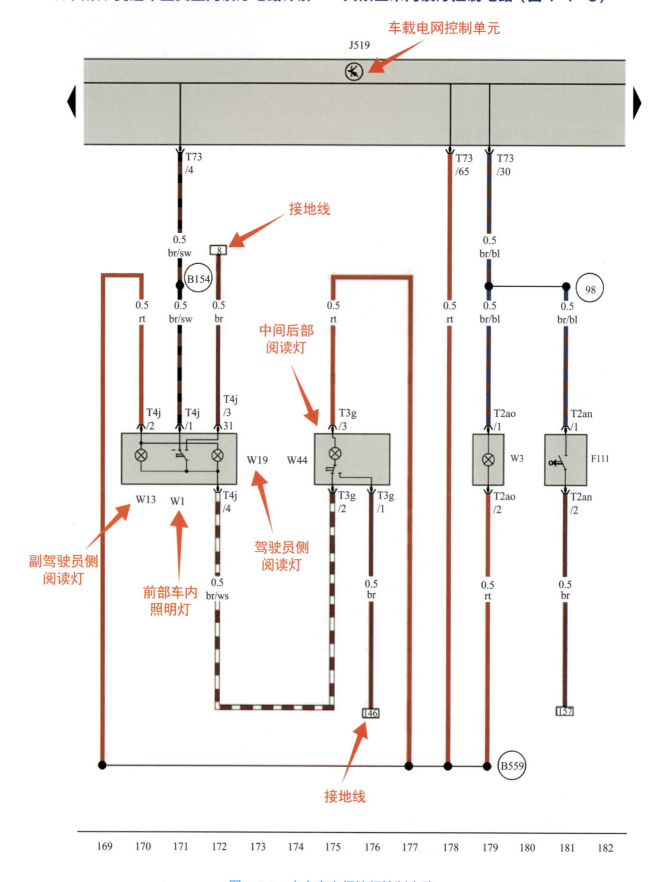

图 1-7-3　大众宝来阅读灯控制电路

第一章
照明以及信号灯典型控制电路详解

这里以大众宝来车型为例进行介绍,同样适用于大众/奥迪其他车型,限于篇幅不再赘述。

当开关处于关闭挡时,来自 B559 的电源经过 W13、W19、W44 到阅读灯开关第一挡,因为没有接地,所以均不工作。当开关处于中间挡时,来自 B559 的电源经过 W13、W19、W44 到阅读灯开关第二挡——J519 的 T73/4,J519 根据门边开关的状态去控制 T73/4 接地。如果门边开关处于打开状态,阅读灯和后部车内照明灯点亮;若门边开关处于关闭状态,阅读灯和后部车内照明灯不亮。

当开关处于打开挡位时,阅读灯和后部照明灯就常亮,通过打开开关第二挡,B559 → T3g/3 → W44 → 开关,T3g/1 → 接地,后部照明灯点亮。

2. 别克/雪佛兰/凯迪拉克车型阅读灯电路详解——别克威朗阅读灯控制电路(图 1-7-4)

这里以别克威朗车型为例进行介绍,同样适用于别克/雪佛兰/凯迪拉克其他车型,限于篇幅不再赘述。

车身控制模块(BCM)的电源电压向每个阅读灯提供蓄电池正极电压。当阅读灯激活时,开关触点闭合,提供一个至搭铁的路径,并且阅读灯点亮。如果操作员疏忽地将任何阅读灯保持点亮状态,则由于车身控制模块未检测到任何开关激活,它将在 10 分钟后熄灭所有车内灯。阅读灯永久搭铁至 G302。

前后阅读灯由单个开关控制,开关在乘客舱需要额外照明时由操作人员启动。如果在点火开关置于 OFF(关闭)位置且所有车门关闭时,这些门控灯中的任一灯保持点亮超过 10 分钟,则车身控制模块(BCM)将禁用门控灯控制电路,以防止蓄电池完全放电。

3. 比亚迪车型阅读灯电路详解——S7 阅读灯控制电路(图 1-7-5)

蓄电池电流经车内灯保险丝 FI/10 流向前车内灯开关的 P05-5 号引脚、后车内灯开关的 P06-2 号引脚及行李箱灯的 K21-1 号引脚并提供常电。当打开行李箱盖时,行李箱开启开关闭合,点亮行李箱灯,为行李箱提供照明。

(1)前车内灯控制

当按下车内灯开关到 ON 位置时,打开前车内灯;要关闭前车内灯,再按一次开关。

(2)后车内灯控制

后车内灯和后车内灯开关集成为一体,后车内灯开关具有以下位置。

a.OFF:关闭,将后车内灯熄灭。

b.DOOR:门灯开关控制,当任何一扇车门打开时,此灯发亮;所有的车门都关闭后,此灯熄灭。后车内灯开关在这一挡位时,电流经 2 号引脚、后车内灯、3 号引脚回到蓄电池负极。

c.ON:打开,后车内灯通过后车内灯开关接地,车内灯保持在发亮状态。

BCM 可以在后车内灯开关处于 DOOR 位置时,通过 G50-5 号引脚输出车内灯驱动信号,点亮后车内灯。

4. 吉利车型阅读灯电路详解——帝豪 GS 阅读灯控制电路(图 1-7-6)

(1)门控灯

此灯由门灯开关控制,即任何一扇车门打开时,此灯发亮;所有的车门都关闭后,此灯熄灭。

当阅读灯开关置于门控灯位置时,BCM 控制单元 IP14/6 号端子→前阅读灯 RF05/4 号端子和后排阅读灯 RF02/3 号端子→灯泡→搭铁,当任何一扇车门打开时阅读灯点亮。

(2)阅读灯

当前阅读灯开关置于开启位置时,BCM 控制单元 IP12/41 号端子→前阅读灯 RF05/2 号端子→灯泡→搭铁,此时前阅读灯点亮。

当后排阅读灯开关置于开启位置时,BCM 控制单元 IP12/41 号端子→后排阅读灯 RF02/1 号端子→灯泡→搭铁,此时后排阅读灯点亮。

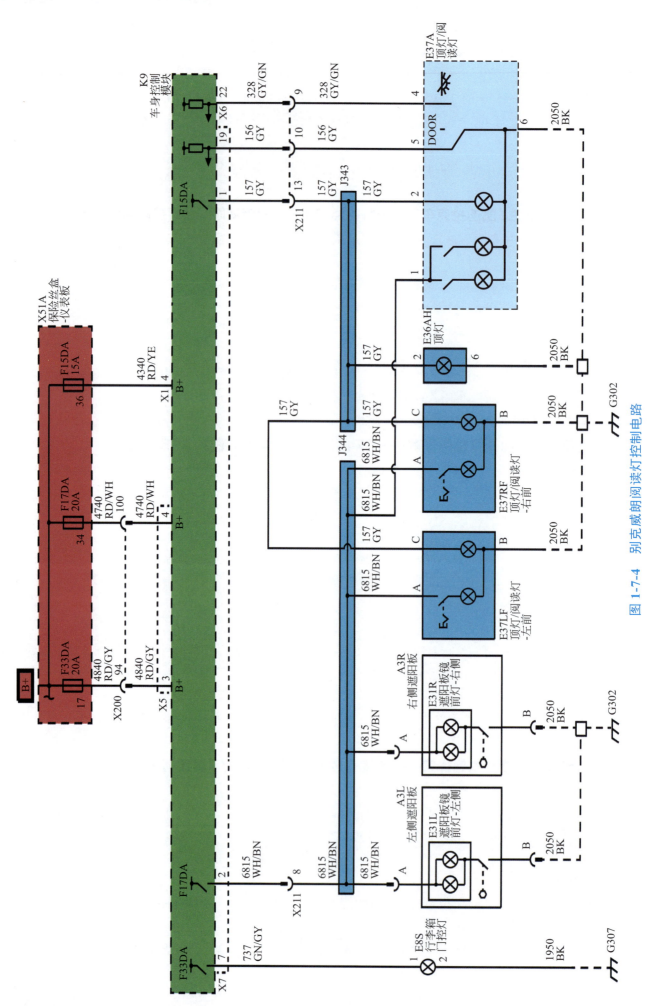

图 1-7-4 别克威朗阅读灯控制电路

第一章

照明以及信号灯典型控制电路详解

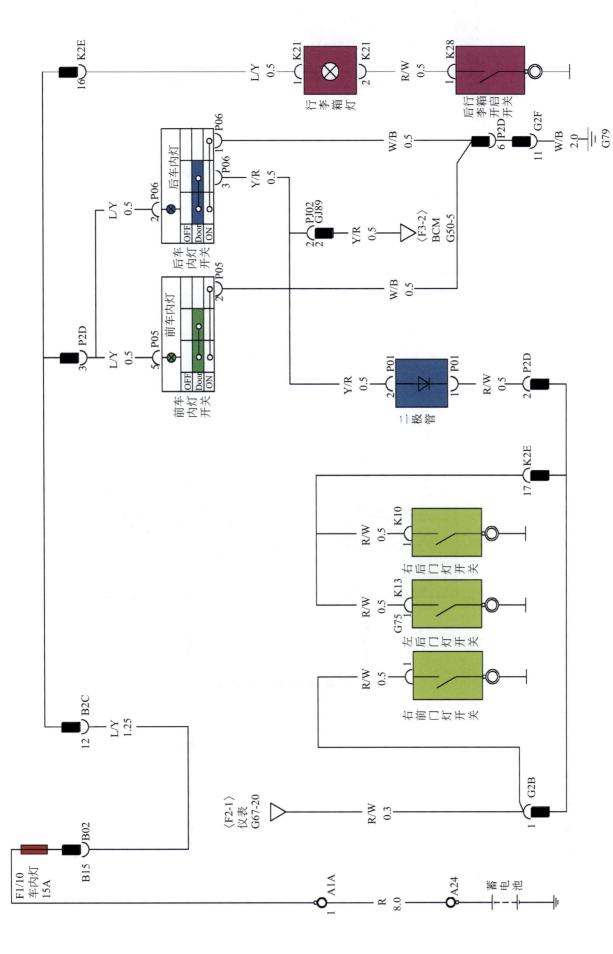

图 1-7-5 比亚迪 S7 阅读灯控制电路

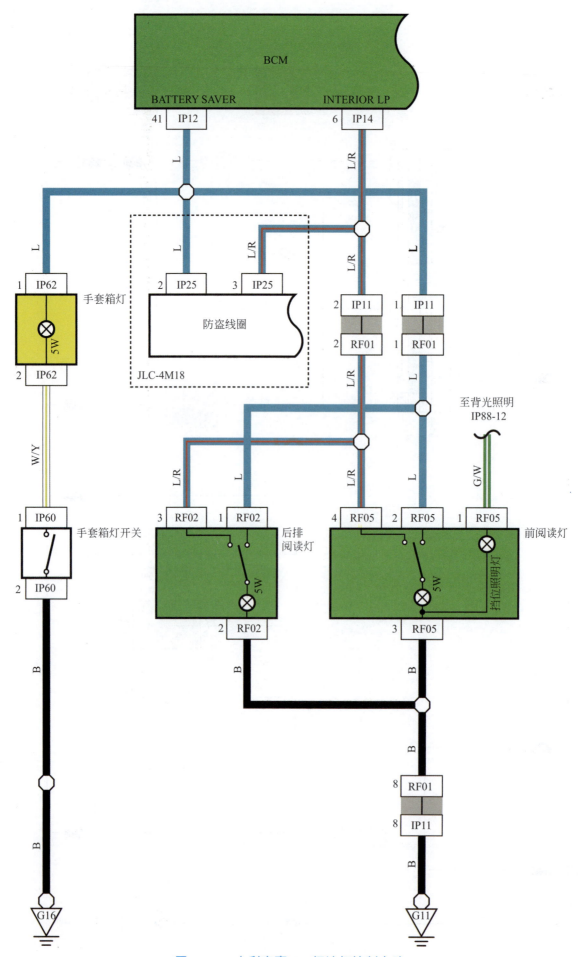

图 1-7-6 吉利帝豪 GS 阅读灯控制电路

5. 长安车型阅读灯电路详解——悦翔 V7 阅读灯控制电路（图 1-7-7）

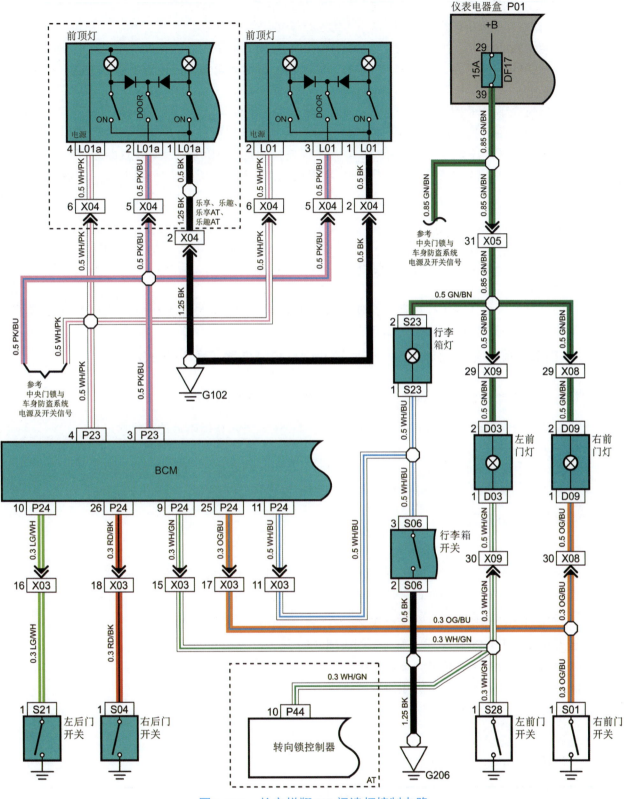

图 1-7-7 长安悦翔 V7 阅读灯控制电路

顶灯渐亮：如果顶灯开关处于 DOOR 挡，在以下任意条件下，顶灯在 0.7s 内被线性点亮。

- 任意一个车门被打开（包括行李箱门）。
- 点火开关处于 OFF 状态，并且按压遥控器上的"解锁"按钮对车门完成解锁或者用机械钥匙、中控锁开关、接收到总线上 PEPS 发来的解锁信号对车门完成解锁。

- 电源挡位从 START/ON/ACC 挡变为 OFF 挡。
  顶灯渐灭：顶灯开关处于在以下任意条件下，顶灯在 0.7s 内线性熄灭。
- 在没有中控闭锁的情况下，所有车门（包括行李箱门）关闭 25s 后。
- 电源挡位为 OFF 挡，所有车门（包括行李箱门）关闭并用中控门锁开关对车门完成闭锁。
- 点火开关处于 OFF 挡，所有车门（包括行李箱门）关闭后再按压遥控器上的"闭锁"按钮对车门完成闭锁。
- 电源挡位处于 OFF 挡，接收到总线上 PEPS 发来的闭锁信号对车门完成闭锁。
- 所有车门关闭并且电源挡位处于 ON 挡 / START 挡节电功能，有以下两种情况：电源挡位处于 OFF 状态，顶灯开关处于非 OFF 挡，车门没有关，则延时 10min 后顶灯立即熄灭；如果点火钥匙被拔出（或未检测到钥匙），顶灯开关处于 ON 挡，所有车门关闭，则延时 10min 后顶灯立即熄灭。

(1) 门控灯

当阅读灯开关置于门控灯位置时，BCM 控制单元 P23/4 号端子→前顶灯 L01/2 号端子→灯泡→搭铁，当任何一扇车门打开时阅读灯点亮。

(2) 阅读灯

当前阅读灯开关置于左 / 右开启位置时，BCM 控制单元 P23/4 号端子→前顶灯 L01a/4 号端子→灯泡→前顶灯 L01a/1 号端子→搭铁，此时前阅读灯点亮。

6. 丰田车型阅读灯电路详解——卡罗拉阅读灯控制电路（图 1-7-8）

(1) 阅读灯逐渐亮起

当符合下列任何条件时，车内照明灯和点火锁芯照明灯逐渐亮起。

- 当发动机开关置于 OFF 位置且所有车门关闭时，钥匙进入车门附近的执行区域。
- 任一车门打开。
- 当点火开关置于 OFF 位置且所有车门关闭时，任一车门解锁。
- 当所有车门关闭时，点火开关从 ON（ACC）位置转至 OFF 位置。

(2) 阅读灯立即熄灭

当符合下列任一条件时，车内照明灯和点火锁芯照明灯熄灭。

- 当所有车门关闭时，将点火开关从 OFF 位置转至 ON（ACC 或 IG）位置。
- 当点火开关置于 OFF 位置时，所有车门锁止。

(3) 阅读灯大约亮起 15s，然后熄灭

当点火开关置于 OFF 位置时，所有车门关闭。

(4) 阅读灯逐渐熄灭（蓄电池节电控制）

当满足下列所有条件时，主车身 ECU 会使灯熄灭。

- 点火锁芯中无钥匙。
- 钥匙不在执行区域。
- 车门状态保持 20min 不变。

当符合下列任一条件时，蓄电池节电计数会被清除。

- 钥匙插入点火锁芯中。
- 钥匙在执行区域。
- 任一车门打开。

(5) 门控灯

当阅读灯开关置于门控灯位置时，主车身 ECU 控制单元 3 号端子→ 1 号车厢照明灯总成 4 号端子

和阅读灯总成6号端子→灯泡→搭铁，当任何一扇车门打开时阅读灯点亮。

（6）阅读灯

当前阅读灯开关置于左/右开启位置时，主车身ECU控制单元3号端子→1号车厢照明灯总成4号端子和阅读灯总成6号端子→灯泡→搭铁，此时前阅读灯点亮。

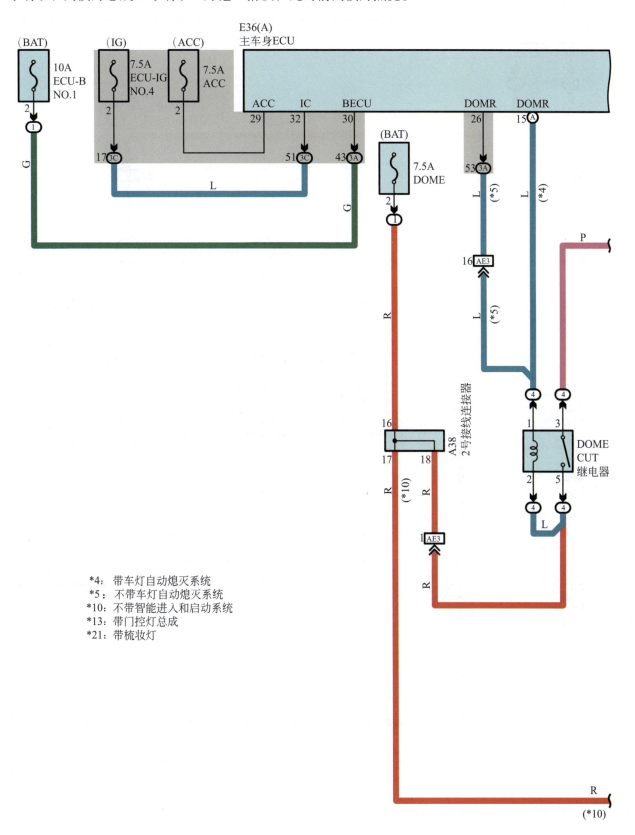

*4：带车灯自动熄灭系统
*5：不带车灯自动熄灭系统
*10：不带智能进入和启动系统
*13：带门控灯总成
*21：带梳妆灯

(a) 供电电路

图 1-7-8

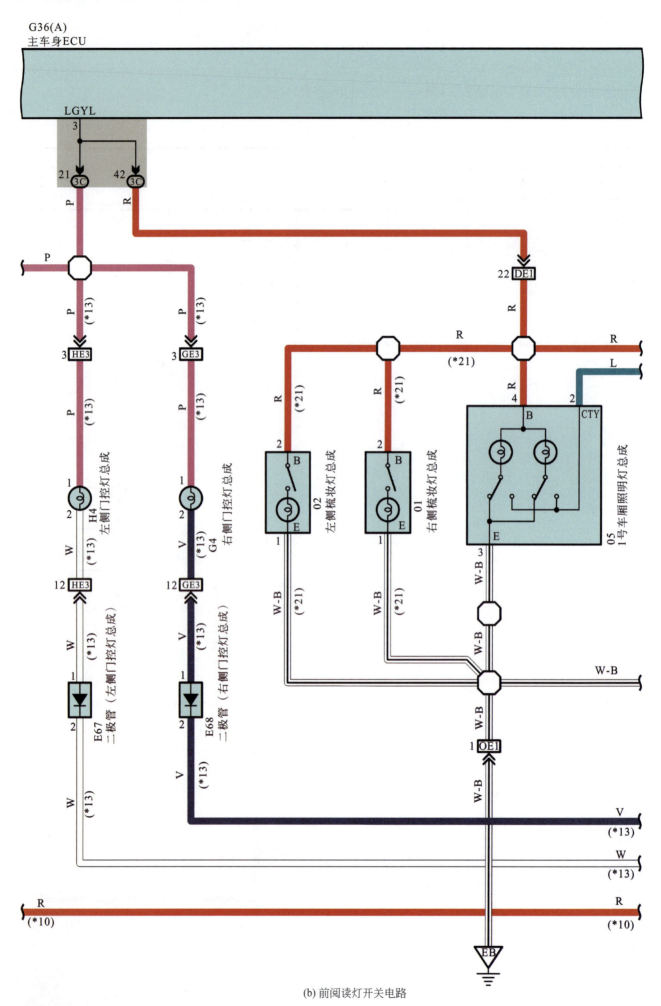

(b) 前阅读灯开关电路

第一章
照明以及信号灯典型控制电路详解

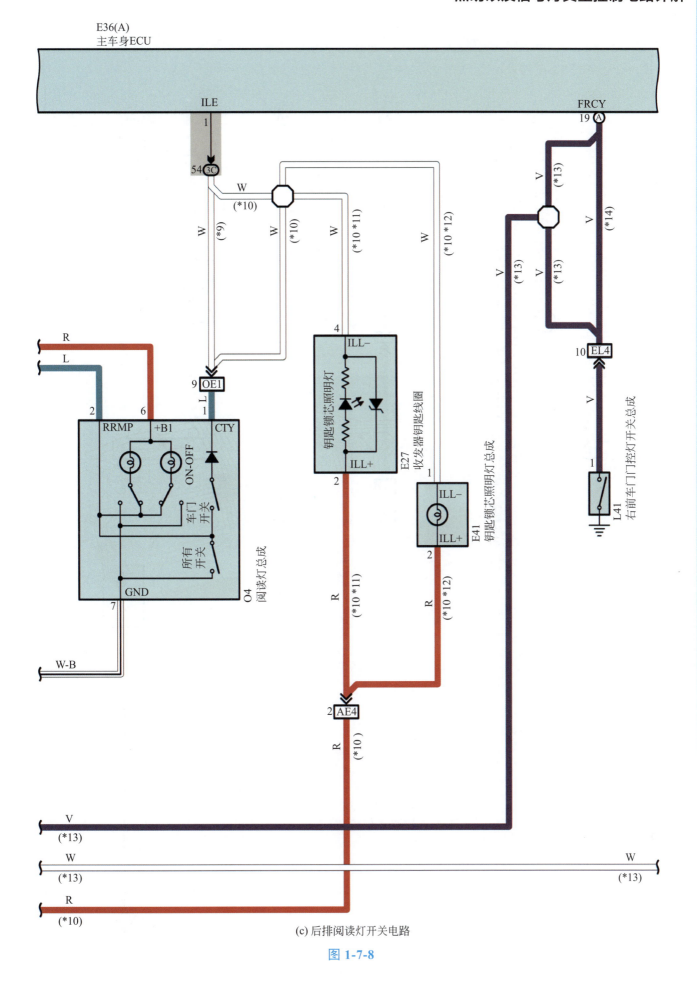

(c) 后排阅读灯开关电路

图 1-7-8

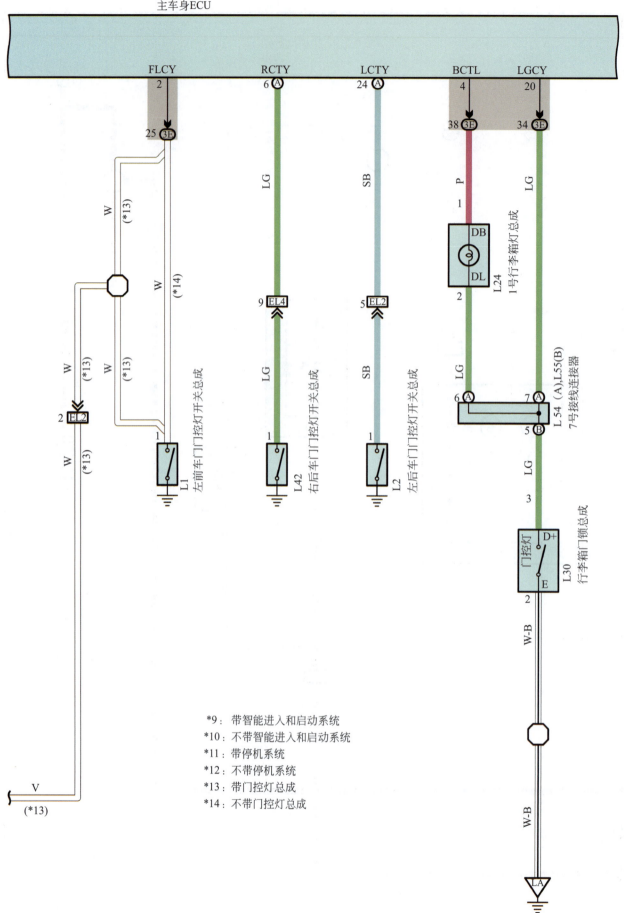

(d) 门控开关电路

第一章
照明以及信号灯典型控制电路详解

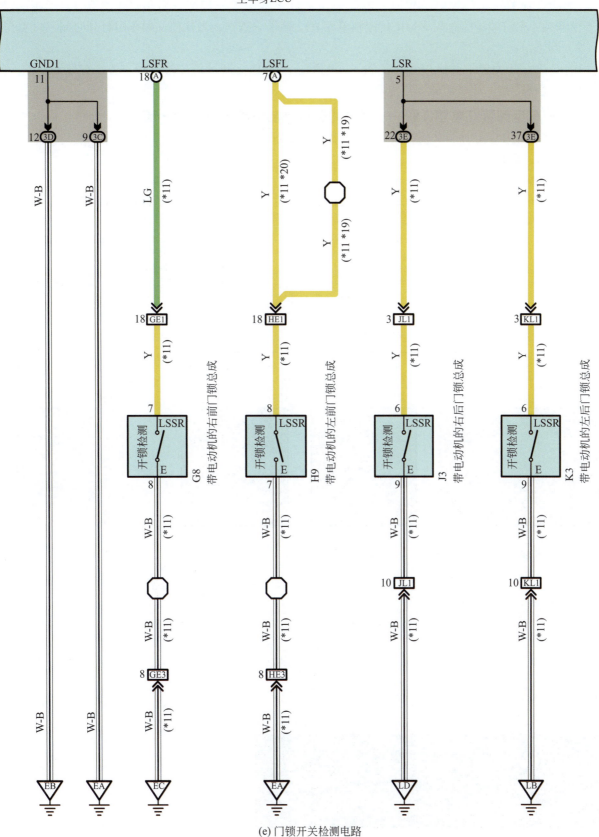

(e) 门锁开关检测电路

图 1-7-8　丰田卡罗拉阅读灯控制电路

7. 本田车型阅读灯电路详解——杰德阅读灯控制电路（图1-7-9）

（1）门控灯

当阅读灯开关置于门控灯位置时，电源→中间顶灯2号端子→灯泡→中间顶灯1号端子→车内照明

203

灯/天窗开关（车门端子接通）→MICU 控制单元 H12 端子→搭铁,当任何一扇车门打开时阅读灯点亮。

当阅读灯开关置于门控灯位置时,电源→后顶灯 2 号端子→灯泡→后顶灯 1 号端子→车内照明灯/天窗开关（车门端子接通）→MICU 控制单元 H12 端子→搭铁,当任何一扇车门打开时阅读灯点亮。

（2）阅读灯

当前阅读灯开关置于开启位置时（ON）,电源→前排独立阅读灯 3 号端子→左/右灯泡→左/右ON 端子接通→搭铁,此时前阅读灯点亮。

8. 日产车型阅读灯电路详解——轩逸阅读灯控制电路（图 1-7-10）

BCM 启动车内灯定时器并使用下列项目判断车辆状况。

a. 点火开关状态;

b. 车门开关信号;

c. 车门锁止/解锁信号（遥控无钥匙进入接收器、各车门请求开关、车门锁止和解锁开关）;

d. 钥匙开关信号。

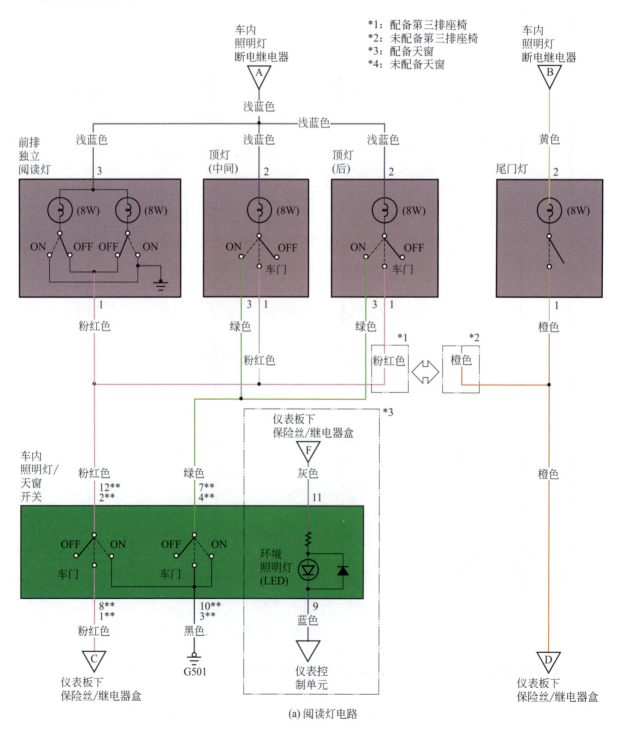

(a) 阅读灯电路

第一章
照明以及信号灯典型控制电路详解

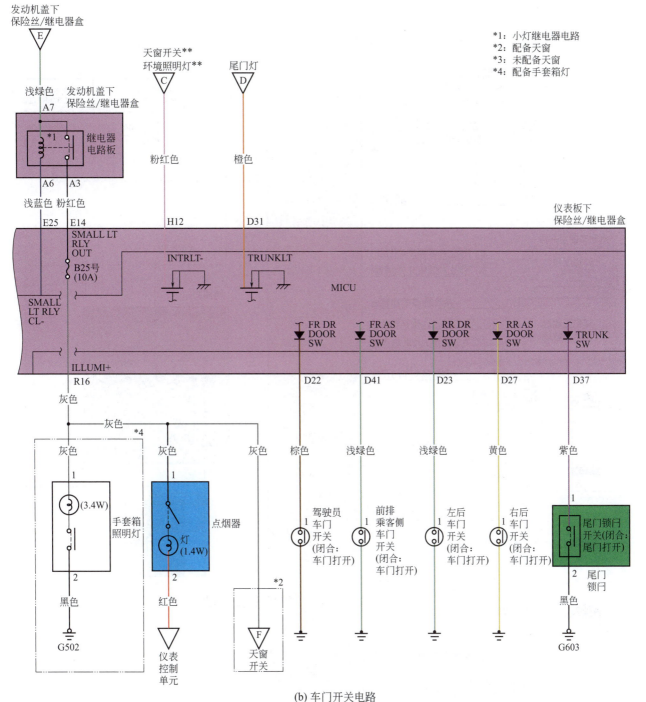

图 1-7-9　本田杰德阅读灯控制电路

（1）车内灯 ON 操作

在任一车门打开时，BCM 通常会将车内灯打开。

在下列任一情况下，BCM 启动车内灯定时器，以点亮车内灯一段时间。

- 所有车门状态从打开变成关闭。
- 点火开关 ON → OFF。
- 钥匙开关 ON → OFF。
- 在点火开关处于 OFF 位置的情况下关闭所有车门时，检测到车门解锁信号。

（2）车内灯 OFF 操作

在下列任一情况下，BCM 停止使用定时器，以熄灭车内灯。

- 定时器操作超时。

205

- 点火开关 OFF → ON。
- 在所有车门关闭的情况下，检测到车门锁止信号。

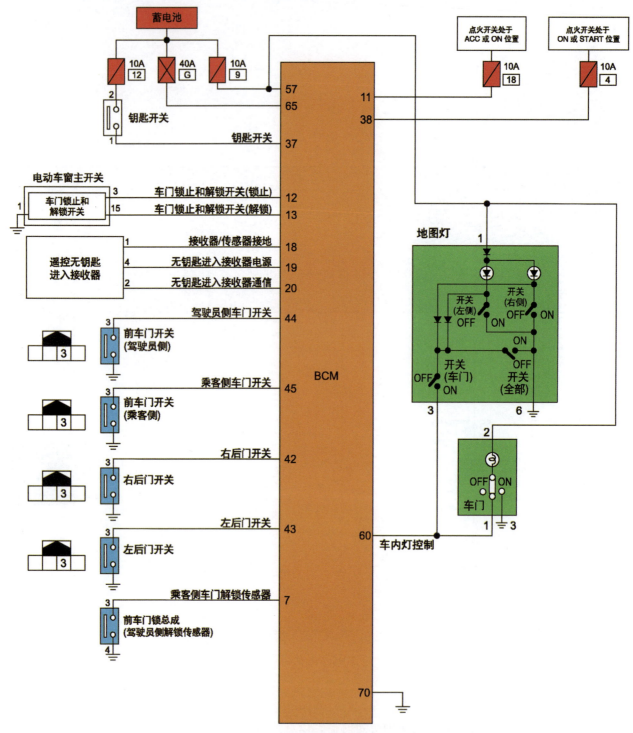

图 1-7-10　日产轩逸阅读灯控制电路

9. 现代/起亚车型阅读灯电路详解——现代名图 MISTRA 阅读灯控制电路（图 1-7-11）

（1）门控灯

当阅读灯开关置于门控灯位置时，电源→10A 保险丝→车顶控制台灯开关在 DOOR 位置→BCM 控制单元→搭铁，此时，任何一扇车门打开，阅读灯点亮。

（2）阅读灯

当前阅读灯开关置于开启位置时（ON），电源→车顶控制台灯→左/右灯泡→左/右 ON 端子接通→搭铁，此时前阅读灯点亮。

第一章

照明以及信号灯典型控制电路详解

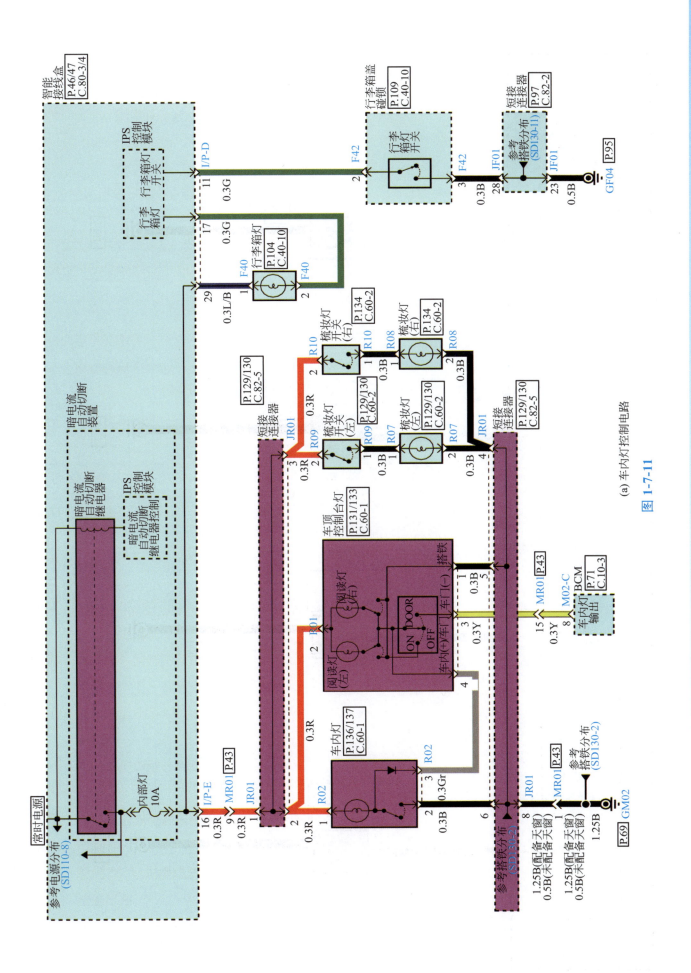

图 1-7-11 (a) 车内灯控制电路

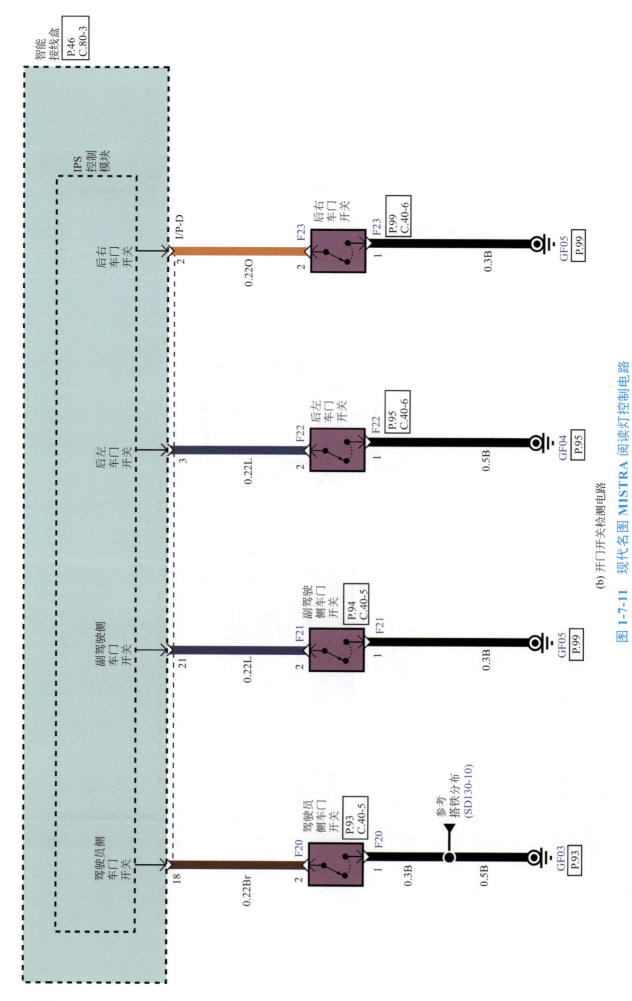

图 1-7-11 现代名图 MISTRA 阅读灯控制电路
(b) 开门开关检测电路

10. 传祺车型阅读灯电路详解——GS5 阅读灯控制电路（图 1-7-12）

当前顶灯开关置于开启位置（ON）时，车身控制单元 IP75-13 号端子→前顶灯 RF02-7 号端子→左/右灯泡→左/右 ON 端子接通→搭铁，此时前顶灯点亮。

当中顶灯开关置于开启位置（ON）时，车身控制单元 IP75-13 号端子→中顶灯 RF09-2 号端子→左/右灯泡→左/右 ON 端子接通→搭铁，此时中顶灯点亮。

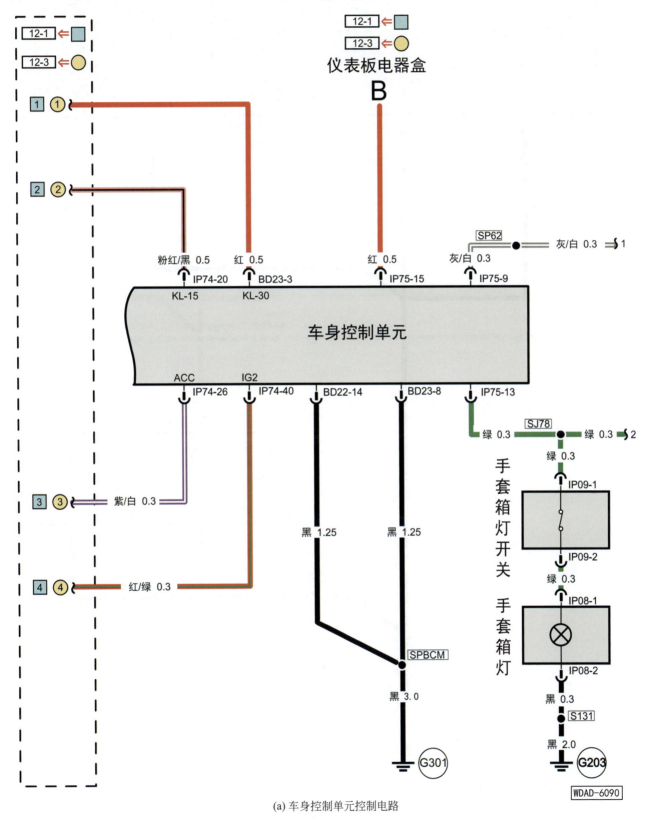

(a) 车身控制单元控制电路

图 1-7-12

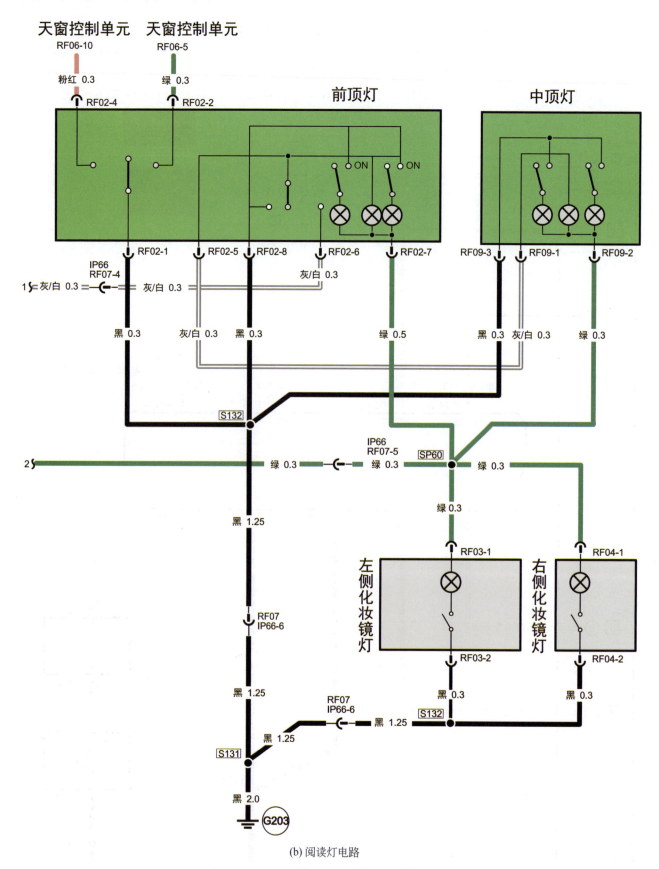

(b) 阅读灯电路

图 1-7-12　传祺 GS5 阅读灯控制电路

11. 长城车型阅读灯电路详解——哈弗 H6 阅读灯控制电路（图 1-7-13）

点火开关处于任意模式，内灯开关处于 DOOR 挡，四门任意车门打开，BCM 点亮中顶灯和阅读灯，延迟一定时间（CD 可设置）关闭，延时期间任意车门再次打开重新计时一定时间（CD 可设置）。四门关闭，当点火开关处于 ON 模式后，顶灯和阅读灯渐灭。

第一章

照明以及信号灯典型控制电路详解

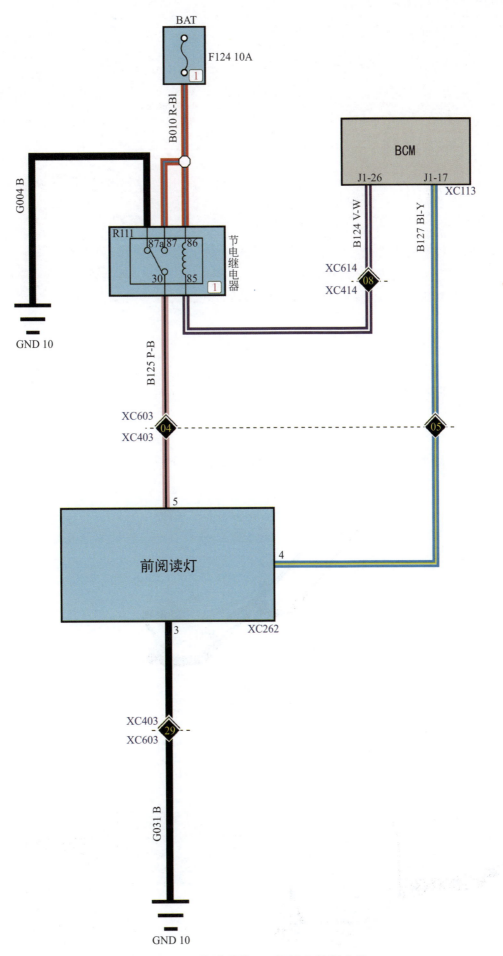

图 1-7-13　长城哈弗 H6 阅读灯控制电路

第二章
雨刮清洗系统典型控制电路详解

第一节
雨刮清洗系统的作用

电动雨刮器（刮水器）的作用是清理挡风玻璃上的异物和雨雪，保证驾驶员有良好的视野。其结构如图 2-1-1 所示。

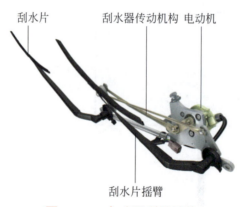

图 2-1-1　电动雨刮器结构

雨刮器电动机（图 2-1-2）主要由电枢、永久磁铁、电刷、触点、涡轮、铜环组成。

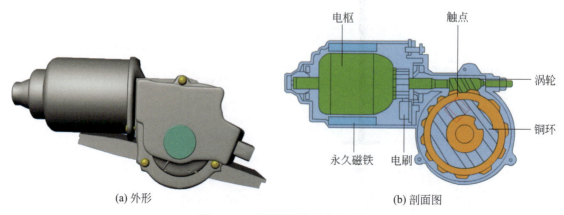

(a) 外形　　　　　　　　　　　　　(b) 剖面图

图 2-1-2　雨刮器电动机组成

第二节
雨刮清洗系统工作原理

通过控制雨刮器开关，可实现雨刮器的停机、复位、低速运转、高速运转、间歇运转、间歇控制和喷水器工作，其工作过程如下所述。

如果在任意时刻刮水结束后，刮水片没有停到适当位置，则自动复位开关触片将接触，电流继续流入电枢，其电路为蓄电池（+）→电源开关→雨刮器电动机→雨刮器开关→自动复位触片→搭铁→蓄电池（-），由此电动机仍以低速运行。当刮水片摆到适当位置后，自动复位触片分离，切断电动机的搭铁线，电动机迅速停止运转，使刮水片复位到风窗玻璃的下部。

一、低速挡工作原理

电源开关接通后，当刮水器开关置于 LO 挡时，电流路径为蓄电池（+）→电源开关→熔断器→雨刮器电动机→雨刮器开关→自动复位触片→搭铁→蓄电池（-），此时雨刮器电动机通电。因为电路中与雨刮器电动机串联的电枢绕组较多，电枢在永久磁场作用下低速运转（图 2-2-1）。

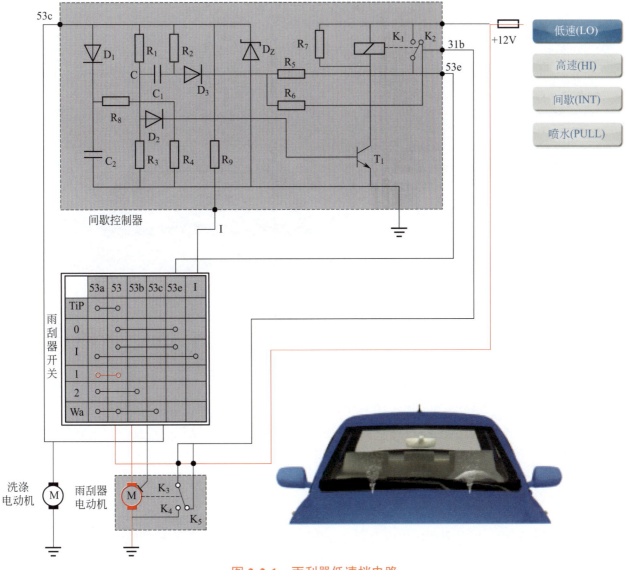

图 2-2-1　雨刮器低速挡电路

二、高速挡工作原理

电源开关接通后,当雨刮器开关置于 HI 挡时,电流路径为蓄电池(+)→电源开关→熔断器→雨刮器开关→雨刮器电动机→搭铁→蓄电池(-),此时雨刮器电动机通电。因为电路中与雨刮器电动机串联的电枢绕组减少,电枢在永久磁场作用下高速运转(图 2-2-2)。

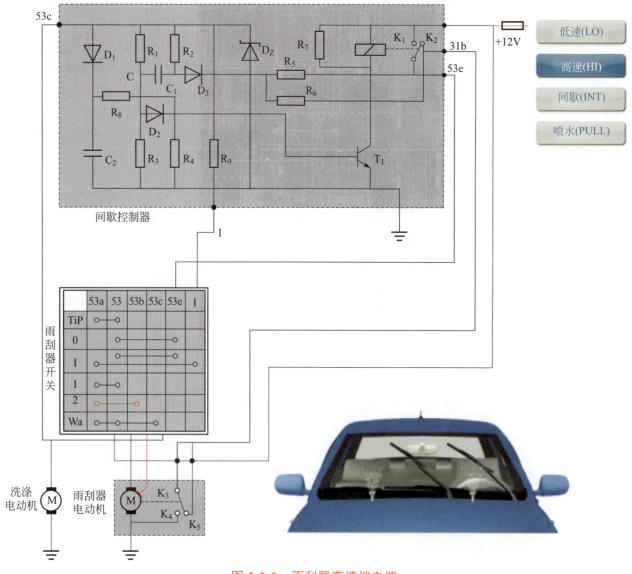

图 2-2-2　雨刮器高速挡电路

三、间歇挡工作原理

电源开关接通后,当雨刮器开关置于 INT 挡时,雨刮器电动机就在间歇继电器的控制下工作,此时电路为蓄电池(+)→电源开关→熔断器→间歇继电器→雨刮器电动机→搭铁→蓄电池(-),雨刮器电动机通电,按每 2～12s 刮水一次的规律自动停止和刮水(图 2-2-3)。

四、喷水器工作原理

电源开关接通后,当雨刮器开关置于 PULL 挡时,雨刮器电动机就在间歇继电器的控制下工作,此时电路为蓄电池(+)→电源开关→熔断器→雨刮器开关→雨刮器电动机,洗涤电动机→搭铁→蓄电池(-),雨刮器电动机通电,按每 2～12s 刮水一次的规律自动停止和刮水(图 2-2-4)。

第二章 雨刮清洗系统典型控制电路详解

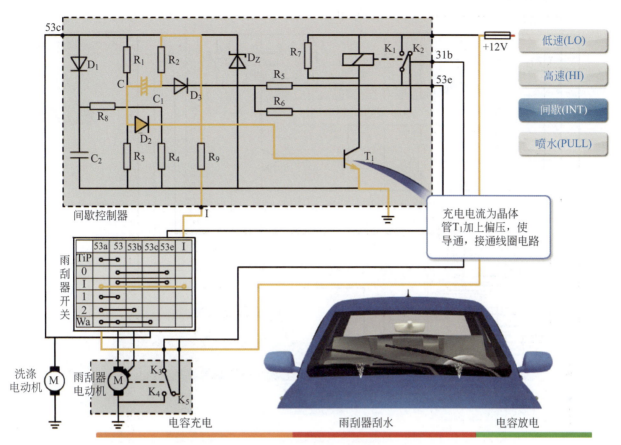

(a) 雨刮器刮水准备

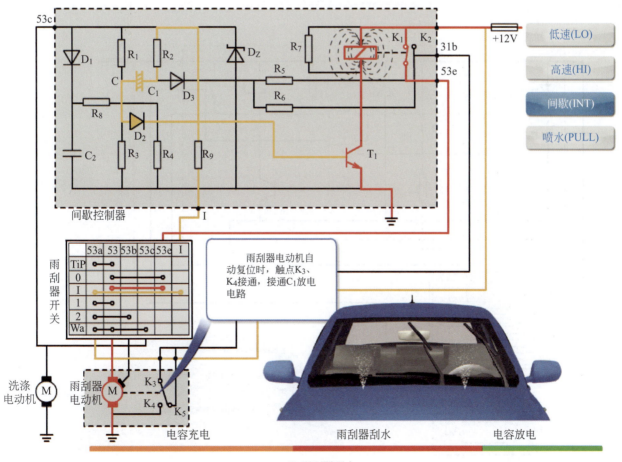

(b) 雨刮器刮水

图 2-2-3

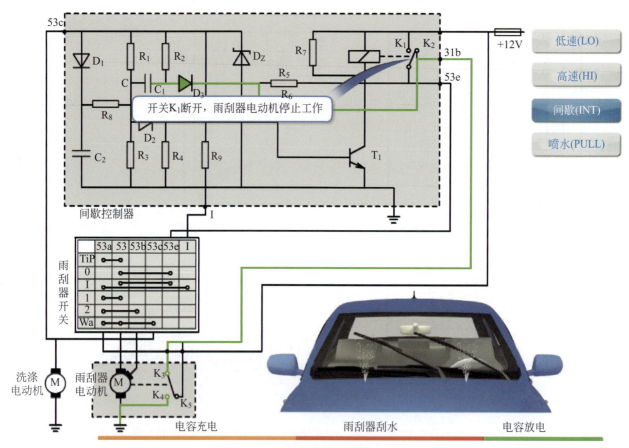

(c)雨刮器刮水停止

图 2-2-3 雨刮器间歇挡电路

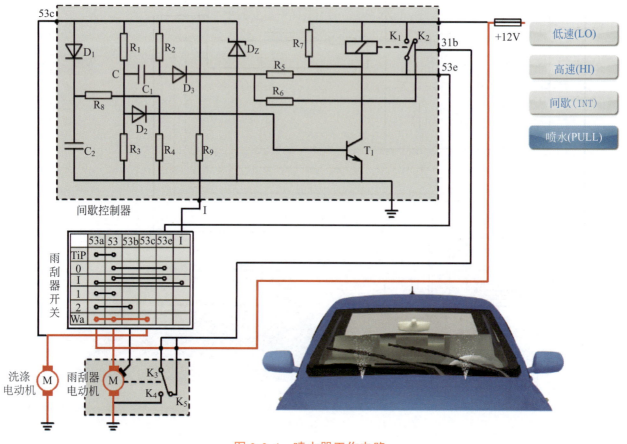

图 2-2-4 喷水器工作电路

第三节 雨刮清洗系统典型控制电路

一、相关部件作用

组合开关：将组合开关（雨刮器和清洗器）的状态传送至BCM。

BCM：通过组合开关读取功能判断各开关状态；向前雨刮器继电器和前雨刮器高速继电器发送ON指令。

前雨刮器电机：通过控制功能控制前雨刮器操作；将前雨刮器停止位置信号发送至BCM。

清洗器泵：清洗液根据清洗器开关状态喷出。

二、大众/奥迪车型典型雨刮控制电路详解——大众宝来雨刮控制电路（图2-3-1）

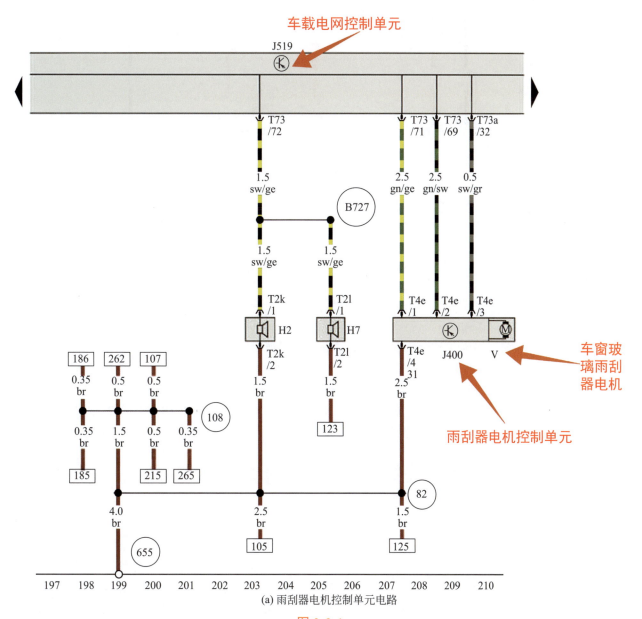

(a) 雨刮器电机控制单元电路

图2-3-1

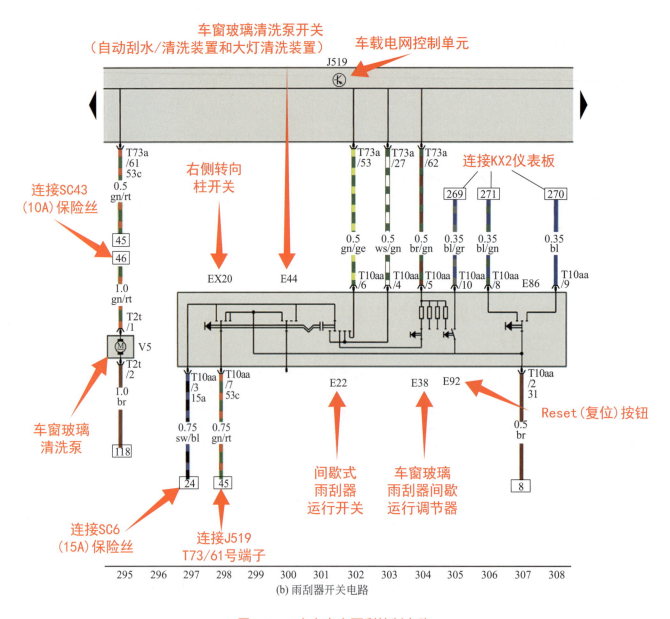

图 2-3-1 大众宝来雨刮控制电路

这里以大众宝来车型为例进行介绍，同样适用于大众/奥迪其他车型，限于篇幅不再赘述。

高速挡：电源→EX20/T10aa/7 号端子→EX22/T10aa/6 号端子→J519-T73a/53 号端子→J519-T73/71 号端子→车窗玻璃雨刮器电机 V-T4e/1 号端子→接地。

低速挡：电源→EX20/T10aa/7 号端子→EX22/T10aa/4 号端子→J519-T73a/27 号端子→J519-T73a/69 号端子→车窗玻璃雨刮器电机 V-T4e/2 号端子→接地。

间歇挡：电源→EX20/T10aa/7 号端子→EX38/T10aa/5 号端子→J519-T73a/62 号端子→J519-T73a/32 号端子→车窗玻璃雨刮器电机 V-T4e/3 号端子→接地。

三、别克/雪佛兰/凯迪拉克车型典型雨刮控制电路详解——别克威朗雨刮控制电路（图 2-3-2）

这里以别克威朗车型为例进行介绍，同样适用于别克/雪佛兰/凯迪拉克其他车型，限于篇幅不再赘述。

车身控制模块（BCM）根据来自挡风玻璃雨刮器/洗涤器开关的输入信号控制挡风玻璃雨刮器电机。车身控制模块通过三个单独的信号电路和一个低电平参考电压电路监测雨刮器/洗涤器开关。挡风玻璃雨刮器开关高速信号电路用于确定雨刮器高速运行，挡风玻璃雨刮器开关低速信号电路通过使用阶梯电阻确定低速、间歇和除雾操作，挡风玻璃洗涤器开关信号电路用于确定雨刮器/洗涤器运行。

第二章
雨刮清洗系统典型控制电路详解

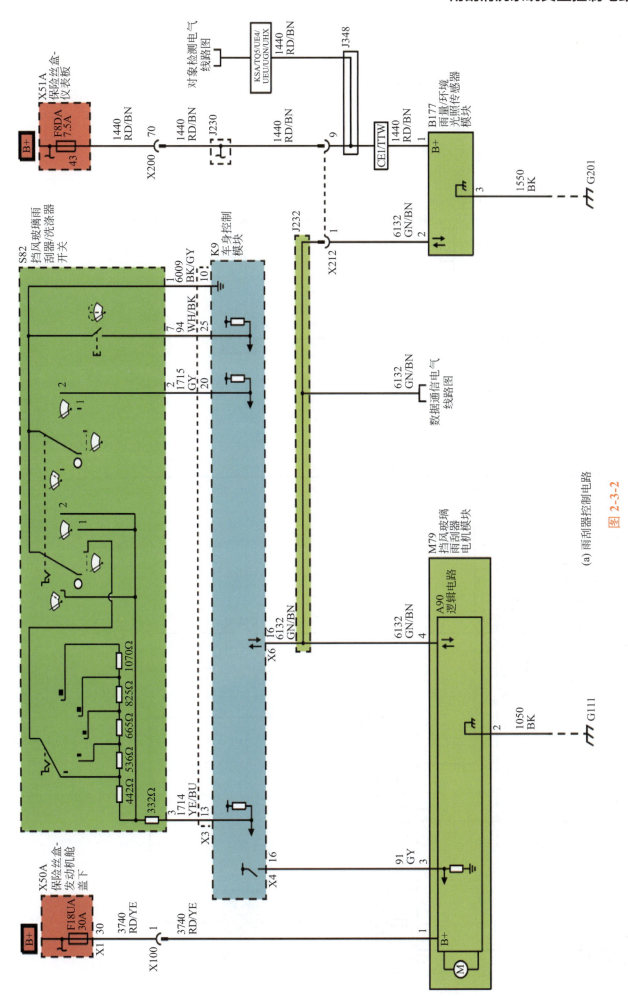

图 2-3-2 (a) 雨刮器控制电路

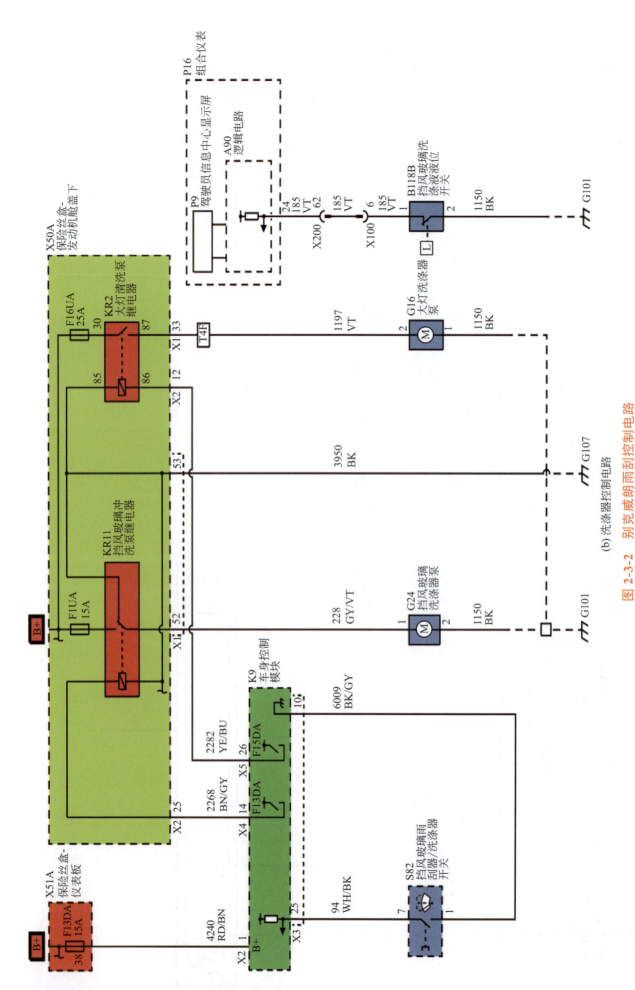

图 2-3-2 别克威朗雨刮控制电路 (b) 洗涤器控制电路

四、比亚迪车型典型雨刮控制电路详解——L3 雨刮控制电路（图 2-3-3）

雨刮和洗涤系统由 IG1 继电器供电，当继电器闭合时，IG1 电源经仪表板配电盒中的雨刮保险丝 F2/8 向雨刮器（组合）开关的 11 号引脚和雨刮电机的 2 号引脚供电。

雨刮器开关用来控制前挡风玻璃雨刮器和洗涤器的运行，该车型雨刮开关共分五个挡位：MIST 为点刮模式、OFF 为关闭、INT 为间歇挡、LO 为低速挡、HI 为高速挡。

MIST：从 OFF 位置将雨刮器开关往上推动，雨刮器开关的 7 号引脚和 11 号引脚接通，供电到达雨刮器电机的 1 号引脚，接通低速挡电源，雨刮器将低速刮水，直至松开雨刮器开关为止（松开后恢复到 OFF 位）。如果点推控制杆，则雨刮器只低速刮水一个周期。

OFF：将控制杆打到关闭位置时，雨刮器开关的 1 号引脚和 12 号引脚接通，即雨刮器电机的复位信号线和低速挡线路连接在一起。当雨刮器未停到初始位置时，在凸轮开关的作用下，雨刮器电机的 3 号引脚和 2 号引脚（电源）接通，雨刮器电机继续运行，直到雨刮器停到初始位置。

INT：当雨刮器在间歇挡位工作时，雨刮器每隔 3～4s 以低速挡刮刷一个周期，该挡位适合小雨天气。

LO：当雨刮器开关打到低速挡时，7 号引脚和 11 号引脚闭合，接通雨刮器电机的低速挡（1 号引脚）并供电，使雨刮器低速连续刮水。

HI：当雨刮器开关打到高速挡时，8 号引脚和 11 号引脚闭合，接通雨刮器电机的高速挡（4 号引脚）并供电，使雨刮器高速连续刮水。

喷水：组合开关的 11 号引脚（WIG）和雨刮器继电器的 WIG 端子是内部连通的，若要喷射洗涤液，只需将雨刮器开关上提，就会接通 2 号引脚和 11 号引脚，洗涤电机通电，这样洗涤器就会喷水，同时雨刮器运行。当松开开关时，洗涤器将停止喷水，雨刮器将摆动数次之后停止。

五、吉利车型典型雨刮控制电路详解——帝豪 GS 雨刮控制电路（图 2-3-4）

雨刮开关用来控制前挡风玻璃雨刮器和洗涤器的运行，共分六个挡位：MIST 为点刮模式、OFF 为关闭、INT 为间歇挡、LO 为低速挡、HI 为高速挡、WASHER 为喷水清洁挡。

1. 前雨刮工作电路

MIST：雨刮器开关的 7 号端子和 12 号端子接通，信号电路为雨刮器开关 IP20/7 号端子→BCM 控制单元 IP12/25 号端子→BCM 控制单元 CA27/23 号端子→前雨刮器电机 CA34/3 号端子→搭铁，此时点刮模式开启，雨刮器将低速刮水，直至松开雨刮器开关为止（松开后恢复到 OFF 位）。如果点推控制杆，则雨刮器只低速刮水一个周期。

OFF：将控制杆打到关闭位置，雨刮器开关的 5 号端子和 6 号端子接通，即雨刮器电机的复位信号线和低速挡线路连接在一起。信号电路为雨刮器开关 IP20/5 号端子→BCM 控制单元 IP12/25 号端子→BCM 控制单元 CA27/3 号端子→前雨刮器电机 CA34/2 号端子→搭铁，若此时雨刮器未停到初始位置，在凸轮开关的作用下，雨刮器停到初始位置。

INT：当雨刮器在间歇挡位工作时，雨刮器开关的 5 号端子和 6 号端子、12 号端子和 14 号端子接通，信号电路为雨刮器开关 IP20/5 号端子和 IP20/14 号端子→BCM 控制单元→BCM 控制单元 CA27/23 号端子→前雨刮器电机 CA34/3 号端子→搭铁，此时间歇模式开启，雨刮器每隔 3～4s 以低速挡刮刷一个周期，该挡位适合小雨天气。同时调节可变电阻旋钮（雨刮开关 9、10 号端子），雨刮器以不同的间歇时间进行刮刷，直到雨刮器开关打到其他的位置。

LO：当雨刮器开关打到低速挡时，雨刮器开关的 5 号端子和 12 号端子接通，信号电路为雨刮器开关 IP20/13 号端子→BCM 控制单元 IP12/21 号端子→BCM 控制单元 CA27/23 号端子→前雨刮器电机 CA34/3 号端子→搭铁，此时低速挡模式开启，使雨刮器低速连续刮水。

HI：当雨刮器开关打到高速挡时，雨刮器开关的 12 号端子和 13 号端子接通，信号电路为雨刮器开关 IP20/13 号端子→BCM 控制单元 IP12/25 号端子→BCM 控制单元 CA27/22 号端子→前雨刮器电机 CA34/4 号端子→搭铁，此时高速挡模式开启，使雨刮器高速连续刮水。

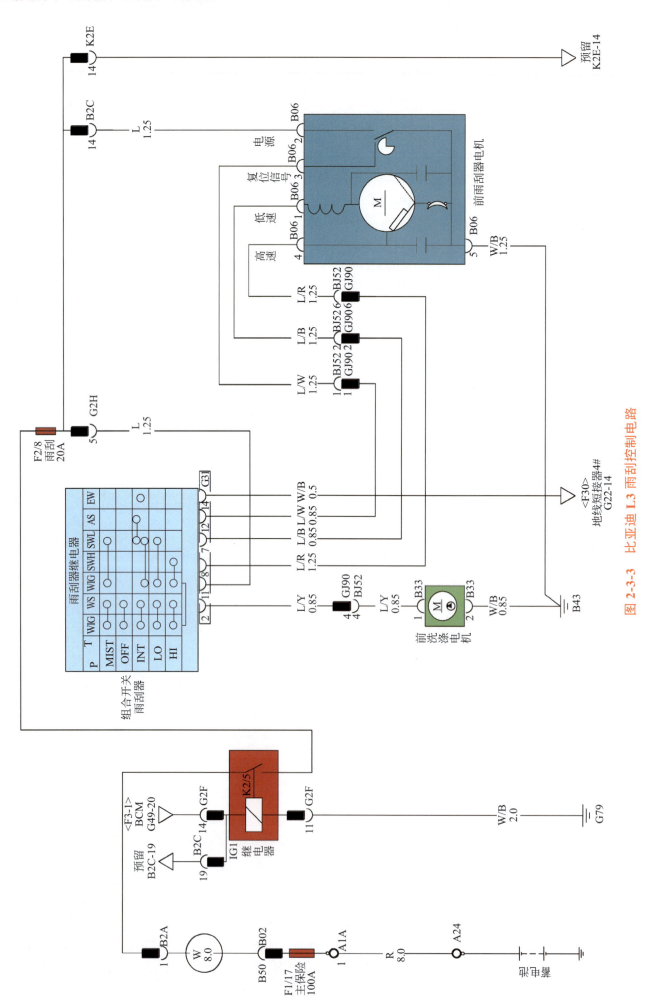

图 2-3-3 比亚迪 L3 雨刮控制电路

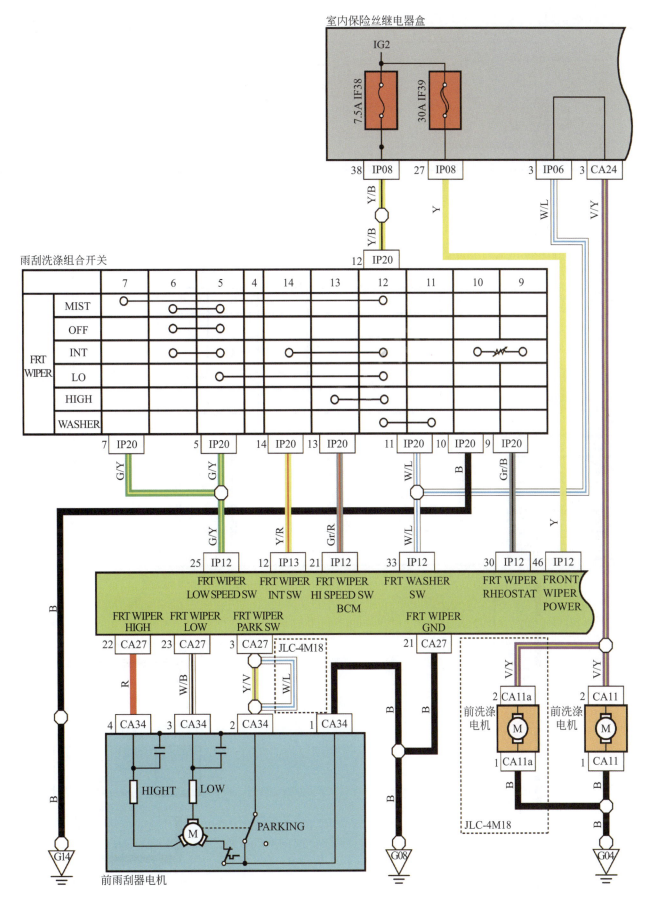

(a) 前雨刮器洗涤器

图 2-3-4

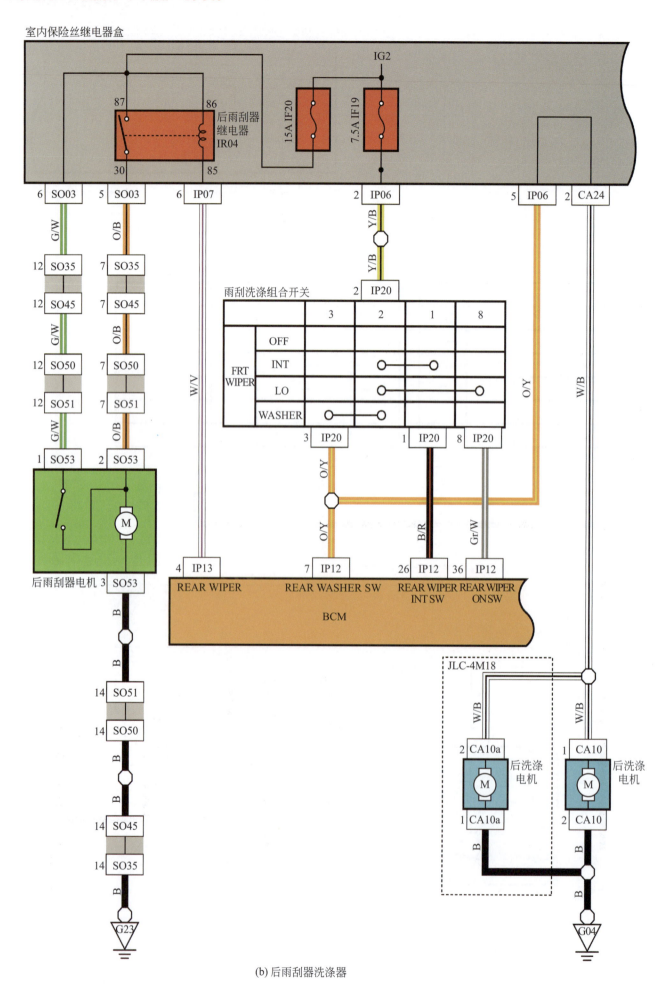

(b) 后雨刮器洗涤器

图 2-3-4 吉利帝豪 GS 雨刮控制电路

WASHER：当雨刮器开关打到喷水清洁挡时，雨刮器开关的 11 号端子和 12 号端子接通，信号电路为雨刮器开关 IP20/11 号端子→ BCM 控制单元 IP12/33 号端子→ BCM 控制单元 CA27/23 号端子→前雨刮器电机 CA34/3 号端子→搭铁，此时雨刮器运行。

另一路到前洗涤电机 2 号端子→搭铁，此时洗涤电机通电，这样洗涤器就会喷水，与雨刮器同时运行工作。当松开开关时，洗涤器将停止喷水，雨刮器将摆动数次之后停止。

2. 后雨刮工作电路

INT：当雨刮器在间歇挡位工作时，雨刮器开关的 1 号端子和 2 号端子接通，信号电路为雨刮器开关 IP20/1 号端子→ BCM 控制单元 IP12/26 → BCM 控制单元 IP13/4 号端子→后雨刮器继电器 85 号端子→后雨刮器继电器 86 号端子→后雨刮器电机 1 号端子→搭铁，当后雨刮器电机常开开关闭合时，后雨刮器继电器线圈通电，后雨刮器继电器常开开关闭合，电流经过后雨刮器继电器常开开关；

IG2 电源→ 15A 保险丝→后雨刮器继电器 87 号端子→后雨刮器继电器 30 号端子→后雨刮器电机 2 号端子→搭铁，此时间歇模式开启，雨刮每隔 3～4s 以低速挡刮刷一个周期，该挡位适合小雨天气。

LO：当雨刮器开关打到低速挡时，雨刮器开关的 2 号端子和 8 号端子接通，信号电路为雨刮器开关 IP20/8 号端子→ BCM 控制单元 IP12/36 号端子→ BCM 控制单元 P13/4 号端子→后雨刮器继电器 85 号端子→后雨刮器继电器 86 号端子→后雨刮器电机 1 号端子，当后雨刮器电机常开开关闭合时，后雨刮器继电器线圈通电，后雨刮器继电器常开开关闭合，电流经过后雨刮器继电器常开开关，此时雨刮器运行；

IG2 电源→ 15A 保险丝→后雨刮器继电器 87 号端子→后雨刮器继电器 30 号端子→后雨刮器电机 2 号端子→搭铁，此时低速挡模式开启，使雨刮器低速连续刮水。

WASHER：当雨刮器开关打到喷水清洁挡时，雨刮器开关的 2 号端子和 3 号端子接通，信号电路为雨刮器开关 IP20/3 号端子→ BCM 控制单元 IP12/7 号端子→ BCM 控制单元 P13/4 号端子→后雨刮器继电器 85 号端子→后雨刮器继电器 86 号端子→后雨刮器电机 1 号端子→搭铁，当后雨刮器电机常开开关闭合时，后雨刮器继电器线圈通电，后雨刮器继电器常开开关闭合，电流经过后雨刮器继电器常开开关，此时雨刮器运行。

另一路到前洗涤电机 1 号端子→搭铁，此时洗涤电机通电，这样洗涤器就会喷水，与雨刮同时运行工作。当松开开关时，洗涤器将停止喷水，雨刮器将摆动数次之后停止。

六、长安车型典型雨刮控制电路详解——悦翔 V7 雨刮控制电路（图 2-3-5）

雨刮器开关用来控制前挡风玻璃雨刮器和洗涤器的运行，悦翔 V7 雨刮开关共分六个挡位：MIST 为点刮模式、OFF 为关闭、INT 为间歇挡、LO 为低速挡、HI 为高速挡、WASH 为喷水清洁挡。

MIST：雨刮器开关的 1 号端子和 10 号端子、2 号端子和 3 号端子接通，信号电路为雨刮器开关 P13/1 和 P13/3 号端子→ BCM 控制单元 P24/21 号端子→ BCM 控制单元 P23/6 号端子→前雨刮器电机 C05/3 号端子→搭铁，此时点刮模式开启，雨刮器将低速刮水，直至松开雨刮器开关为止（松开后恢复 OFF 位）。如果点推控制杆，则雨刮器只低速刮水一个周期。

OFF：当将控制杆打到关闭位置时，雨刮器开关的 2 号端子和 3 号端子接通，即雨刮器电机的复位信号线和低速挡线路连接在一起。信号电路为雨刮器开关 P13/3 号端子→ BCM 控制单元 P24/21 号端子→ BCM 控制单元 P24/20 号端子→前雨刮器电机 C05/5 号端子→搭铁，若此时雨刮器未停到初始位置，在凸轮开关的作用下，雨刮器停到初始位置。

INT：当雨刮器在间歇挡位工作时，雨刮器开关的 2 号端子和 3 号端子、8 号端子和 10 号端子接通，信号电路为雨刮器开关 P13/4 号端子和 P13/8 号端子→ BCM 控制单元 P24/8 号端子→ BCM 控制单元 P23/6 号端子→前雨刮器电机 C05/3 号端子→搭铁，此时间歇模式开启，雨刮每隔 3～4s 以低速挡刮刷一个周期，该挡位适合小雨天气。

同时调节可变电阻旋钮（雨刮开关 4、5 号端子），雨刮器以不同的间歇时间进行刮刷，直到雨刮器开关打到其他的位置；间歇分为五个挡位，最短间歇时间为 1s，最长间歇时间为 15.5s。

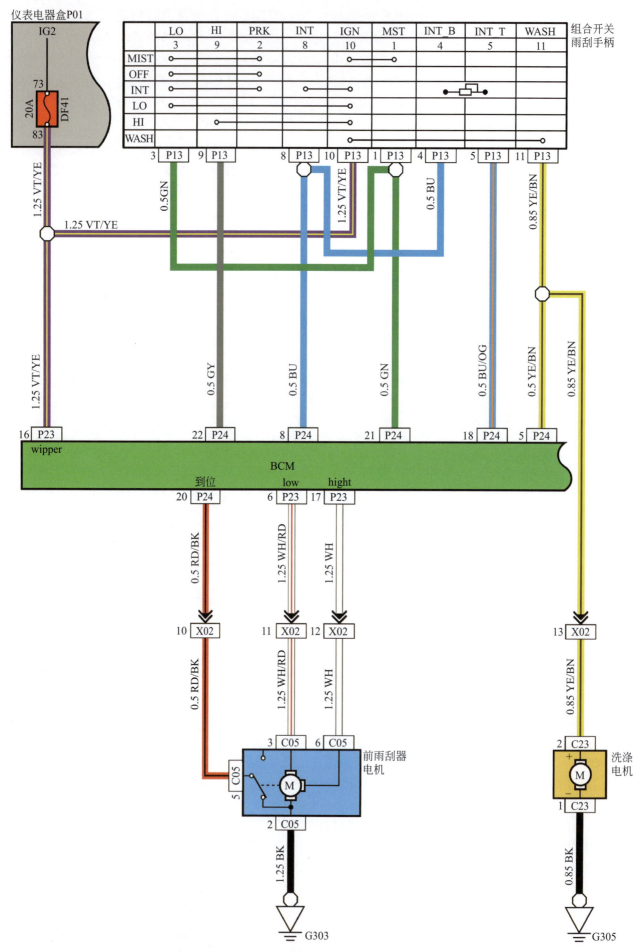

图 2-3-5 长安悦翔 V7 雨刮控制电路

LO：当雨刮器开关打到低速挡时，雨刮器开关的 3 号端子和 10 号端子接通，信号电路为雨刮器开关 P13/3 号端子→BCM 控制单元 P24/21 号端子→BCM 控制单元 P23/6 号端子→前雨刮器电机 C05/3 号端子→搭铁，此时低速挡模式开启，使雨刮器低速连续刮水。

HI：当雨刮器开关打到高速挡时，雨刮器开关的 9 号端子和 10 号端子接通，信号电路为雨刮器开关 P13/9 号端子→BCM 控制单元 P24/22 号端子→BCM 控制单元 P23/17 号端子→前雨刮器电机 C05/6 号端子→搭铁，此时高速挡模式开启，使雨刮高速连续刮水。

WASH：当雨刮器开关打到喷水清洁挡时，雨刮器开关的 10 号端子和 11 号端子接通，信号电路为雨刮器开关 P13/11 号端子→BCM 控制单元 P24/5 号端子→BCM 控制单元 P23/6 号端子→前雨刮器电机 C05/3 号端子→搭铁，此时雨刮器运行。

另一路到前洗涤电机 2 号端子→搭铁，此时洗涤电机通电，这样洗涤器就会喷水，与雨刮同时运行工作。当松开开关时，洗涤器停止喷水，雨刮器将摆动数次之后停止。

七、丰田车型典型雨刮控制电路详解——卡罗拉雨刮控制电路（图 2-3-6）

雨刮器开关用来控制前挡风玻璃雨刮器和洗涤器的运行，该车型雨刮开关的挡位有：MIST 为点刮模式、OFF 为关闭、INT 为间歇挡、LO 为低速挡、HI 为高速挡。

MIST：雨刮器开关的 +B1 端子和 +1 号端子接通，信号电路为雨刮开关 3 号端子→前雨刮器电机 5 号端子→搭铁，此时点刮模式开启，雨刮器将低速刮水，直至松开雨刮器开关为止（松开后恢复到 OFF 位）。如果点推控制杆，则雨刮器只低速刮水一个周期。

OFF：当将控制杆打到关闭位置时，雨刮器开关的 +S 号端子和 +1 号端子、B1 号端子和 INT1 号端子接通，即雨刮器电机的复位信号线和低速挡线路连接在一起。信号电路为雨刮器开关→雨刮器继电器→前雨刮器电机→搭铁，若此时雨刮器未停到初始位置，在凸轮开关的作用下，雨刮器停到初始位置。

INT：当雨刮器在间歇挡位工作时，雨刮器开关的 +1 号端子和 +S 号端子、INT1 号端子和 INT2 号端子接通，信号电路为雨刮器开关→雨刮器继电器→前雨刮电机→搭铁，此时间歇模式开启，雨刮器每隔 3～4s 以低速挡刮刷一个周期，该挡位适合小雨天气。同时调节间歇定时开关，雨刮器以不同的间歇时间进行刮刷，直到雨刮器开关打到其他的位置。

LO：当雨刮器开关打到低速挡时，雨刮器开关的 +B1 端子和 +1 号端子接通，信号电路为雨刮器开关 3 号端子→前雨刮器电机 5 号端子→搭铁，此时低速挡模式开启，使雨刮器低速连续刮水。

HI：当雨刮器开关打到高速挡时，雨刮器开关的 +B1 端子和 +2 号端子接通，信号电路为雨刮器开关 4 号端子→前雨刮器电机 3 号端子→搭铁，此时高速挡模式开启，使雨刮器高速连续刮水。

当雨刮器开关打到喷水清洁挡时，电源→15A 保险丝→前洗涤电机→喷水开关闭合→搭铁，此时洗涤电机通电，这样洗涤器就会喷水，与雨刮器同时工作。

另一路从喷水开关闭合的搭铁信号到雨刮器继电器→搭铁，此时雨刮器工作，当松开开关时，洗涤器停止喷水，雨刮器将摆动数次之后停止。

八、本田车型典型雨刮控制电路详解——杰德雨刮控制电路（图 2-3-7）

雨刮器开关用来控制前挡风玻璃雨刮器和洗涤器的运行，杰德雨刮开关有以下挡位：MIST 为点刮模式、OFF 为关闭、INT 为间歇挡、LO 为低速挡、HI 为高速挡。

MIST：雨刮器开关的 MIST 端子接通，雨刮器开关的 N13 端子和 N11 号端子接通，信号电路为雨刮器开关 8 号端子→MICU 控制单元 N13 号端子→搭铁，此时 MICU 控制单元接收到点刮模式开启信号，*1 和 *2 继电器线圈通电。

蓄电池→100A 保险丝→30A 保险丝→继电器电路板 B10 号端子→继电器电路板 B11 号端子→前雨刮器电机 2 号端子→搭铁，此时点刮模式开启，雨刮器将低速刮水，直至松开雨刮器开关为止（松开后恢复到 OFF 位）。如果点推控制杆，则雨刮器只低速刮水一个周期。

(a) 前雨刮器开关电路

第二章 雨刮清洗系统典型控制电路详解

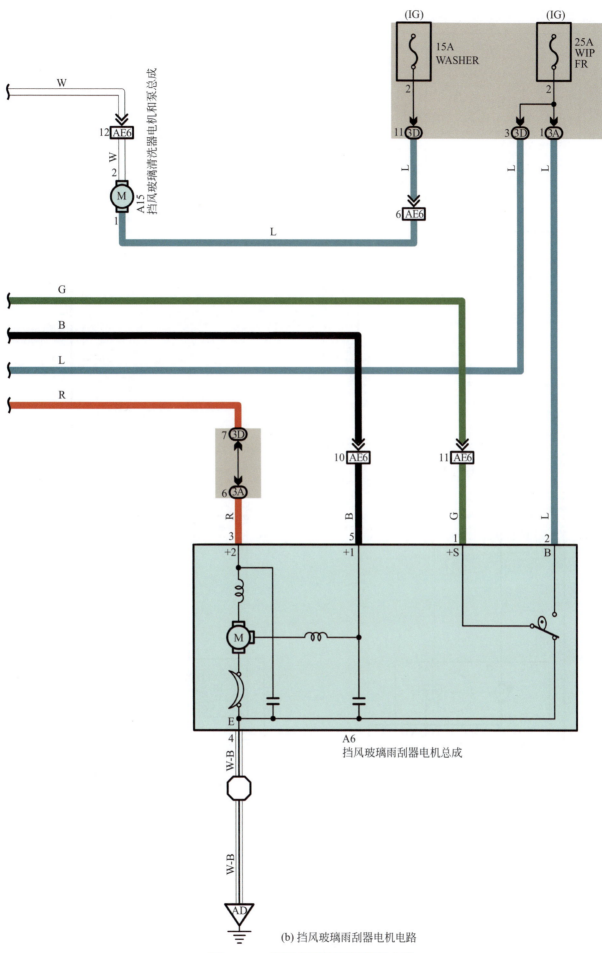

(b) 挡风玻璃雨刮器电机电路

图 2-3-6 丰田卡罗拉雨刮控制电路

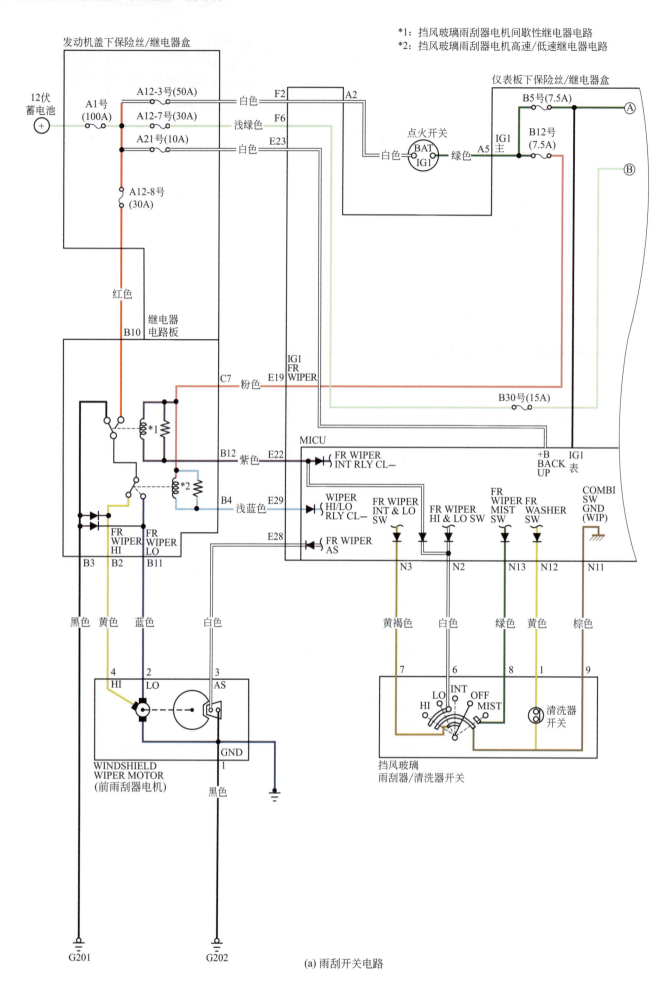

(a) 雨刮开关电路

第二章
雨刮清洗系统典型控制电路详解

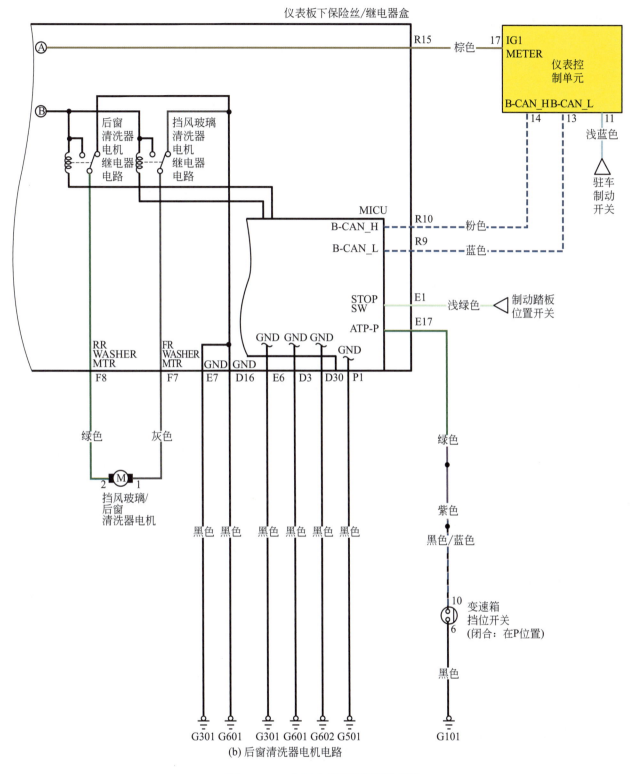

图 2-3-7 本田杰德雨刮控制电路

OFF：当将控制杆打到关闭位置时，即雨刮器电机的复位信号线和低速挡线路连接在一起。若此时雨刮器未停到初始位置，在凸轮开关的作用下，雨刮器停到初始位置。

INT：当雨刮器在间歇挡位工作时，雨刮器开关的 N3 端子和 N11 号端子接通，信号电路为雨刮器开关 7 号端子→MICU 控制单元 N3 号端子→搭铁，此时 MICU 控制单元接收到间歇挡模式开启信号，*1 和 *2 继电器线圈通电。

蓄电池→100A 保险丝→30A 保险丝→继电器电路板 B10 号端子→继电器电路板 B11 号端子→前

231

雨刮器电机 2 号端子→搭铁，此时间歇模式开启，雨刮器每隔 3～4s 以低速挡刮刷一个周期，该挡位适合小雨天气。

LO：当雨刮器开关打到低速挡时，雨刮器开关的 N2 端子和 N11 号端子接通，信号电路为雨刮器开关 6 号端子→ MICU 控制单元 N2 号端子→搭铁，此时 MICU 控制单元接收到低速挡模式开启信号，*1 和 *2 继电器线圈通电。

蓄电池→ 100A 保险丝→ 30A 保险丝→继电器电路板 B10 号端子→继电器电路板 B11 号端子→前雨刮器电机 2 号端子→搭铁，此时 MICU 控制单元接收到低速挡模式开启信号，*1 和 *2 继电器线圈通电，此时低速挡模式开启，使雨刮器低速连续刮水。

HI：当雨刮器开关打到高速挡时，雨刮器开关的 N2 端子和 N11 号端子接通，信号电路为雨刮器开关 6 号端子→ MICU 控制单元 N2 号端子→搭铁，此时 MICU 控制单元接收到高速挡模式开启信号，*1 和 *2 继电器线圈通电。

蓄电池→ 100A 保险丝→ 30A 保险丝→继电器电路板 B10 号端子→继电器电路板 B2 号端子→前雨刮器电机 4 号端子→搭铁，此时高速挡模式开启，使雨刮器高速连续刮水。

当雨刮器开关打到喷水清洁挡时，雨刮器开关的 N12 端子和 N11 号端子接通，信号电路为雨刮器开关 1 号端子→ MICU 控制单元 N12 号端子→搭铁，此时 MICU 控制单元接收到喷水清洁模式开启信号，MICU 控制单元控制挡风玻璃清洗器电机继电器线圈通电，此时常开开关闭合。

蓄电池→ 100A 保险丝→ 30A 保险丝→ 15A 保险丝→挡风玻璃清洗器电机、继电器→搭铁，此时洗涤电机通电，这样洗涤器就会喷水，与雨刮器同时工作。

九、日产车型典型雨刮控制电路详解——轩逸雨刮控制电路（图 2-3-8）

1. 前雨刮器低速操作

BCM 根据前雨刮器低速工作状态（通过 CAN 通信）将前雨刮器请求信号（低速）发送至 IPDM E/R。

前雨刮器低速操作状态如下：
点火开关置于 ON 位置；
前雨刮器开关置于低速位置或前雨刮器开关置于 MIST 位置（按下时）。
PDM E/R 根据前雨刮器请求信号（低速）打开集成式前雨刮器继电器。

2. 前雨刮器高速操作

BCM 根据前雨刮器高速工作状态（通过 CAN 通信）将前雨刮器请求信号（高速）发送至 IPDM E/R。

前雨刮器高速操作状态如下所述：
点火开关置于 ON 位置；
前雨刮器开关置于 HI 位置。
IPDM E/R 根据前雨刮器请求信号（高速）打开集成式前雨刮器继电器和前雨刮器高速继电器。

3. 前雨刮器间歇操作

BCM 根据雨刮器间歇旋钮位置，前雨刮器间歇操作状态和间歇操作延迟间隔通过 CAN 通信将前雨刮器请求信号（间歇）发送至 IPDM E/R。

前雨刮器间歇操作状态如下所述：
点火开关置于 ON 位置；
前雨刮器开关置于 INT 位置。
IPDM E/R 根据前雨刮器请求信号（间歇）打开集成式前雨刮器继电器，以使前雨刮器只操作一次。
BCM 根据从 IPDM E/R 收到的前雨刮器停止位置信号（通过 CAN 通信）检测前雨刮器电机的停止位置/非停止位置。
BCM 在间歇操作延迟间隔之后再次发送前雨刮器请求信号（间歇）。

4. 前雨刮器自动停止操作

BCM 在前雨刮器开关转至 OFF 时停止发送前雨刮器请求信号。

IPDM E/R 检测来自前雨刮器电机的前雨刮器停止位置信号，并检测前雨刮器电机位置（停止位置 / 非停止位置）。

当前雨刮器请求信号停止时，IPDM E/R 打开前雨刮器继电器，直至前雨刮器电机回到停止位置。

5. 前雨刮器与清洗器联动操作

BCM 会根据前雨刮器与清洗器联动操作状态，通过 CAN 通信将前雨刮器请求信号（低速）发送至 IPDM E/R。

BCM 在检测到前清洗器开关 OFF 时发出前雨刮器请求信号（低速），以使前雨刮器工作约 2 次。

前雨刮器与清洗器联动操作状态如下所述：

点火开关置于 ON 位置；

前清洗器开关置于 ON 位置（0.4s 或以上）。

IPDM E/R 根据前雨刮器请求信号（低速）打开集成式前雨刮器继电器。

当前清洗器开关 ON 时，清洗器泵通过组合开关进行接地。

6. 前雨刮器雨点式刮水操作

BCM 会根据前雨刮器雨点式刮水操作的状态控制前雨刮器操作一次。

前雨刮器雨点式刮水操作状态如下所述：

点火开关置于 ON 位置；

前雨刮器开关置于 OFF 位置；

前清洗器开关置于 OFF 位置。

BCM 通过 CAN 通信将前雨刮器请求信号（低速）发送至 IPDM E/R，使前雨刮器在清洗器联动前雨刮器操作后 3s 时操作一次。

IPDM E/R 根据前雨刮器请求信号（低速）打开集成式前雨刮器继电器。

十、现代 / 起亚车型典型雨刮控制电路详解——现代名图 MISTRA 雨刮控制电路（图 2-3-9）

1. 低速 / 高速位置

当雨刮器开关在低速 / 高速位置或在雨刮器运转期间开关置于 OFF 时，IG2（ON）电源通过的路径如下。

（1）雨刮器开关在低速位置

雨刮器开关（10 号和 3 号端子接通）→前雨刮器电机低速（5 号和 4 号端子接通）→搭铁（GE01）。

（2）雨刮器开关在高速位置

雨刮器开关（10 号和 9 号端子）→前雨刮器电机高速（1 号和 5 号端子接通）→搭铁（GE01）。

2. 在雨刮器运转时雨刮器开关在 OFF 位置

前雨刮器电机停止开关（2 号和 3 号端子接通）→前雨刮器继电器（4 号和 1 号端子接通）→雨刮器开关（2 号和 3 号端子接通）→前雨刮器电机（4 号和 5 号端子接通）→搭铁（GE01）→雨刮器在正常位置→停在开关 OFF。

3. INT（间歇雨刮器）位置

当雨刮器开关在 INT 位置时，BCM（M02-A/18 号端子）接收间歇 ON 信号。BCM（M02-A/14 号端子）根据雨刮器开关设定速度改变接收的电压，并控制前雨刮器继电器（2 号和 1 号端子）→雨刮器开关（2 号和 3 号端子）→雨刮器电机（4 号和 5 号端子）→搭铁（GE01）。

仅在通过停止开关驱动电机的时间，BCM 控制继电器 ON 和 OFF。在停止开关的作用下雨刮器返回到停止位置，并停止运转。BCM 根据雨刮器间歇时间调整旋钮的间歇时间，设定控制雨刮器继电器。

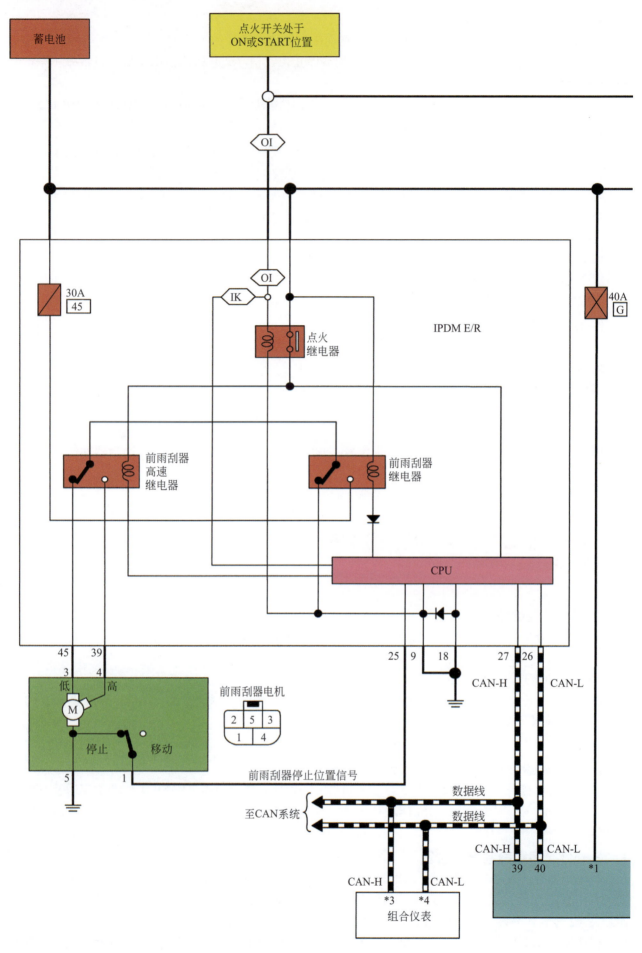

图 2-3-8　日产轩逸雨

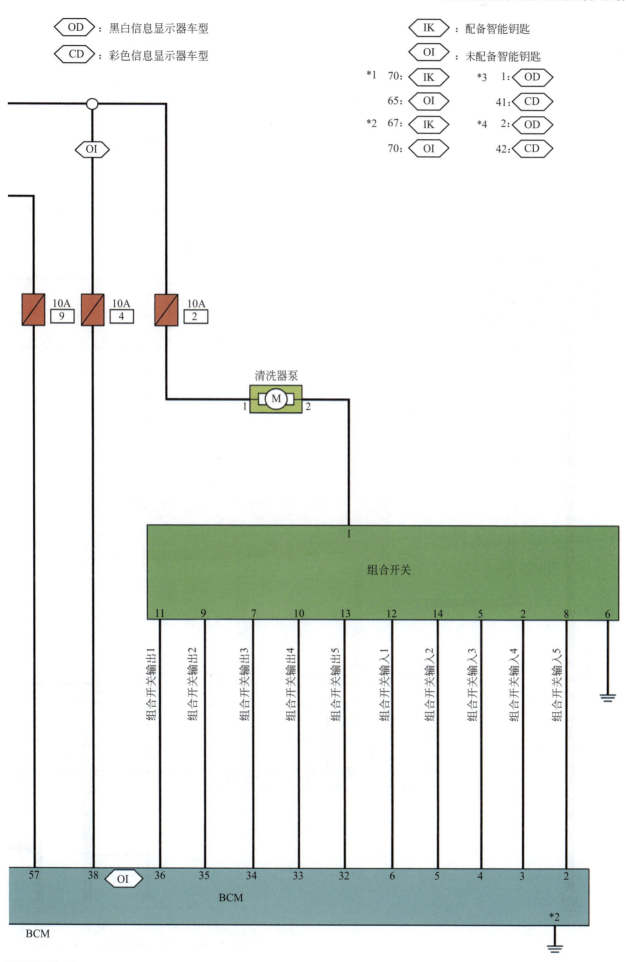

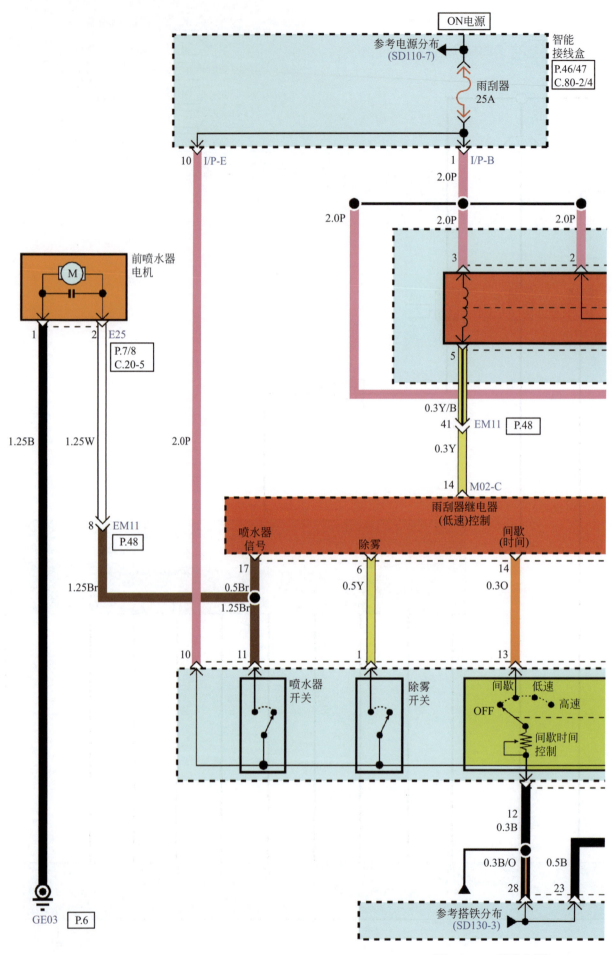

图 2-3-9　现代名图 MISTRA

第二章 雨刮清洗系统典型控制电路详解

未配备雨传感器

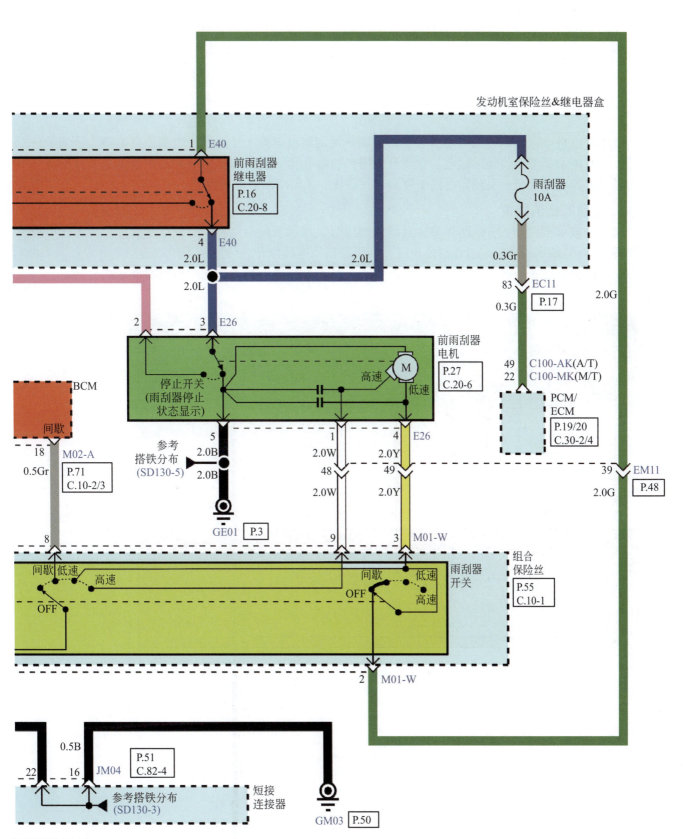

雨刮控制电路

4. 喷水器在 ON 位置（联动雨刮器）

喷水器联动雨刮器功能使雨刮器在喷水器启动时运转。类似于间歇雨刮器，由 BCM 通过雨刮器继电器进行控制。

如果喷水器开关置于 ON 位置时，IG2（ON）电源通过喷水器开关（10 号和 11 号端子）操作电机。当喷水器开关处于 ON 位置时，喷水器开关端子电压变为 0V，BCM 判定为喷水器开关 ON。当判定喷水器开关为 ON 时，BCM 控制雨刮器继电器，与喷水器开关相同的工作时间运转雨刮器电机。如果在雨刮器操作期间开关为 OFF 状态，停止功能使其返回到停止位置并停止运转。

十一、福特车型典型雨刮控制电路详解——福睿斯雨刮控制电路（图 2-3-10）

雨刮器电机电源，运行或启动状态下的电源→雨刮器继电器 1 号端子→雨刮器继电器 2 号端子→搭铁，此时雨刮器继电器线圈通电，常开开关闭合；常电源→20A 保险丝→雨刮器继电器 3 号端子→雨刮器继电器 5 号端子→雨刮器电机 1 号端子→搭铁，此时雨刮器电机得电。

1. 雨刮器低速挡位

当挡风玻璃雨刮器/洗涤器开关旋至低速挡位时，挡风玻璃雨刮器/洗涤器开关 3 号端子→车身控制模块 14 号端子，此时车身控制模块接收到雨刮器低速挡位开启信号；

车身控制模块 6 号端子 LIN 线→雨刮电机 2 号端子 LIN 线→搭铁，此时雨刮器低速挡位启动。

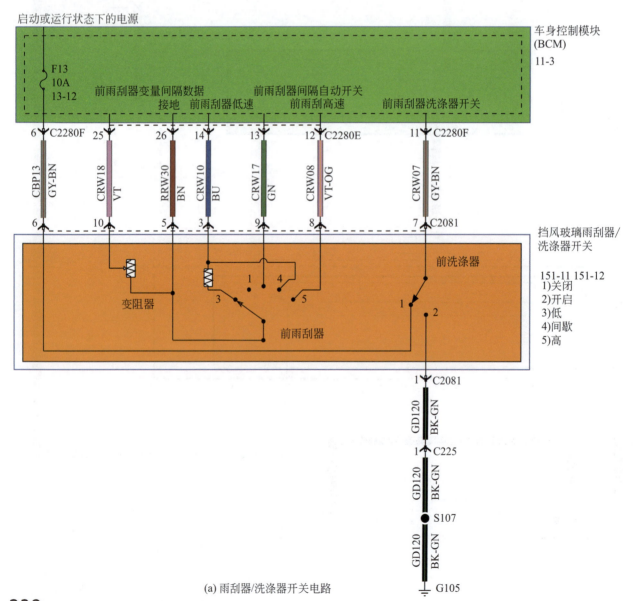

(a) 雨刮器/洗涤器开关电路

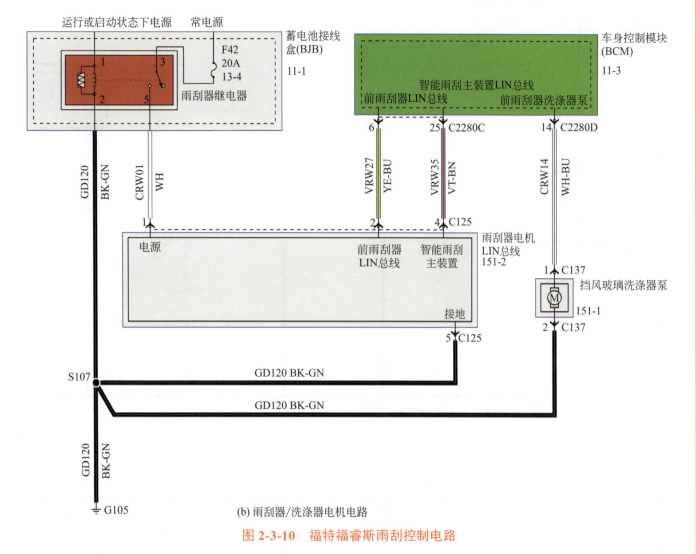

图 2-3-10　福特福睿斯雨刮控制电路

2. 雨刮器高速挡位

当挡风玻璃雨刮器/洗涤器开关旋至高速挡位时，挡风玻璃雨刮器/洗涤器开关 8 号端子→车身控制模块 12 号端子，此时车身控制模块接收到雨刮高速挡位开启信号；

车身控制模块 6 号端子 LIN 线→雨刮器电机 2 号端子 LIN 线→搭铁，此时雨刮器高速挡位启动。

3. 雨刮器间歇挡位

当挡风玻璃雨刮器/洗涤器开关旋至间歇挡位时，挡风玻璃雨刮器/洗涤器开关 9 号端子→车身控制模块 13 号端子，此时车身控制模块接收到雨刮器间歇挡位开启信号；

车身控制模块 6 号端子 LIN 线→雨刮器电机 2 号端子 LIN 线→搭铁，此时雨刮器间歇挡位启动。

4. 洗涤挡位

当挡风玻璃雨刮器/洗涤器开关旋至洗涤挡位时，挡风玻璃雨刮器/洗涤器开关 7 号端子→车身控制模块 11 号端子，此时车身控制模块接收到洗涤挡位开启信号；

车身控制模块 6 号端子 LIN 线→雨刮器电机 2 号端子 LIN 线→搭铁，此时雨刮器低速挡位启动；

车身控制模块 14 号端子→挡风玻璃洗涤器泵 1 号端子→搭铁，此时洗涤泵工作。

十二、传祺车型典型雨刮控制电路详解——GS5 雨刮控制电路（图 2-3-11）

1. 点刮模式

将雨刮器开关设置到 MIST 挡，测量雨刮器开关第 7、8、9 号端子导通。

车身控制单元 BD23-4 号端子→前雨刮器电机 FB03-2 号端子→搭铁，此时前雨刮器电机低速挡运行，运行一个周期后，雨刮器电机复位。

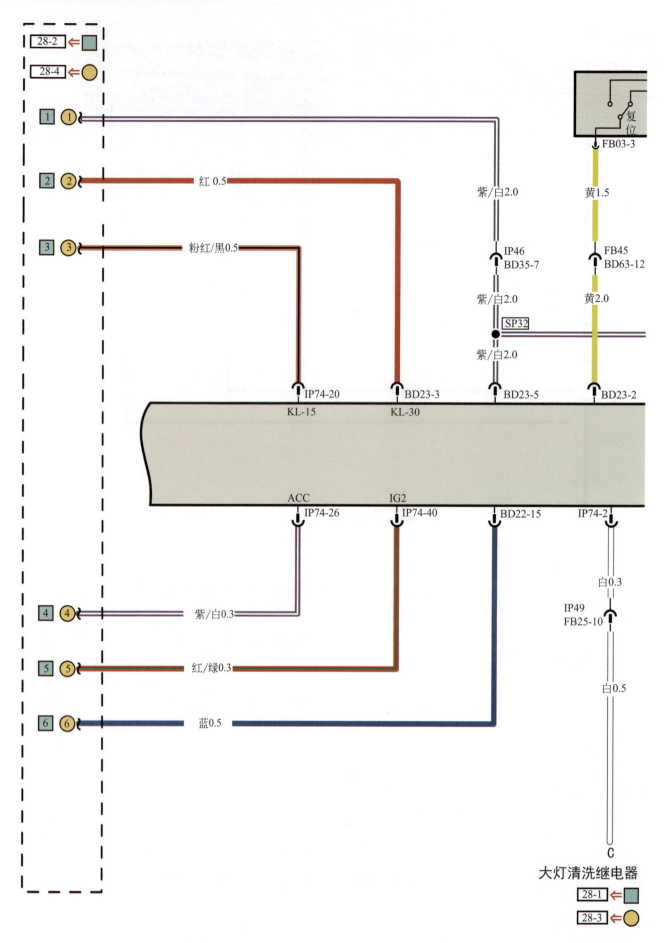

(a) 前雨刮器

第二章
雨刮清洗系统典型控制电路详解

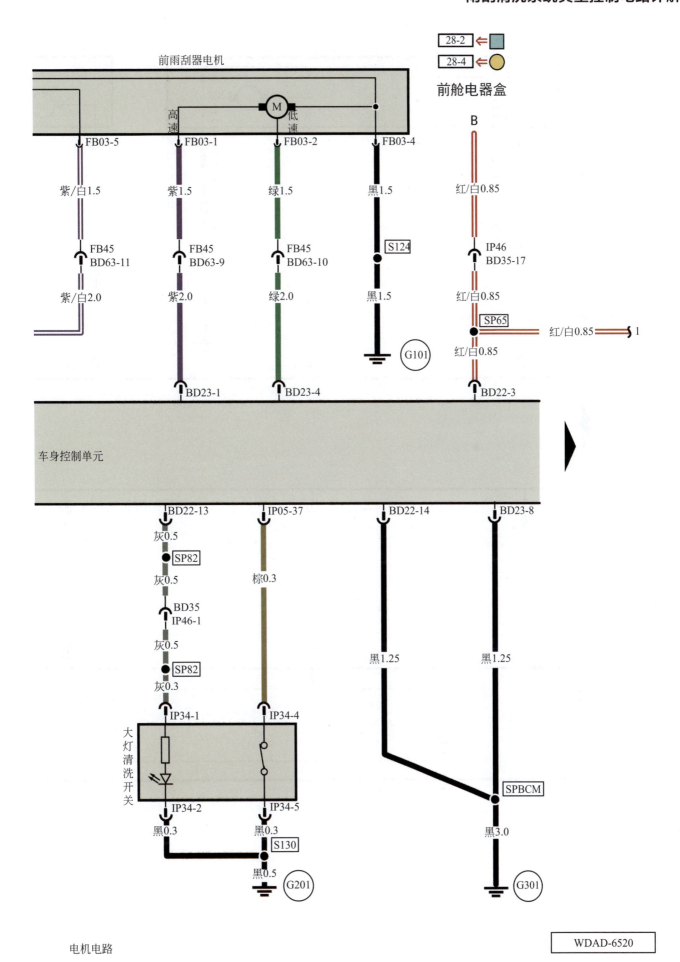

电机电路

WDAD-6520

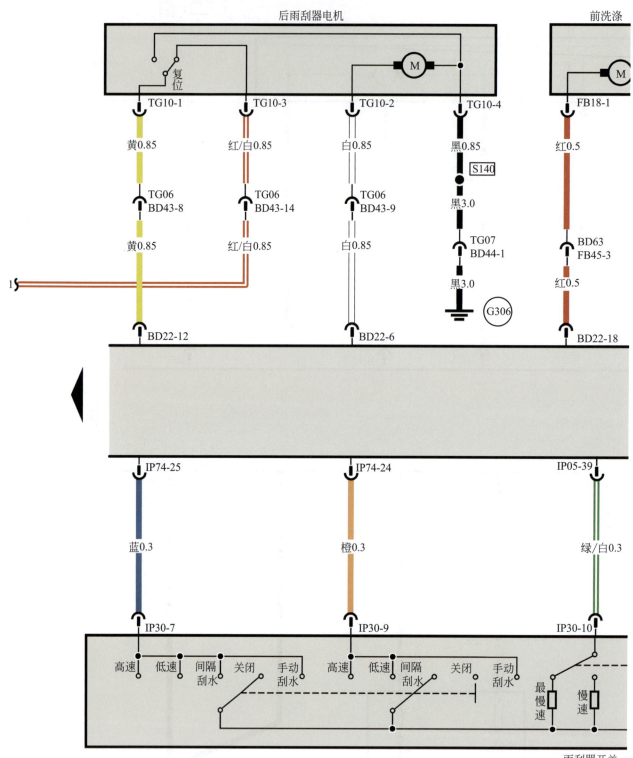

(a) 雨刮器

图 2-3-11　传祺 GS5

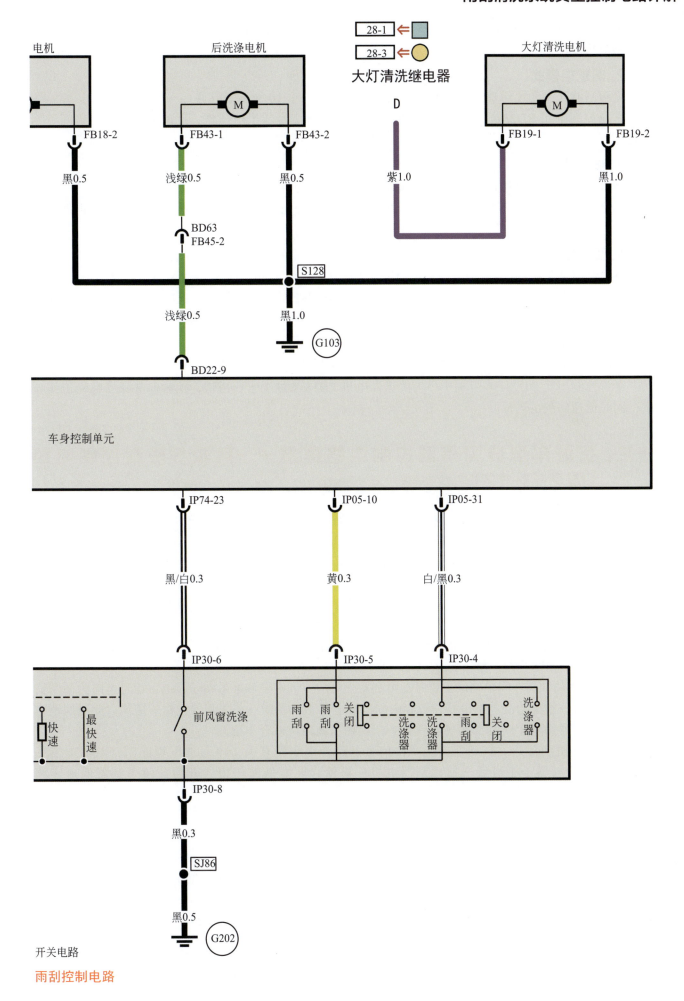

雨刮器电机复位电路：车身控制单元BD23-2号端子→前雨刮器电机FB03-3号端子→搭铁，此时雨刮器电机复位。

2. 间歇挡模式

将雨刮器开关设置到INT挡，测量雨刮器开关第7、8、10号端子导通。

车身控制单元BD23-4号端子→前雨刮器电机FB03-2号端子→搭铁，此时前雨刮器电机间歇挡运行。

3. 低速挡模式

将雨刮器开关设置到LO挡，测量雨刮器开关第7、8、9号端子导通。

车身控制单元BD23-4号端子→前雨刮器电机FB03-2号端子→搭铁，此时前雨刮器电机低速挡运行。

4. 高速挡模式

将雨刮器开关设置到HI挡，测量雨刮器开关第7、8、9号端子导通。

车身控制单元BD23-1号端子→前雨刮器电机FB03-1号端子→搭铁，此时前雨刮器电机高速挡运行。

5. 喷水挡模式

将雨刮开关设置到喷水挡，测量雨刮开关第6、8号端子导通。

车身控制单元BD22-18号端子→前洗涤器电机FB18-1号端子→搭铁，此时前洗涤器电机工作喷水，同时低速雨刮也运行。

十三、长城车型典型雨刮控制电路详解——风骏5雨刮控制电路（图2-3-12）

雨刮器开关用来控制前挡风玻璃雨刮器和洗涤器的运行，风骏雨刮器共分五个挡位：MIST为点刮模式、OFF为关闭、INT为间歇挡、LO为低速挡、HI为高速挡。

MIST：雨刮器开关的2号端子和5号端子接通，信号电路为雨刮器开关169号线→智能雨刮器继电器→智能雨刮器继电器161号线→前雨刮器电机→搭铁，此时点刮模式开启，雨刮器将低速刮水，直至松开雨刮器开关为止（松开后恢复到OFF位）。如果点推控制杆，则雨刮器只低速刮水一个周期。

OFF：当将控制杆打到关闭位置，雨刮器未停到初始位置时，在凸轮开关的作用下，雨刮器停到初始位置。

INT：当雨刮器在间歇挡位工作时，雨刮器开关的5号端子和8号端子接通，信号电路为雨刮器开关164号线→智能雨刮器继电器→智能雨刮器继电器161号线→前雨刮器电机→搭铁，此时间歇模式开启，雨刮器每隔3~4s以低速挡刮刷一个周期，该挡位适合小雨天气。

LO：当雨刮器开关打到低速挡时，信号电路为雨刮器开关169号线→智能雨刮器继电器→智能雨刮器继电器161号线→前雨刮器电机→搭铁，此时低速挡模式开启，使雨刮器低速连续刮水。

HI：当雨刮器开关打到高速挡时，雨刮器开关的5端子和10号端子接通，信号电路为雨刮器开关170号线→智能雨刮器继电器→智能雨刮器继电器162号线→前雨刮器电机→搭铁，此时高速挡模式开启，使雨刮器高速连续刮水。

当雨刮器开关打到喷水挡时，电源→15A保险丝→开关闭合→前洗涤继电器85号端子→前洗涤继电器86号端子→搭铁，此时前洗涤继电器线圈通电，常开开关闭合。

电源→15A保险丝→开关闭合→前洗涤继电器87号端子→前洗涤继电器30号端子，后分为两路，一路到前洗涤电机，另一路到智能雨刮器继电器，搭铁，此时洗涤电机通电，这样洗涤器就会喷水，与雨刮器同时运行工作。

第二章 雨刮清洗系统典型控制电路详解

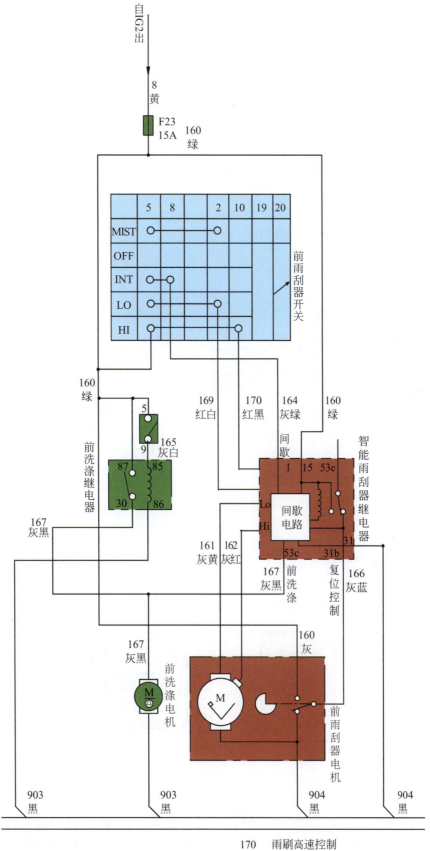

图 2-3-12　长城风骏 5 雨刮控制电路

第四节
雨刮清洗系统典型故障检修技巧

本节以丰田卡罗拉车型为例进行故障分析。

一、检查前大灯清洗器开关电路

1. 功能描述
此电路检测前大灯清洗器开关的工作情况。

2. 电路图（图2-4-1）

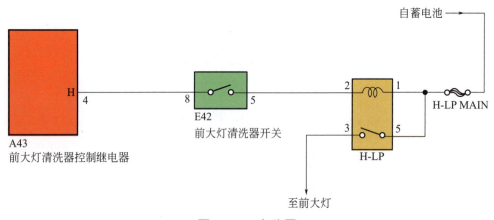

图 2-4-1　电路图

3. 故障诊断
（1）检查前大灯清洗器开关
a. 拆下前大灯清洗器开关（图2-4-2）。
b. 根据表2-4-1中的值测量电阻。

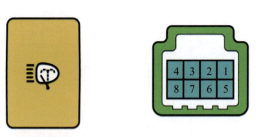

图 2-4-2　前大灯清洗器开关连接器

表 2-4-1　标准电阻

检测仪连接	开关状态	规定状态
5—8	ON	小于1Ω
	OFF	10kΩ 或更大

如果检查结果异常，则更换前大灯清洗器开关；如果检查结果正常，则检查线束和连接器（开关—ECU 和继电器）。

（2）检查线束和连接器（开关—ECU 和继电器）

a. 断开前大灯清洗器开关连接器 E42（图 2-4-3）。

b. 断开前大灯清洗器控制继电器连接器 A43（图 2-4-4）。

c. 根据表 2-4-2 中的值测量电阻。

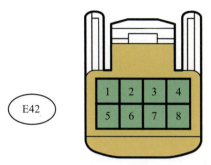

图 2-4-3　前大灯清洗器开关连接器

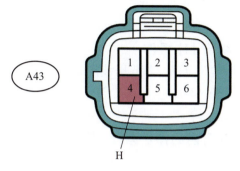

图 2-4-4　前大灯清洗器继电器连接器

表 2-4-2　标准电阻

检测仪连接	条件	规定状态
E42-8—A43-4（H）	始终	小于 1Ω
E42-8—车身搭铁	始终	10kΩ 或更大

如果检查结果异常，则维修或更换线束或连接器；如果检查结果正常，则检查线束和连接器（继电器—ECU）。

（3）检查线束和连接器（继电器—ECU）

a. 断开前大灯清洗器开关连接器 E42。

b. 从发动机室继电器盒上拆下前大灯继电器。

c. 根据图 2-4-3、图 2-4-5 和表 2-4-3 中的值测量电阻。

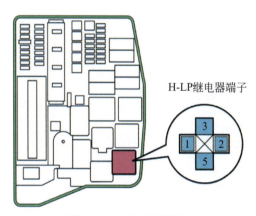

图 2-4-5　继电器端子

表 2-4-3　标准电阻

检测仪连接	条件	规定状态
E42-5—前大灯继电器端子 2	始终	小于 1Ω
E42-5—车身搭铁	始终	10kΩ 或更大

如果检查结果异常，则维修或更换线束或连接器；如果检查结果正常，则继续检查下一个出现故障的电路。

二、检查挡风玻璃雨刮器电动机总成（图 2-4-6）

1. 检查 LO 操作

将蓄电池正极（+）引线连接至端子 5（+1），并将蓄电池负极（-）引线连接至端子 4（E），同时检查并确认电动机低速（LO）运行。

正常：电动机低速（LO）运行。

2. 检查 HI 操作

将蓄电池正极（+）引线连接至端子 3（+2），并将蓄电池负极（-）引线连接至端子 4（E），同时检查并确认电动机高速（HI）运行。

正常：电动机高速（HI）运行。

3. 检查自动停止运行（轿车）

a. 将蓄电池正极（+）引线连接至端子 5（+1），将蓄电池负极（-）引线连接至端子 4（E）。当电动机低速（LO）旋转时，断开端子 5（+1）使雨刮器电动机停止在除自动停止位置外的任何位置。

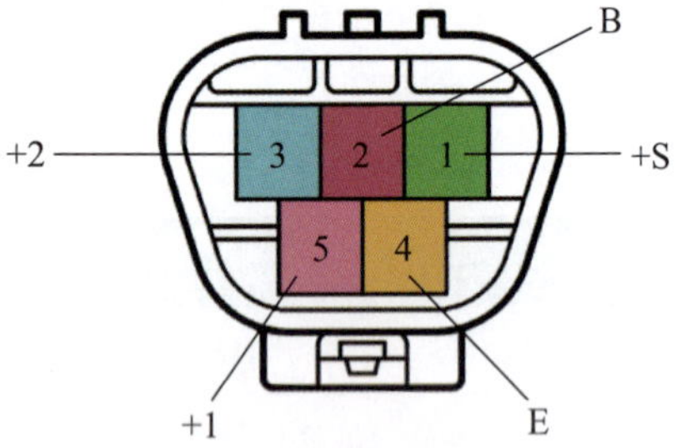

b. 用 SST 连接端子 1（+S）和 5（+1）。然后将蓄电池正极（+）引线连接至端子 2（B），并将蓄电池负极（-）引线连接至端子 4（E），使电动机以低速（LO）重新启动。

c. 检查并确认电动机在自动停止位置自动停止。

正常：电动机在自动停止位置自动停止。

如果结果不符合规定，则更换电动机总成。

图 2-4-6 挡风玻璃雨刮器电动机连接器

三、检查挡风玻璃雨刮器开关总成

1. 检查前雨刮器开关

根据图 2-4-7 和表 2-4-4 中的值测量电阻。

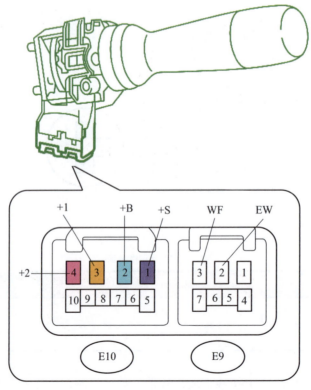

图 2-4-7 前雨刮器开关插接器

表 2-4-4　标准电阻

检测仪连接	开关状态	规定状态
E10-1（+S）—E10-3（+1）	INT	小于 1Ω
E10-1（+S）—E10-3（+1）	OFF	小于 1Ω
E10-2（+B）—E10-3（+1）	MIST	小于 1Ω
E10-2（+B）—E10-3（+1）	LO	小于 1Ω
E10-2（+B）—E10-4（+2）	HI	小于 1Ω

如果结果不符合规定，则更换开关总成。

2. 检查前清洗器开关

根据图 2-4-7 和表 2-4-5 中的值测量电阻。

表 2-4-5　标准电阻

检测仪连接	开关状态	规定状态
E9-2（EW）—E9-3（WF）	ON	小于 1Ω
E9-2（EW）—E9-3（WF）	OFF	10kΩ 或更大

如果结果不符合规定，则更换开关总成。

3. 检查间歇性运行（不带间歇正时调整）

a.将电压表正极（+）引线连接至端子 E10-3（+1），并将蓄电池负极（-）引线连接至端子 E9-2（EW）。

b.将蓄电池正极（+）引线连接至端子 E10-2（+B），并将蓄电池负极（-）引线连接至端子 E9-2（EW）和 E10-1（+S）。

c.将雨刮器开关置于 INT 位置。

d.将蓄电池正极（+）引线连接至端子 E10-1（+S），并保持 5s。

e.将蓄电池负极（-）引线连接至端子 E10-1（+S）。操作间歇式雨刮器继电器并检查端子 E10-3（+1）和 E9-2（EW）之间的电压。

正常：电压变化如图 2-4-8 所示。

如果结果不符合规定，则更换开关总成。

图 2-4-8　端子 E10-3（+1）和端子 E9-2（EW）之间的电压变化

4. 检查前清洗器的运行

a.将雨刮器开关置于 OFF 位置。

b.将蓄电池正极（+）引线连接至端子 E10-2（+B），并将蓄电池负极（-）引线连接至端子 E10-1（+S）和 E9-2（EW）。

c.将电压表正极（+）引线连接至 E10-3（+1），并将蓄电池负极（-）引线连接至端子 E9-2（EW）。

d. 将清洗器开关置于 ON 和 OFF 位置，并检查端子 E10-3（+1）和 E9-2（EW）之间的电压。如果结果不符合规定，则更换开关总成。

四、检查挡风玻璃清洗器电动机和泵总成（带前大灯清洗器系统）

a. 拆下清洗液罐。
b. 断开挡风玻璃清洗器电动机和泵连接器（图 2-4-9）。

提示

应在挡风玻璃清洗器电动机和泵安装到清洗液罐上的情况下进行检查。

c. 将清洗液罐加满清洗液。
d. 将蓄电池正极（+）引线连接到挡风玻璃清洗器电动机和泵的端子 1，并将蓄电池负极（-）引线连接到端子 2。
e. 检查并确认清洗液从清洗液罐中流出。

正常：清洗液从清洗液罐中流出。

如果结果不符合规定，则更换清洗器电动机和泵总成。

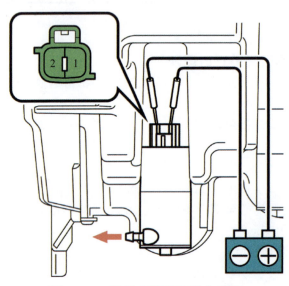

图 2-4-9　挡风玻璃清洗器电动机

五、检查前大灯清洗器开关总成

根据图 2-4-10 和表 2-4-6 的值测量电阻。

 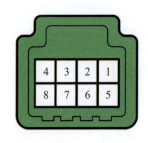

图 2-4-10　前大灯清洗器开关连接器

表 2-4-6　标准电阻

检测仪连接	开关状态	规定状态
5—8	ON	小于 1Ω
	OFF	10kΩ 或更大

如果结果不符合规定，更换开关总成。

第三章 驻车辅助系统典型控制电路详解

第一节 驻车辅助系统的作用

驻车辅助系统包括镶嵌在前、后保险杠内的超声波传感器,每个传感器的直径约为 15mm,传感器发出的超声波检测信号在碰到障碍物时会发生反射。传感器重新接收到反射信号后会及时将其反馈到系统内部进行距离测算,并通过声音、视频等方式提醒驾驶员车辆与视野以外的障碍物之间的距离远近。

倒车时,利用超声波原理,由装置在车尾保险杠上的探头发送超声波,撞击障碍物后反射此声波,计算出车体与障碍物间的实际距离,然后提示司机,使停车或倒车更容易、更安全,因此,安装倒车雷达对于安全驾驶有十分重要的意义。

第二节 驻车辅助系统的工作原理

驻车辅助系统借助于集成在保险杠上的超声波传感器,实现对车辆前方/后方区域障碍物的探测功能。每个传感器的感应角度均为 120°,确保即使在车身侧面区域存在障碍物,系统也能及时感应到。超声波传感器采用超声回波的工作原理,犹如飞行中的蝙蝠一般,发出短促的超声波脉冲,这些脉冲在遇到障碍物后又反射回来。驻车辅助系统通过脉冲和回波之间的时间差来计算车辆与障碍物之间的距离。

当车辆与障碍物之间的距离缩短到小于某一设定值时,系统发出的光学/声学信号会告知驾驶者当前与障碍物之间的距离。通过这一功能,驾驶者便能可靠地估计出操控空间,甚至不需要直接查看。

在点火开关处于打开状态下挂入倒车挡,驻车距离报警系统即启动,此时,系统将发出一声声响信号。如果没有声响信号,则表明驻车报警系统未开启。

驻车报警系统开启后，如果汽车后部接近障碍物，系统将发出间断的报警声响信号，汽车后部与障碍物越近，报警声越短促。如果汽车后部与障碍物极其接近，系统将发出连续报警信号提醒驾驶员，若汽车后部仍然接近障碍物，则系统将不能再探测到障碍物。

第三节　驻车辅助系统典型控制电路

一、相关部件作用

倒车雷达的主要作用是在倒车时，自动启动倒车雷达，无须回头便可知车后有无障碍物，使停车和倒车更容易、更安全。

控制器的作用为处理信号，计算障碍物与车体间的方位以及距离。

二、大众/奥迪车型典型驻车辅助系统电路详解——大众宝来驻车辅助系统控制电路（图3-3-1）

这里以大众宝来车型为例进行介绍，同样适用于大众/奥迪其他车型，限于篇幅不再赘述。

驻车辅助系统控制单元J446的电源电路：SC5保险丝→J446插接器T16b/1号端子。

接地电路：J446的T16b/8号端子→接地。

信号输入电路：点火开关15→SC4保险丝→倒车灯开关F4→J446的T16b/6号端子。

后部驻车辅助系统执行器电路：J446的T16b/2、10号端子与驻车辅助报警蜂鸣器H15连接（当控制单元有电源、接地、并接收到倒车开关的信号，且传感器检测到有障碍时，就会控制蜂鸣器报警）。

前部驻车辅助系统执行器电路：J446的T12a/3、4号端子与驻车辅助报警蜂鸣器H22连接（当控制单元有电源、接地，且传感器检测到有障碍时，就会控制蜂鸣器报警）。

后部驻车辅助传感器用于检测汽车后部有无障碍物以及与障碍物之间的距离并将此信号传给驻车辅助控制单元。传感器G203、G204、G205、G206的1号端子为控制单元给传感器的电源，3号端子为接地，2号端子将信号输入给控制单元。

前部驻车辅助传感器用于检测汽车前部有无障碍物以及与障碍物之间的距离并将此信号传给驻车辅助控制单元。传感器G252、G253、G254、G255的1号端子为控制单元给传感器的电源，3号端子为接地，2号端子将信号输入给控制单元。

三、别克/雪佛兰/凯迪拉克车型典型驻车辅助系统电路详解——别克威朗驻车辅助系统控制电路（图3-3-2）

这里以别克威朗车型为例进行介绍，同样适用于别克/雪佛兰/凯迪拉克其他车型，限于篇幅不再赘述。

物体传感器是3线超声波传感器，用于确定车辆和物体之间的距离。后驻车辅助控制模块通过8V参考电压电路向物体传感器提供8V电压，并通过低电平参考电压电路提供接地。后驻车辅助控制模块在时序环路中触发传感器。每个传感器发射信号后，后驻车辅助控制模块利用通过信号电路接收到的传感器回波来计算物体的距离和位置。

K41前后驻车辅助控制模块电源电路：蓄电池正极→F26DA（10A）保险丝→K41前后驻车辅助控制模块X1/1号端子。

汽车车身电路详解（第二册）
照明及信号灯·雨刮清洗·驻车辅助·电子手刹

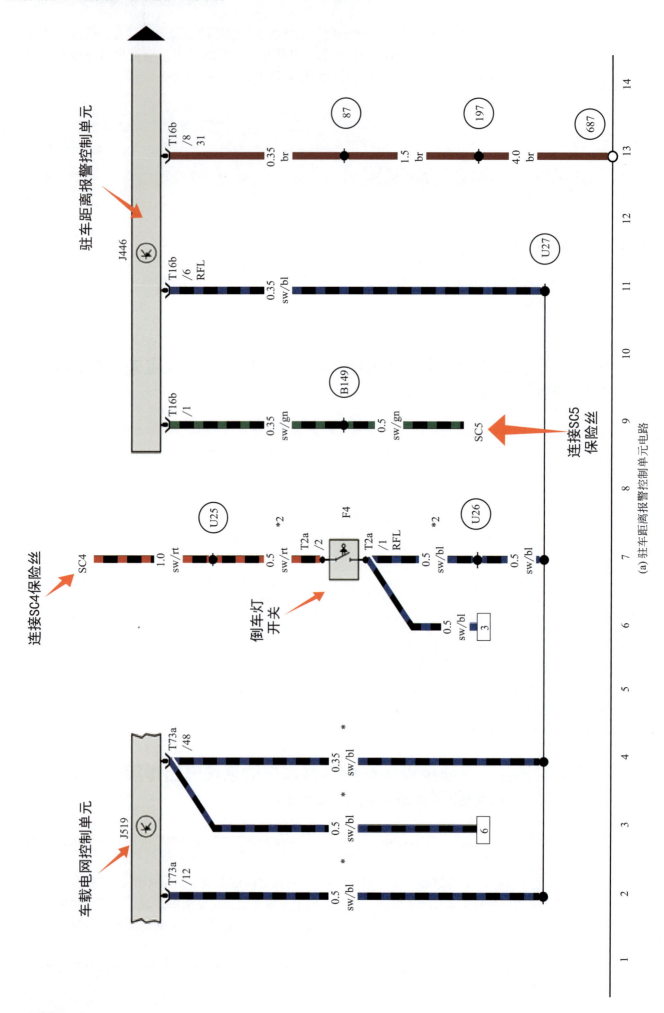

(a) 驻车距离报警控制单元电路

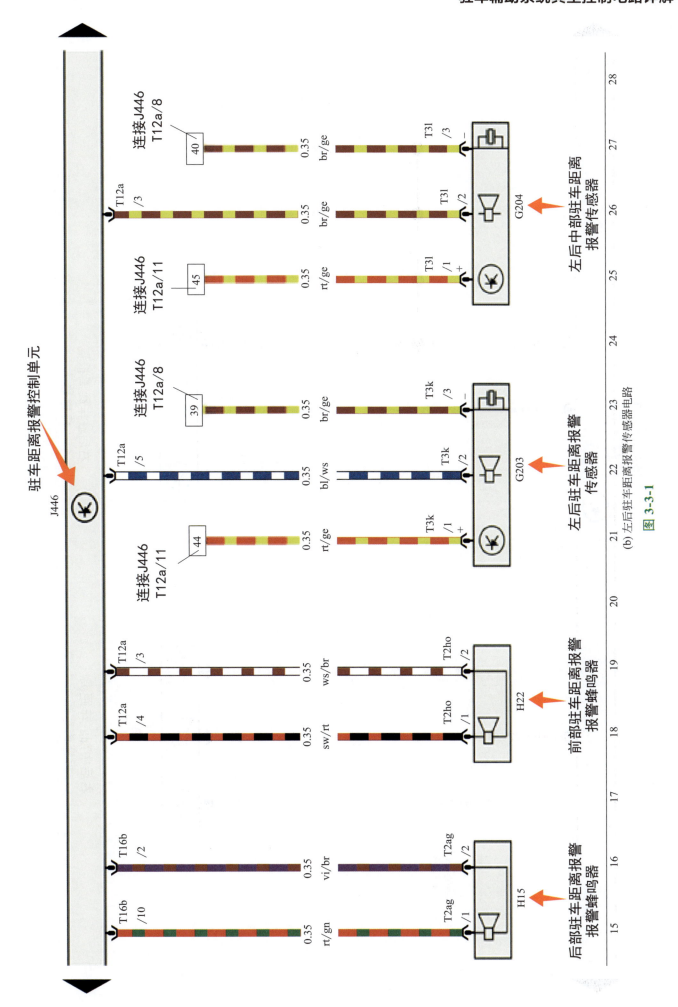

图 3-3-1 (b) 左后驻车距离报警传感器电路

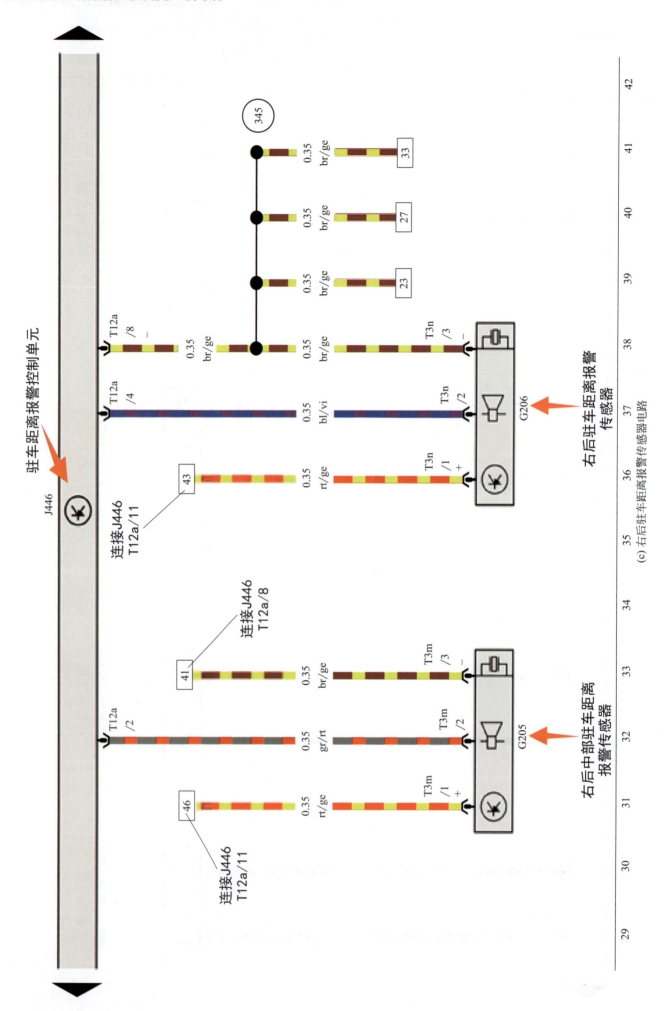

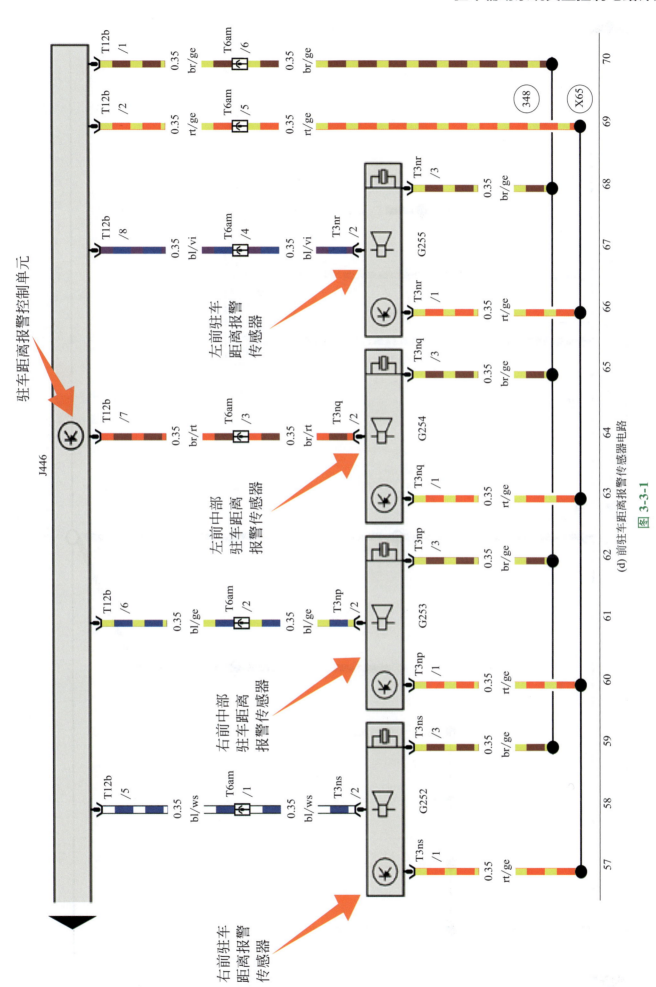

图 3-3-1 (d) 前驻车距离报警传感器电路

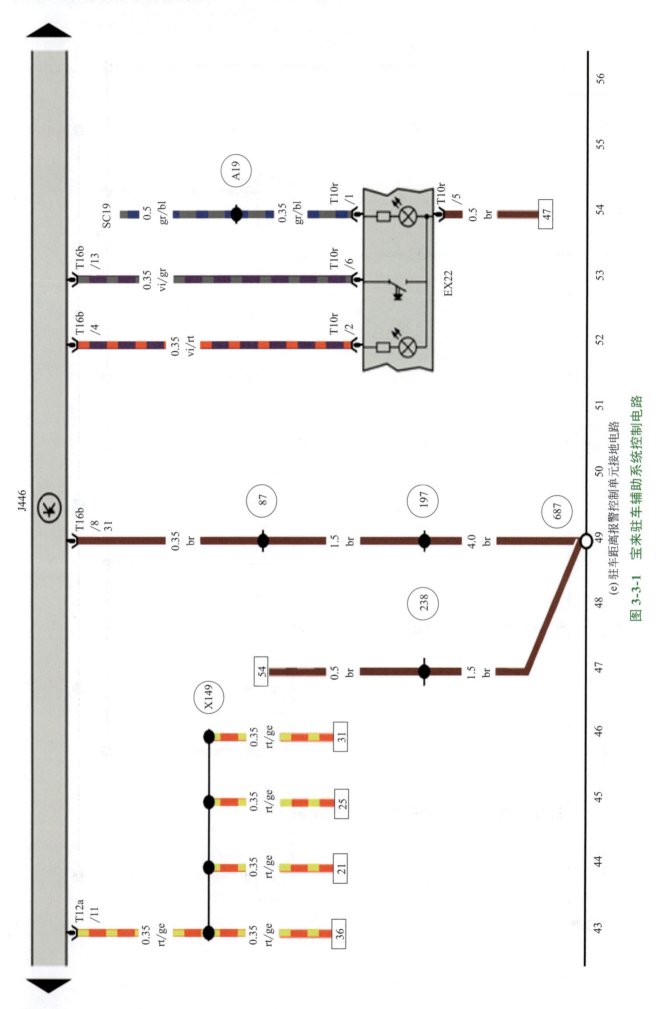

图 3-3-1 宝来驻车辅助系统控制电路
(e) 驻车距离报警控制单元接地电路

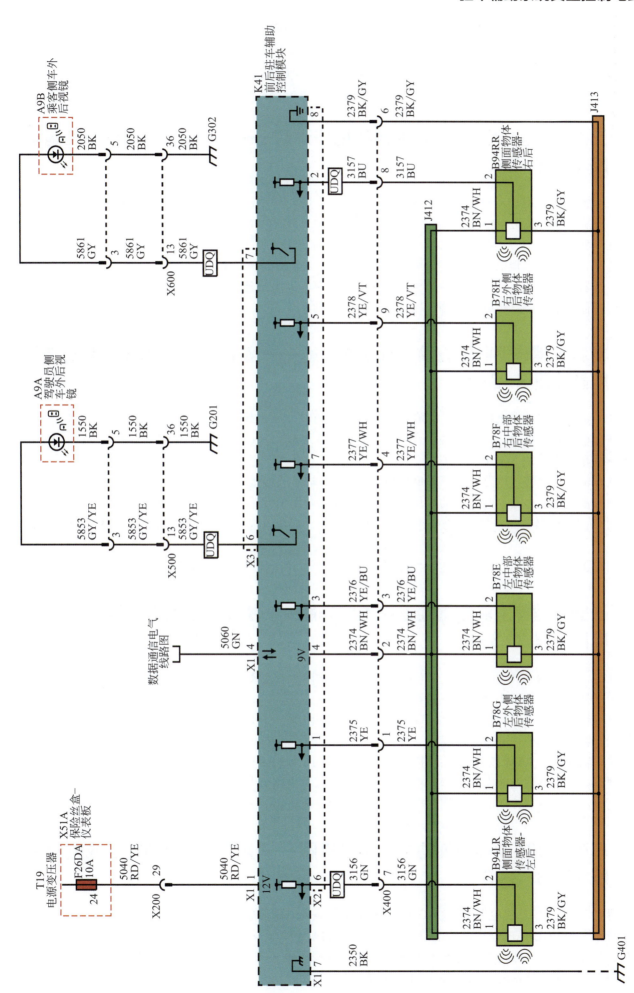

图 3-3-2 别克威朗驻车辅助系统控制电路

K41 前后驻车辅助控制模块接地：K41 前后驻车辅助控制模块 X1/7 号端子→接地。
物体传感器电源电路：K41 前后驻车辅助控制模块 X2/4 号端子→物体传感器 1 号端子。
物体传感器信号电路：物体传感器 2 号端子→K41 前后驻车辅助控制模块。
物体传感器接地：物体传感器 3 号端子→接地。

四、比亚迪车型典型驻车辅助系统电路详解——L3 驻车辅助系统控制电路（图 3-3-3）

驻车辅助系统电源电路：蓄电池正极→100A 主保险丝→IG1 继电器→10A 仪表保险丝→开关组 G12/1 号端子→开关组 G12/11 号端子→驻车辅助系统 G15/19 号端子。
驻车辅助开启信号：倒车挡信号→驻车辅助系统 G15/5 号端子。
驻车辅助系统接地电路：驻车辅助系统 G15/30、32 号端子→接地。
传感器电源电路：传感器 2 号端子为电源，与驻车辅助系统连接。
传感器接地电路：传感器 1 端子接地，与驻车辅助系统 G15/11 号端子连接。

五、吉利车型典型驻车辅助系统电路详解——帝豪 GS 驻车辅助系统控制电路（图 3-3-4）

驻车辅助模块电源电路：IG1 电源→10A 保险丝→驻车辅助模块 SO30/2 号端子。
驻车辅助开启信号：倒挡开关闭合→BCM 控制单元 CA27/6 号端子→BCM 控制单元 SO05/18 号端子→驻车辅助模块 SO30/13 号端子。
驻车辅助模块接地电路：驻车辅助模块 SO30/7 号端子→接地。
倒车雷达电源电路：驻车辅助模块 SO30/5 号端子→倒车雷达。
倒车雷达信号电路：倒车雷达 2 号端子为信号线，向驻车辅助模块发送信号，与驻车辅助模块连接。
倒车雷达接地电路：倒车雷达 3 号端子为接地线，与驻车辅助模块 SO30/12 号端子连接。

六、长安车型典型驻车辅助系统电路详解——悦翔 V7 驻车辅助系统控制电路（图 3-3-5）

驻车辅助模块 PAM 信号电路：IG1 电源→10A 保险丝→ER16 继电器 3 号端子→ER16 继电器 4 号端子→挡位开关 C32/1 号端子→搭铁。
驻车辅助模块 PAM 电源电路：IG1 电源→10A 保险丝→ER16 继电器 1 号端子→ER16 继电器 2 号端子→驻车辅助模块 P14/8 号端子。
驻车辅助模块 PAM 接地电路：驻车辅助模块 P14/16 号端子→搭铁。
倒车雷达传感器电源电路：倒车雷达 1 号端子为电源电路，与驻车辅助模块 PAM 连接。
倒车雷达传感器接地电路：倒车雷达 2 号端子为接地电路，与驻车辅助模块 PAM 连接。

七、丰田车型典型驻车辅助系统电路详解——卡罗拉驻车辅助系统控制电路（图 3-3-6）

间隙警告 ECU 总成电源电路：IG 电源→10A 保险丝→间隙警告 ECU 总成 1 号端子。
间隙警告 ECU 总成开启信号电路：IG 电源→7.5A 保险丝→驻车/空挡位置开关总成 1 号端子→驻车/空挡位置开关总成 2 号端子→ECM 控制单元 66 号端子→ECM 控制单元，通过 CAN 线，一路信号到仪表，另一路信号到间隙警告 ECU 总成。

第三章 驻车辅助系统典型控制电路详解

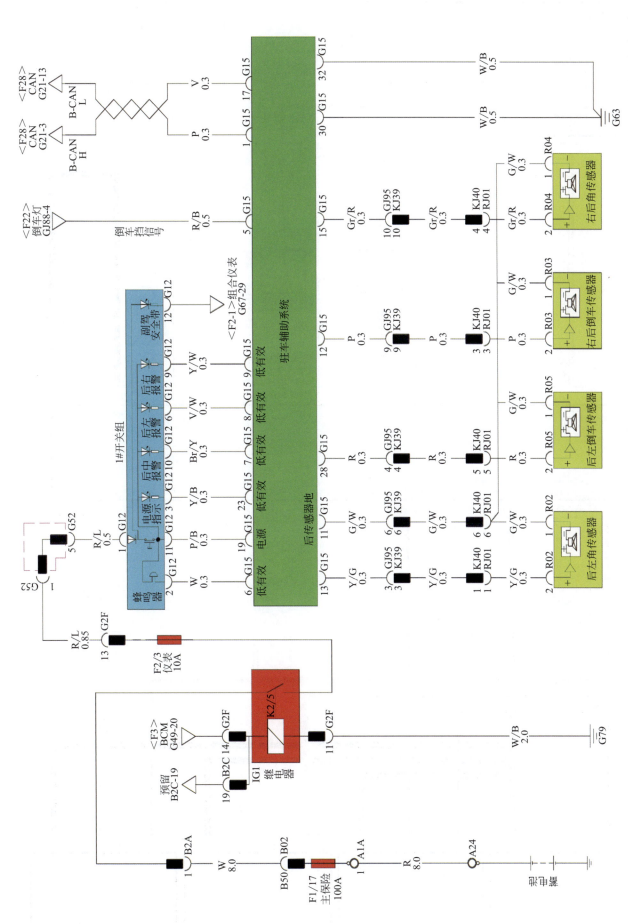

图 3-3-3 比亚迪 L3 驻车辅助系统控制电路

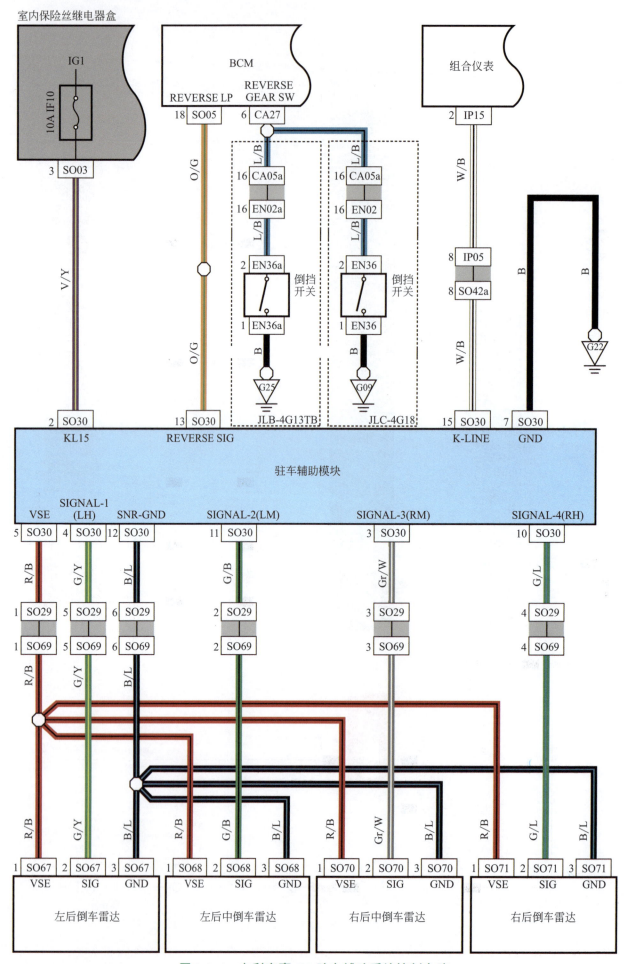

图 3-3-4 吉利帝豪 GS 驻车辅助系统控制电路

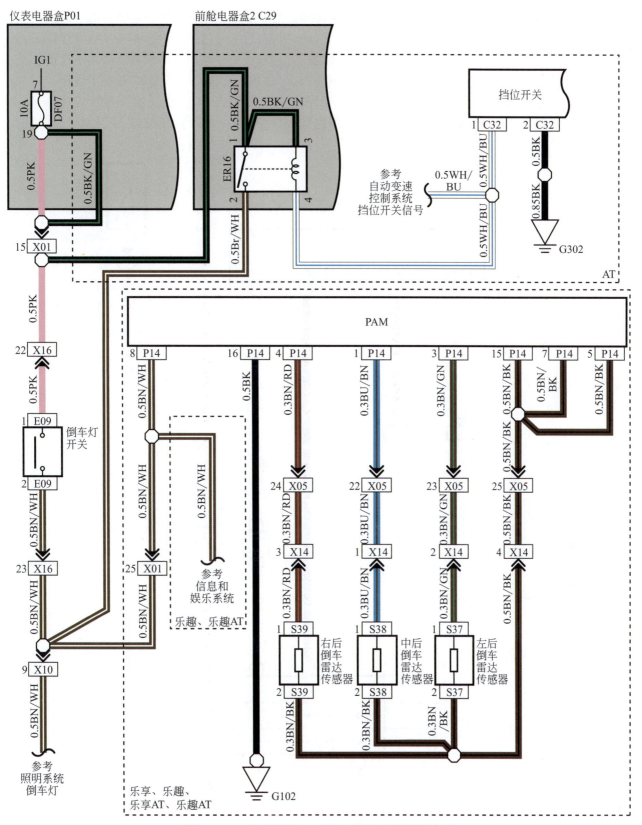

图 3-3-5 长安悦翔 V7 驻车辅助系统控制电路

左前 1 号超声波传感器电源线：1 号端子为电源线，与间隙警告 ECU 总成 4 号端子连接。
左前 1 号超声波传感器信号线：3 号端子为信号线，与间隙警告 ECU 总成 8 号端子连接。
左前 1 号超声波传感器接地线：5 号端子为接地线，与间隙警告 ECU 总成 6 号端子连接。
右前 1 号超声波传感器电源线：1 号端子为电源线，与左前 1 号超声波传感器 2 号端子连接。
右前 1 号超声波传感器信号线：3 号端子为信号线，与左前 1 号超声波传感器 4 号端子连接。
右前 1 号超声波传感器接地线：5 号端子为接地线，与左前 1 号超声波传感器 6 号端子连接。

左后1号超声波传感器电源线：1号端子为电源线，与右后1号超声波传感器2号端子连接。
左后1号超声波传感器信号线：3号端子为信号线，与右后1号超声波传感器4号端子连接。
左后1号超声波传感器接地线：5号端子为接地线，与右后1号超声波传感器6号端子连接。
右后1号超声波传感器电源线：1号端子为电源线，与间隙警告ECU总成22号端子连接。
右后1号超声波传感器信号线：3号端子为信号线，与间隙警告ECU总成24号端子连接。
右后1号超声波传感器接地线：5号端子为接地线，与左前4号超声波传感器23号端子连接。

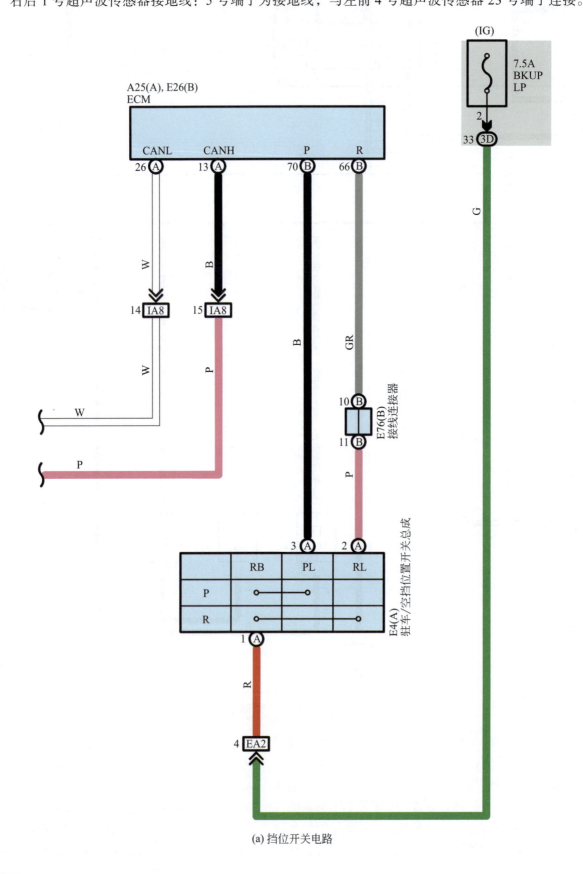

(a) 挡位开关电路

第三章 驻车辅助系统典型控制电路详解

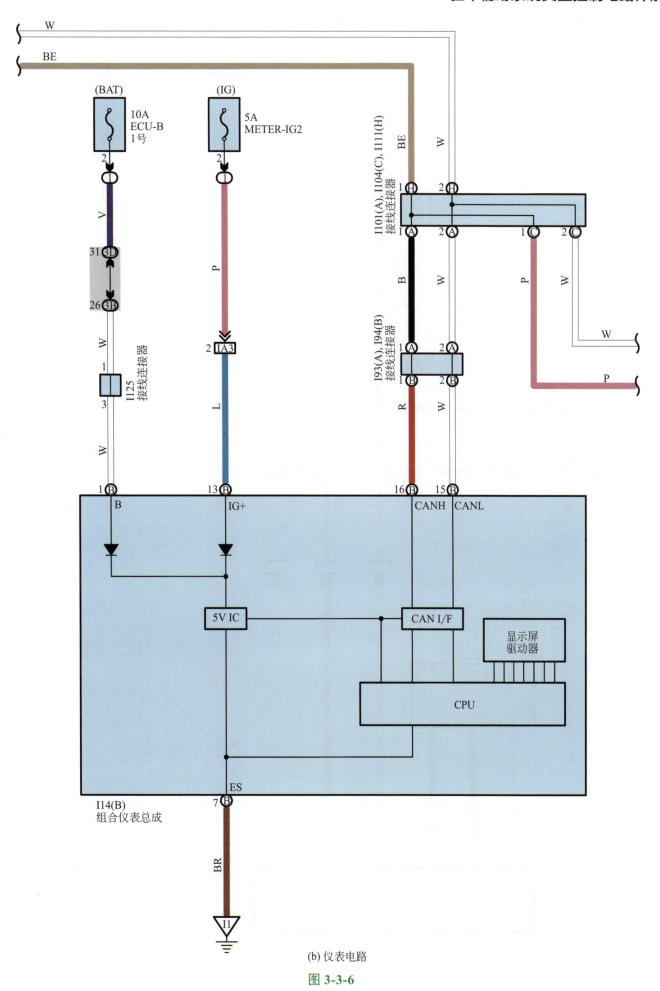

(b) 仪表电路

图 3-3-6

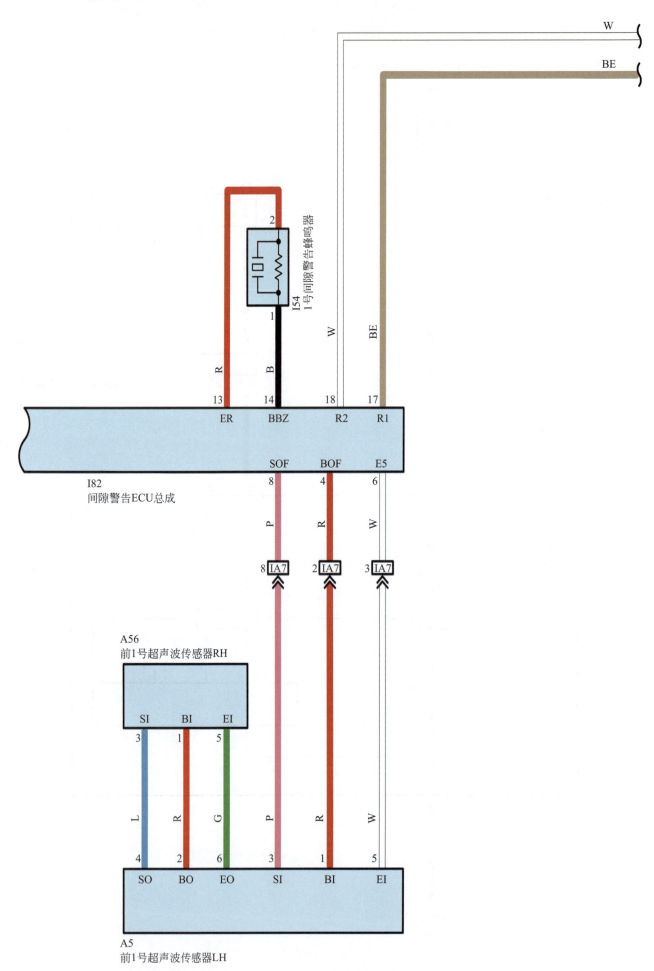

(c) 前传感器电路

第三章 驻车辅助系统典型控制电路详解

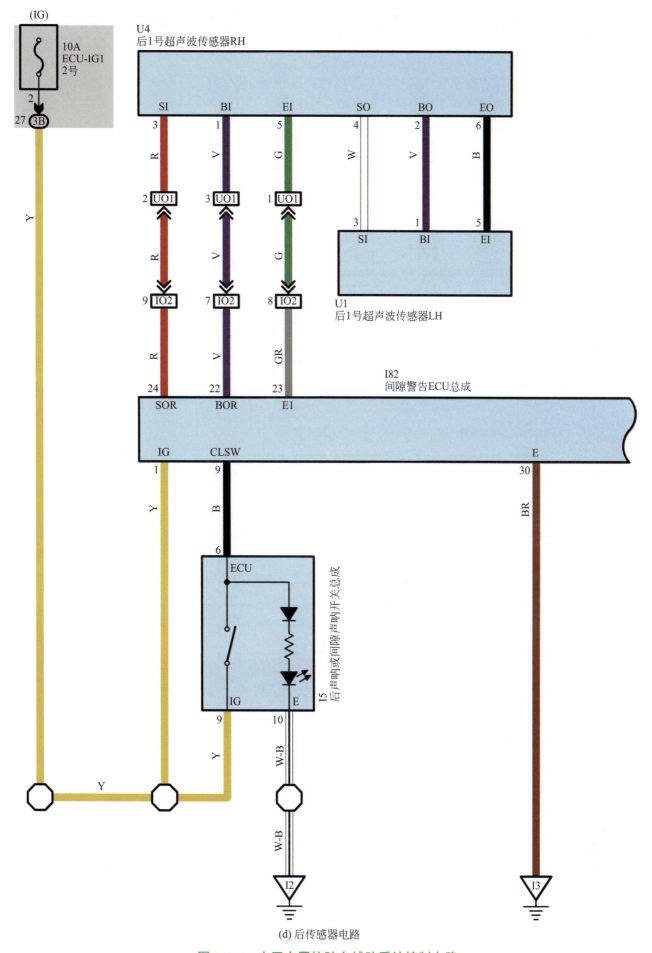

(d) 后传感器电路

图 3-3-6　丰田卡罗拉驻车辅助系统控制电路

八、本田车型典型驻车辅助系统电路详解——杰德驻车辅助系统控制电路（图 3-3-7）

驻车和倒车传感器控制单元电源电路：蓄电池正极→100A 保险丝→50A 保险丝→点火开关在 IG1→7.5A 保险丝→驻车和倒车传感器控制单元 1 号端子。

驻车和倒车传感器控制单元开启信号电路：蓄电池正极→100A 保险丝→50A 保险丝→点火开关在 IG1→7.5A 保险丝→驻车和倒车传感器开关 2 号端子→驻车和倒车传感器开关 1 号端子→驻车和倒车传感器控制单元 13 号端子。

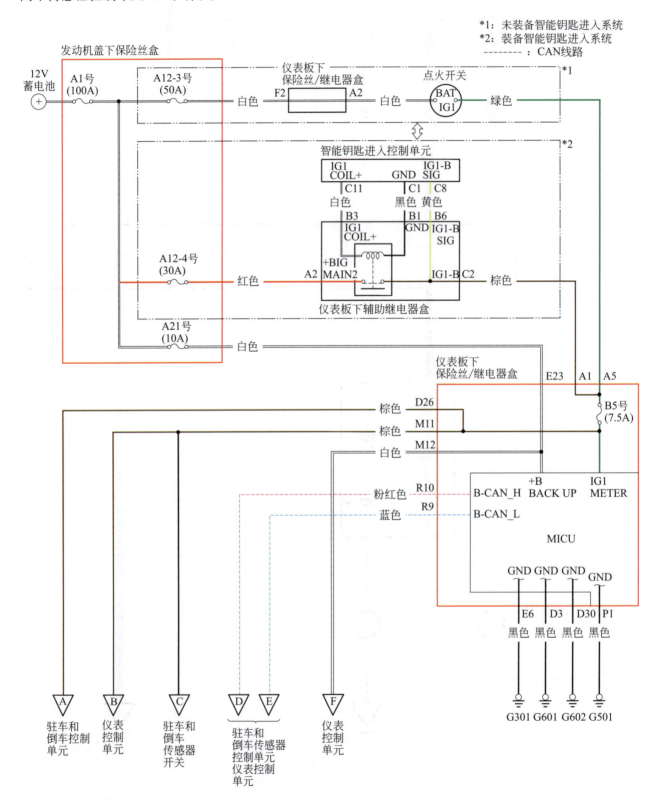

(a) 驻车和倒车传感器控制单元电源电路

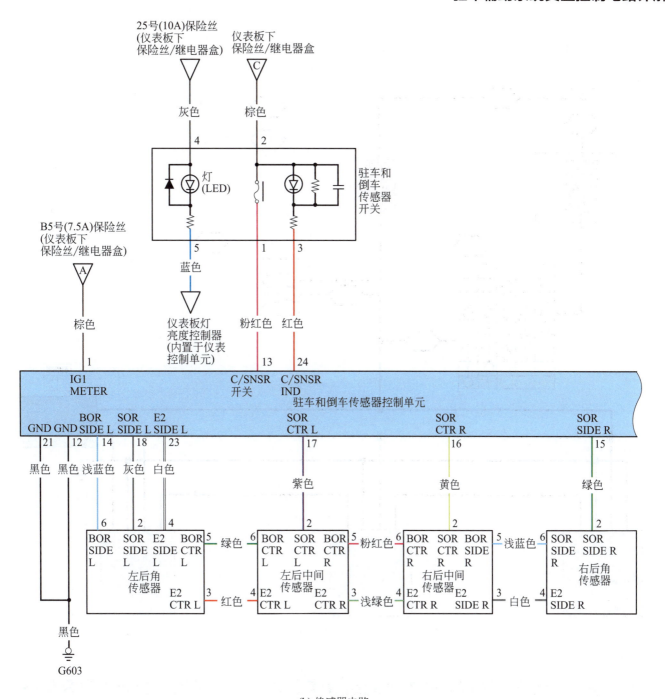

(b) 传感器电路

图 3-3-7　本田杰德驻车辅助系统控制电路

驻车和倒车传感器控制单元接地电路：驻车和倒车传感器控制单元 12、21 号端子→接地。
传感器电源电路：传感器 6 号端子为电源线，与驻车和倒车传感器控制单元 14 号端子连接。
传感器信号电路：传感器 2 号端子为信号线，与驻车和倒车传感器控制单元连接。
传感器接地电路：传感器 4 号端子为接地线，经驻车和倒车传感器控制单元 23 号端子接地。

九、日产车型典型驻车辅助系统电路详解——轩逸驻车辅助系统控制电路（图 3-3-8）

传感器电源电路：IGN 电源→ 10 保险丝→变速箱挡位开关 3 号端子→变速箱挡位开关 5 号端子（挡位在 R 挡），后分为两路，一路到蜂鸣器 1 号端子，另一路到右后 / 后中间 / 左后传感器。
传感器接地电路：右后拐角传感器 1、4 号端子为接地，后中间传感器 / 左后拐角传感器 4 号端子为接地。

蜂鸣器信号电路：通过传感器 1、3 号端子进行信号传送。

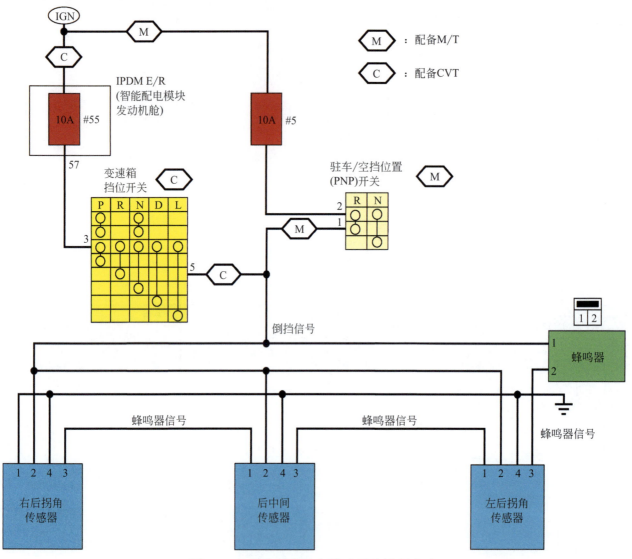

图 3-3-8　日产轩逸驻车辅助系统控制电路

十、现代 / 起亚车型典型驻车辅助系统电路详解——现代名图 MISTRA 驻车辅助系统控制电路（图 3-3-9）

1. 后驻车辅助系统（RPAS）操作程序

a. 当 IG1 电源提供至传感器时，RPAS 传感器核对每个传感器的位置（ID），并处于等待状态。

b. 如果 BCM 控制模块接收到 R（倒挡）信号，由 BCM 控制模块激活 RPAS 传感器。

c. 每个传感器检测障碍物，并通过 LIN 通信电路传送警报信息（一级警报、二级和三级警报）。

d. BCM 控制模块接收传感器传送的警报信息。在这些信息中，BCM 控制模块通过蜂鸣器输出最高等级警报。

2. RPAS 蜂鸣器控制

在点火开关为 ON 状态的情况下，当 BCM 控制模块接收到 R（倒挡）信号时，BCM 控制模块通过 LIN 与各传感器进行通信。如果在 500ms 内所有 RPAS 传感器响应为正常状态，输出启动蜂鸣器响声 300ms。如果任意传感器没有响应，输出故障模式蜂鸣器警告音来代替正常状态蜂鸣器响声。正常传感器开始进行障碍物检测。

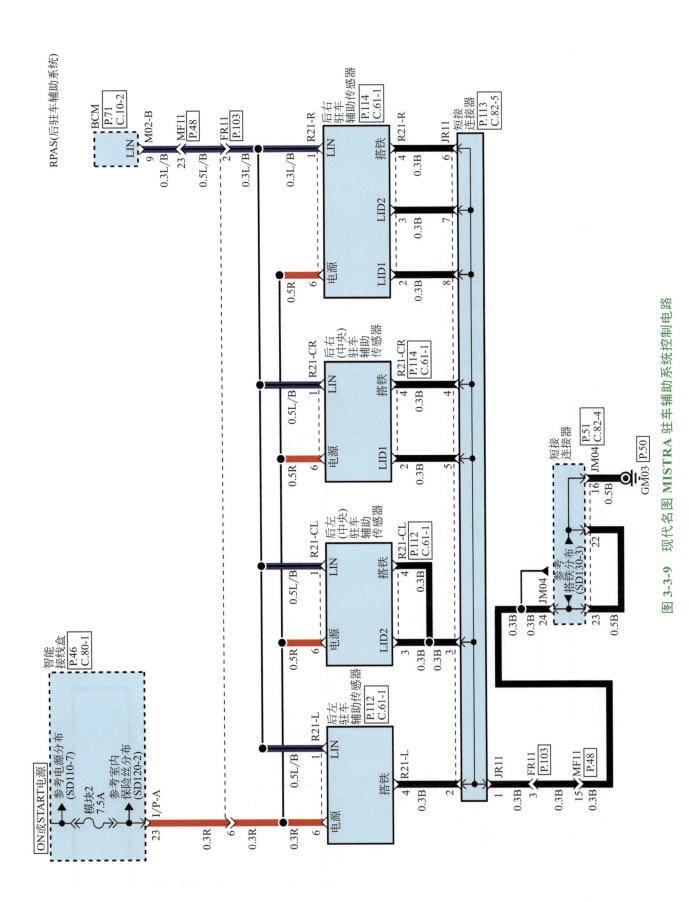

图 3-3-9 现代名图 MISTRA 驻车辅助系统控制电路

十一、福特车型典型驻车辅助系统电路详解——锐界驻车辅助系统控制电路（图 3-3-10）

后部传感器电源电路：1号端子为电源线，与车身控制模块 26 号端子连接。
后部传感器信号电路：2号端子为信号线，与车身控制模块连接。
后部传感器接地电路：3号端子为接地线，与车身控制模块 27 号端子连接。
前部传感器电源电路：1号端子为电源线，与车身控制模块 7 号端子连接。
前部传感器信号电路：2号端子为信号线，与车身控制模块连接。
前部传感器接地电路：3号端子为接地线，与车身控制模块 35 号端子连接。

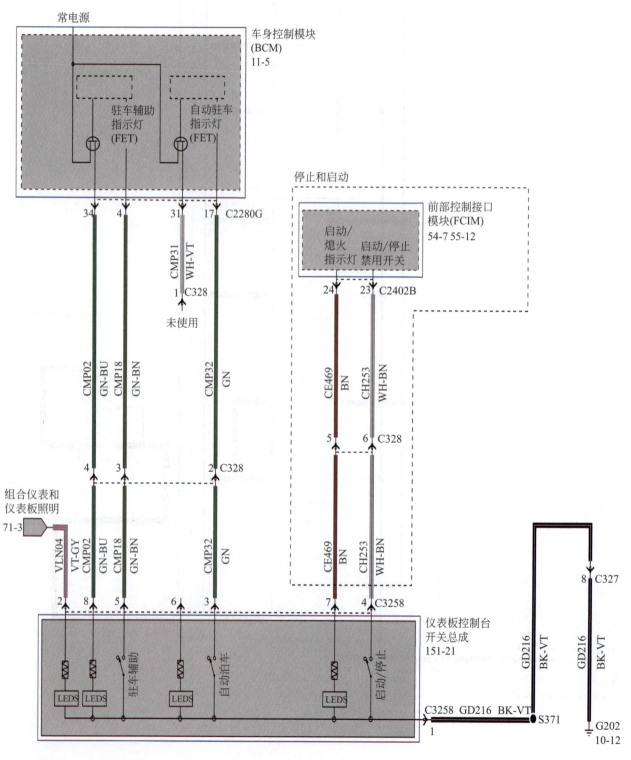

(a) 仪表电路

第三章 驻车辅助系统典型控制电路详解

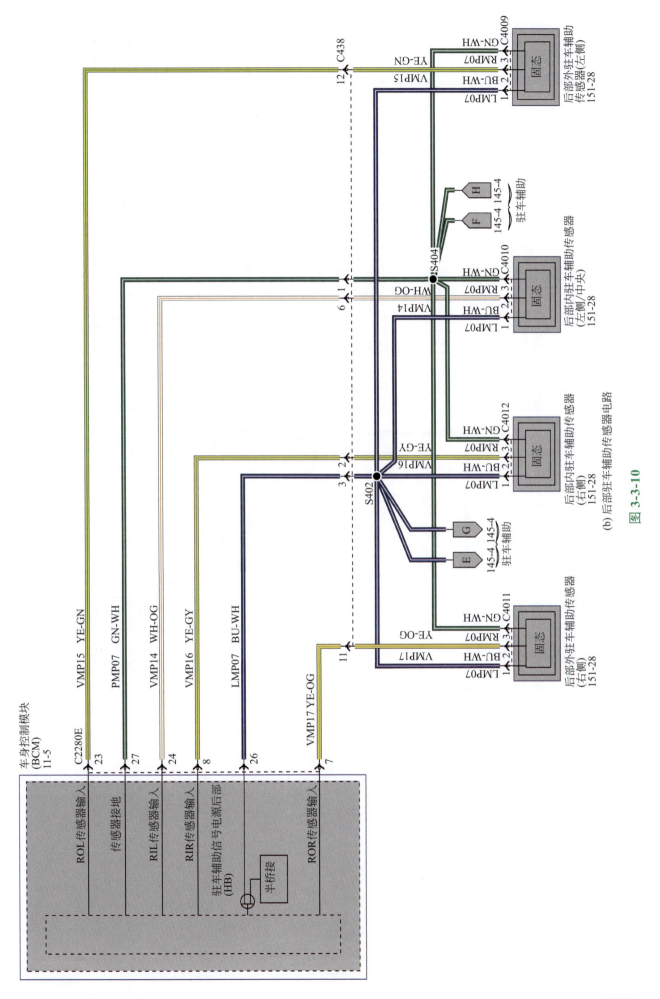

图 3-3-10 (b) 后部驻车辅助传感器电路

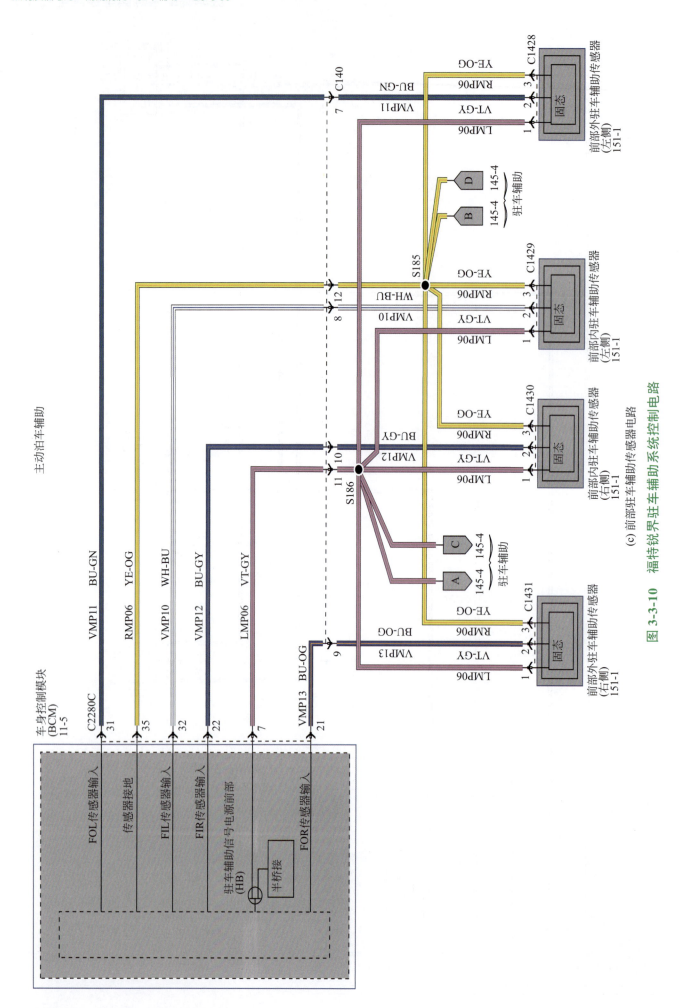

图 3-3-10 福特锐界驻车辅助系统控制电路 (c) 前部驻车辅助传感器电路

第三章
驻车辅助系统典型控制电路详解

十二、传祺车型典型驻车辅助系统电路详解——GS5驻车辅助系统控制电路（图3-3-11）

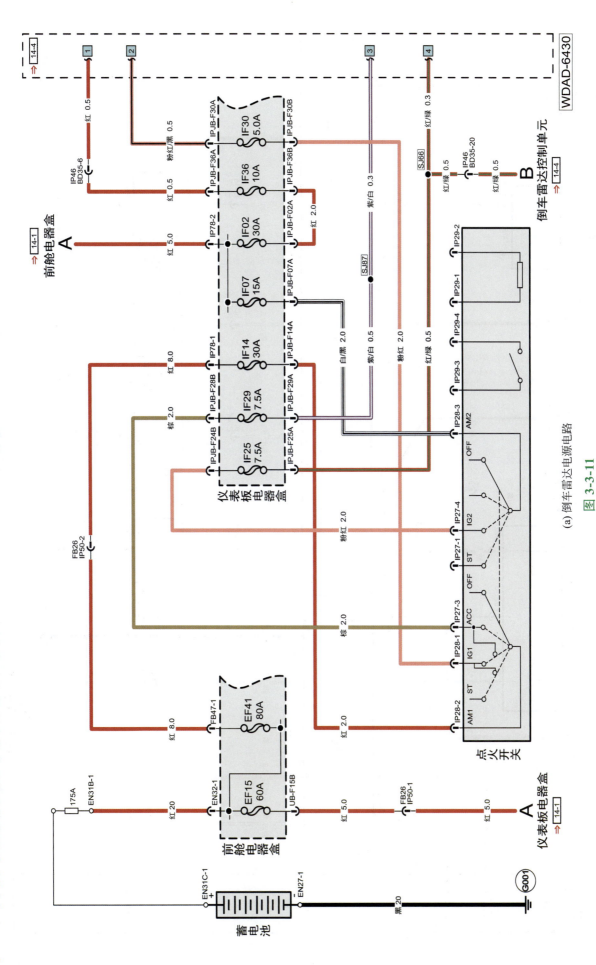

(a) 倒车电源电路

图 3-3-11

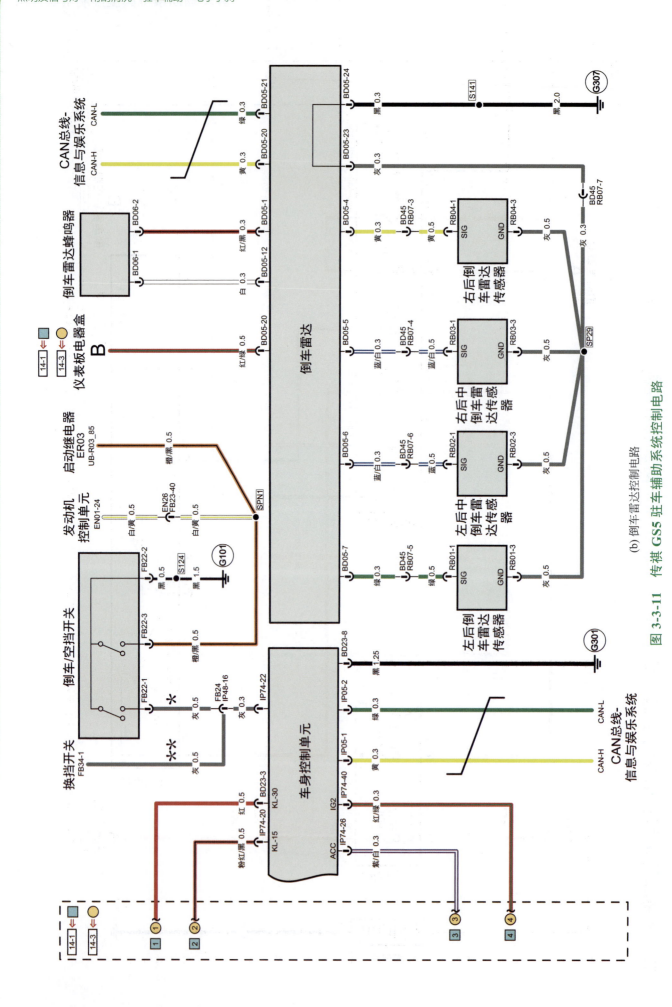

图 3-3-11 传祺 GS5 驻车辅助系统控制电路

(b) 倒车雷达控制电路

倒车雷达电源电路：IG2 电源→ 7.5A 保险丝→倒车雷达 BD05-20 号端子。

倒车雷达信号电路：倒车 / 空挡开关 FB22-1 号端子→车身控制单元 IP74-22 号端子→车身控制单元 IP05-1、2 号端子→倒车雷达 BD05-20、21 端子。

倒车雷达接地电路：倒车雷达 BD05-24 →接地。

倒车雷达传感器信号电源电路：倒车雷达传感器 1 号端子为信号电源线路，与倒车雷达连接。

倒车雷达传感器接地电路：倒车雷达传感器 3 号端子为接地端，与倒车雷达 BD05-23 号端子连接。

十三、长安车型典型驻车辅助系统电路详解——哈弗 H6 驻车辅助系统控制电路（图 3-3-12）

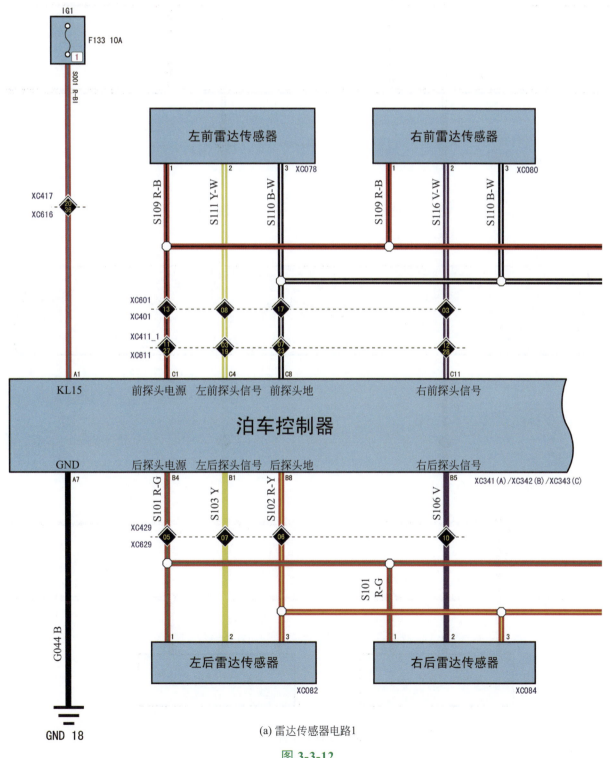

(a) 雷达传感器电路1

图 3-3-12

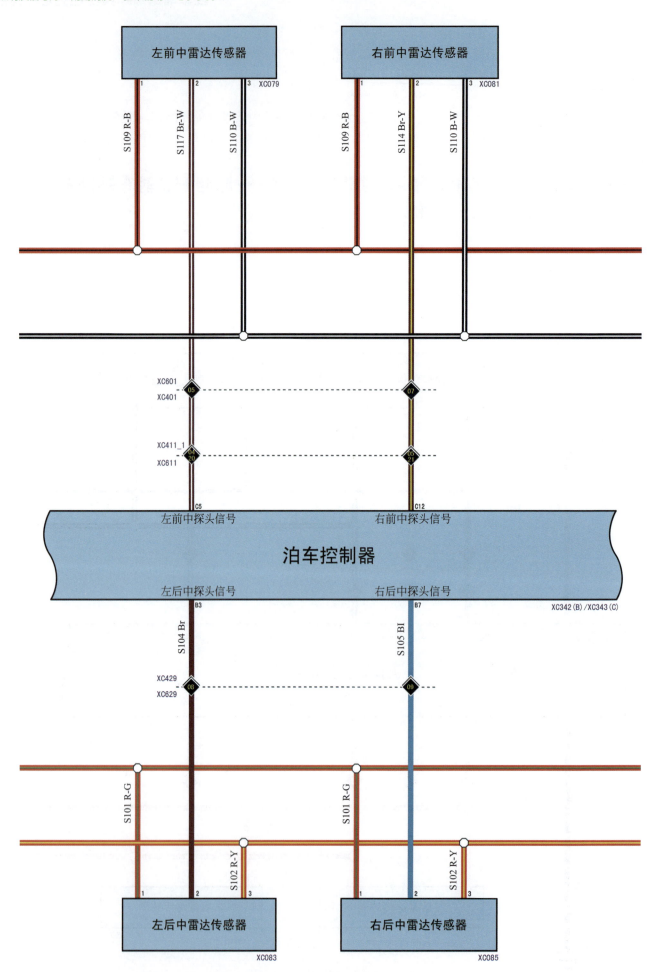

(b) 雷达传感器电路2

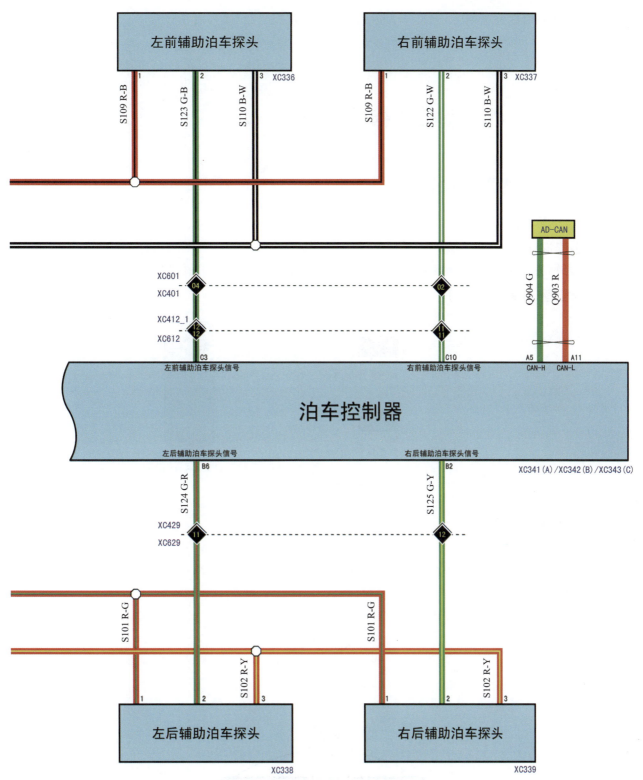

(c) 雷达传感器电路3

图 3-3-12　长安哈弗 H6 驻车辅助系统控制电路

泊车控制器电源电路：IG1 电源 → 10A 保险丝 → 泊车控制器 A1 号端子。
泊车控制器接地电路：泊车控制器 A7 号端子 → 接地。
前雷达传感器电源电路：1 号端子为电源线，与泊车控制器 C1 号端子连接。
前雷达传感器信号电路：2 号端子为信号线，与泊车控制器连接。
前雷达传感器接地电路：3 号端子为接地线，与泊车控制器 C8 号端子连接。
后雷达传感器电源电路：1 号端子为电源线，与泊车控制器 B4 号端子连接。
后雷达传感器信号电路：2 号端子为信号线，与泊车控制器连接。

后雷达传感器接地电路：3 号端子为接地线，与泊车控制器 B8 号端子连接。

第四节
驻车辅助系统典型故障检修技巧

一、倒挡信号电路故障诊断

本节故障诊断以丰田卡罗拉车型为例。

1. 功能描述
间隙警告 ECU 接收来自倒车灯开关（M/T）或 PNP 开关（A/T）的倒挡信号。

2. 电路图（图 3-4-1）

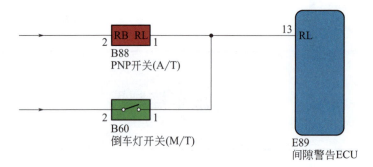

图 3-4-1　倒车灯开关电路图

3. 故障诊断
（1）检查间隙警告 ECU

a. 从间隙警告 ECU 上断开连接器 E89。

b. 根据图 3-4-2 和表 3-4-1 中的值测量电压。

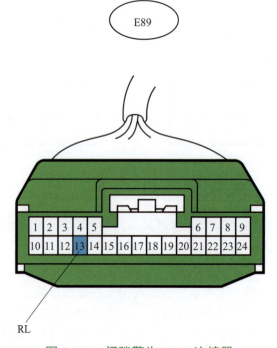

图 3-4-2　间隙警告 ECU 连接器

表 3-4-1　标准电压

检测仪连接	条件	规定状态
E89-13（RL）—车身搭铁	点火开关置于 ON（IG）位置，换挡杆在倒挡位置	7V 或更高

如果检测结果异常，则检查线束和连接器；如果检测结果正常，则继续检查故障症状表中所示的下一个电路。

（2）检查线束和连接器

a. 从间隙警告 ECU 上断开连接器 E89。

b. 从 PNP 开关（A/T）上断开连接器 B88 或从倒车灯开关（M/T）上断开连接器 B60。

c. 根据图 3-4-3、图 3-4-4 和表 3-4-2 中的值测量电阻。

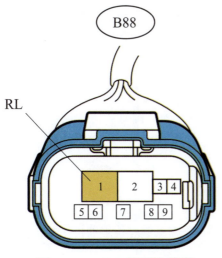

图 3-4-3　PNP 开关连接器

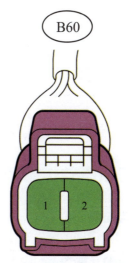

图 3-4-4　倒车灯开关连接器

表 3-4-2　标准电阻

检测仪连接	条件	规定状态
E89-13（RL）—B88-1（RL）（*1）	始终	小于 1Ω
E89-13（RL）—B60-1（*2）	始终	小于 1Ω
E89-13（RL）—车身搭铁	始终	10kΩ 或更大

如果检测结果异常，则检查线束和连接器；如果检测结果正常，则检查类型。

（3）检查类型

a. A/T 检查 PNP 开关。

b. M/T 检查倒车灯开关。

（4）检查 PNP 开关

a. 从 PNP 开关上断开连接器 B88。

b. 根据图 3-4-5 和表 3-4-3 中的值测量电阻。

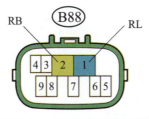

图 3-4-5　PNP 开关连接器

表 3-4-3　标准电阻

检测仪连接	条件	规定状态
B88-1（RL）—B88-2（RB）	将换挡杆移至倒挡位置	小于 1Ω
B88-1（RL）—B88-2（RB）	将换挡杆移至除倒挡外的任意位置	10kΩ 或更大

如果检测结果异常，则更换 PNP 开关；如果检测结果正常，则维修或更换线束或连接器。

（5）检查倒车灯开关

a. 从倒车灯开关上断开连接器 B60。

b. 根据图 3-4-4 和表 3-4-4 中的值测量电阻。

表 3-4-4　标准电阻

检测仪连接	条件	规定状态
B60-1—B60-2	将换挡杆移至倒挡位置	小于 1Ω
B60-1—B60-2	将换挡杆移至除倒挡外的任意位置	10kΩ 或更大

如果检测结果异常，则更换倒车灯开关；如果检测结果正常，则维修或更换线束或连接器。

二、前侦测声呐传感器电路故障诊断

1. 功能描述

该电路显示了间隙警告 ECU 和 1 号超声波传感器间的传感器电源、传感器搭铁和传感器信号线路。

2. 电路图（图 3-4-6）

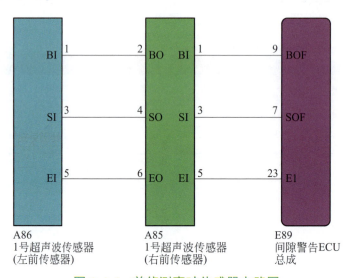

图 3-4-6　前侦测声呐传感器电路图

3. 故障诊断

（1）检查侦测声呐系统

若所有前间隙传感器指示灯均闪烁，则检查线束和连接器（间隙警告 ECU—右前传感器）。

若左前间隙传感器指示灯或右前间隙传感器指示灯闪烁，则更换 1 号超声波传感器（右前传感器）。

（2）检查线束和连接器（间隙警告 ECU—右前传感器）

a. 从间隙警告 ECU 上断开连接器 E89。

b. 从 1 号超声波传感器上断开连接器 A85。

c. 根据图 3-4-7、图 3-4-8 和表 3-4-5 中的值测量电阻。

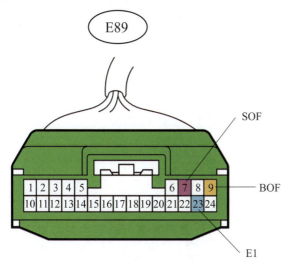

图 3-4-7 间隙警告 ECU 连接器

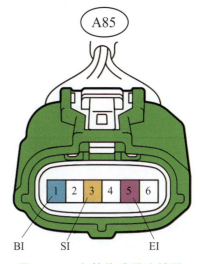

图 3-4-8 右前传感器连接器

表 3-4-5 标准电阻

检测仪连接	条件	规定状态
E89-9（BOF）—A85-1（BI）	始终	小于 1Ω
E89-7（SOF）—A85-3（SI）		
E89-23（E1）—A85-5（EI）		
E89-9（BOF）—车身搭铁		10kΩ 或更大
E89-7（SOF）—车身搭铁		
E89-23（E1）—车身搭铁		

如果检测结果异常，则维修或更换线束或连接器；如果检测结果正常，则检查间隙警告 ECU。

（3）检查间隙警告 ECU

a. 将连接器 E89 重新连接到间隙警告 ECU 上。

b. 根据图 3-4-7 和表 3-4-6 中的值测量电阻。

表 3-4-6 标准电阻

检测仪连接	条件	规定状态
E89-23（E1）—车身搭铁	始终	小于 1Ω

c. 根据图 3-4-7 和表 3-4-7 中的值测量电压。

表 3-4-7 标准电压

检测仪连接	条件	规定状态
E89-9（BOF）—车身搭铁	点火开关置于 ON（IG）位置，侦测声呐主开关置于 ON 位置	7.2～8.8V

如果检测结果异常，则更换间隙警告 ECU；如果检测结果正常，则更换 1 号超声波传感器（右前传感器）。

（4）更换 1 号超声波传感器（右前传感器）

使用功能正常的传感器更换 1 号超声波传感器（右前传感器），外形见图 3-4-9。

> **提示**
> 所有车角传感器均相同，调换左右传感器以确认传感器功能是否正常。

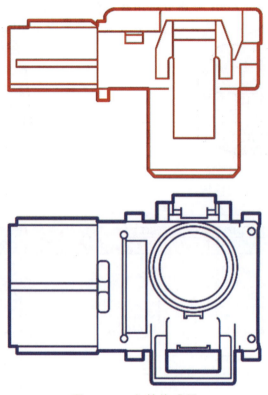

图 3-4-9　右前传感器

（5）检查侦测声呐系统

若侦测声呐系统故障，则检查线束和连接器（右前传感器—左前传感器）。

若侦测声呐系统正常工作，则检测结束。

（6）检查线束和连接器（右前传感器—左前传感器）

a. 从 1 号超声波传感器上断开连接器 A85 和 A86。

b. 根据图 3-4-10、图 3-4-11 和表 3-4-8 中的值测量电阻。

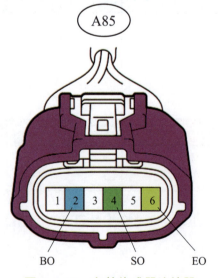

图 3-4-10　右前传感器连接器

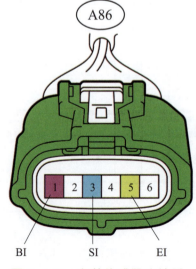

图 3-4-11　左前传感器连接器

表 3-4-8　标准电阻

检测仪连接	条件	规定状态
A85-2（BO）—A86-1（BI）	始终	小于 1Ω
A85-4（SO）—A86-3（SI）		
A85-6（EO）—A86-5（EI）		
A85-2（BO）—车身搭铁		10kΩ 或更大
A85-4（SO）—车身搭铁		
A85-6（EO）—车身搭铁		

如果检测结果异常，则维修或更换线束或连接器；如果检测结果正常，则更换 1 号超声波传感器（左前传感器）。

（7）更换 1 号超声波传感器（左前传感器）

使用功能正常的传感器更换 1 号超声波传感器（左前传感器），外形见图 3-4-12。

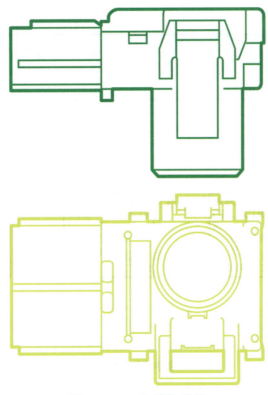

图 3-4-12　左前传感器

（8）检查侦测声呐系统

若侦测声呐系统故障，则继续检查故障症状表中所示的下一个电路。

若侦测声呐系统正常工作，则检测结束。

三、后侦测声呐传感器电路故障诊断

1. 功能描述

该电路显示了间隙警告 ECU、1 号超声波传感器和 2 号超声波传感器间的电源、搭铁和信号线路。1 号超声波传感器和 2 号超声波传感器均是数字传感器。1 号超声波传感器和 2 号超声波传感器均是同一类零件。

2. 电路图（图 3-4-13）

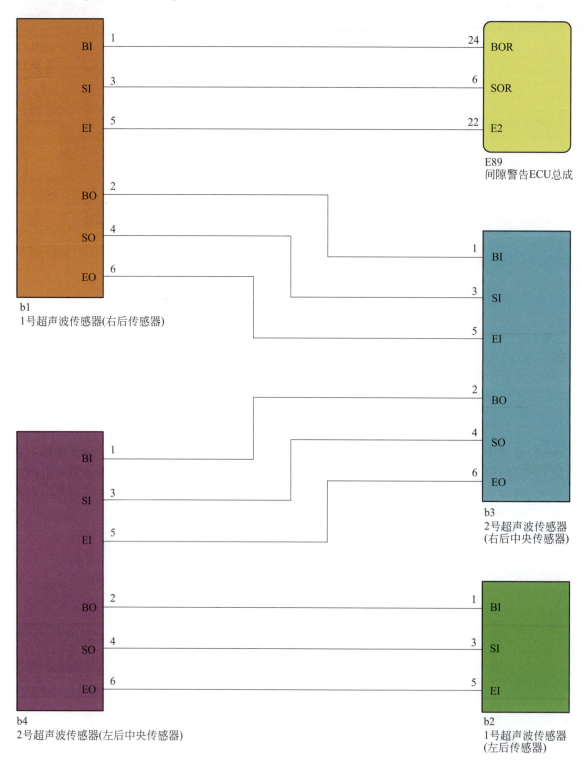

图 3-4-13　后侦测声呐传感器电路图

3. 故障诊断

（1）检查侦测声呐系统

若所有后间隙传感器指示灯均闪烁，则检查线束和连接器（间隙警告 ECU—右后传感器）。

若右后间隙传感器或后声呐传感器和左后间隙传感器指示灯闪烁，则更换 1 号超声波传感器（右后传感器）。

若后声呐传感器指示灯闪烁，则更换 2 号超声波传感器（右后中央传感器）。

若左后间隙传感器指示灯闪烁，则检查侦测声呐系统。

（2）检查线束和连接器（间隙警告 ECU—右后传感器）

a. 从间隙警告 ECU 上断开连接器 E89。

b. 从 1 号超声波传感器上断开连接器 b1。

c. 根据图 3-4-14、图 3-4-15 和表 3-4-9 中的值测量电阻。

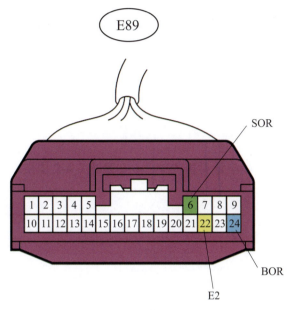

图 3-4-14　间隙警告 ECU 连接器

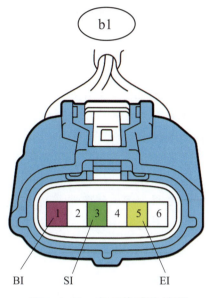

图 3-4-15　右后传感连接器

表 3-4-9　标准电阻

检测仪连接	条件	规定状态
E89-24（BOR）—b1-1（BI）	始终	小于 1Ω
E89-6（SOR）—b1-3（SI）		
E89-22（E2）—b1-5（EI）		
E89-24（BOR）—车身搭铁		10kΩ 或更大
E89-6（SOR）—车身搭铁		
E89-22（E2）—车身搭铁		

如果检测结果异常，则维修或更换线束或连接器；如果检测结果正常，则检查间隙警告 ECU 总成。

（3）检查间隙警告 ECU 总成

a. 将连接器 E89 重新连接到间隙警告 ECU 上。

b. 根据图 3-4-14 和表 3-4-10 中的值测量电阻。

表 3-4-10　标准电阻

检测仪连接	条件	规定状态
E89-22（E2）—车身搭铁	始终	小于 1Ω

c. 根据图 3-4-14 和表 3-4-11 中的值测量电压。

表 3-4-11　标准电压

检测仪连接	条件	规定状态
E89-24（BOR）—车身搭铁	点火开关置于 ON（IG）位置，侦测声响主开关置于 ON 位置	7.2～8.8V

如果检测结果异常，则更换间隙警告 ECU；如果检测结果正常，则更换 1 号超声波传感器（右后传感器）。

（4）更换 1 号超声波传感器（右后传感器）

使用功能正常的传感器更换 1 号超声波传感器（右后传感器）。

提示

所有车角传感器均相同，调换左右传感器以确认传感器功能是否正常。

（5）检查侦测声呐系统

若侦测声呐系统故障，则检查线束和连接器（右后传感器—右后中央传感器）。

若侦测声呐系统正常工作，则检查结束。

（6）检查线束和连接器（右后传感器—右后中央传感器）

a. 从 1 号超声波传感器上断开连接器 b1。

b. 从 2 号超声波传感器上断开连接器 b3。

c. 根据图 3-4-16、图 3-4-17 和表 3-4-12 中的值测量电阻。

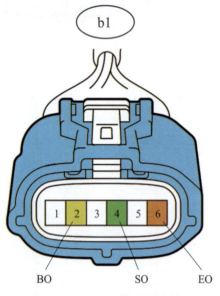

图 3-4-16　右后传感器连接器

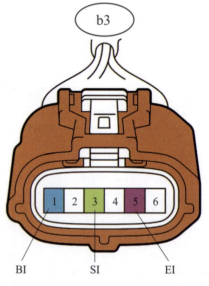

图 3-4-17　右后中央传感器连接器

表 3-4-12　标准电阻

检测仪连接	条件	规定状态
b1-2（BO）—b3-1（BI）	始终	小于 1Ω
b1-4（SO）—b3-3（SI）		
b1-6（EO）—b3-5（EI）		
b1-2（BO）—车身搭铁		10kΩ 或更大
b1-4（SO）—车身搭铁		
b1-6（EO）—车身搭铁		

如果检测结果异常，则维修或更换线束或连接器；如果检测结果正常，则更换 2 号超声波传感器（右后中央传感器）。

（7）更换 2 号超声波传感器（右后中央传感器）

使用功能正常的传感器更换 2 号超声波传感器（右后中央传感器）。

(8) 检查侦测声呐系统

若后中央间隙传感器和左后侦测声呐指示灯闪烁,则检查线束和连接器(右后中央传感器—左后中央传感器)。

若左后间隙传感器指示灯闪烁,则检查侦测声呐系统。

若间隙传感器指示灯不闪烁,则检查结束。

(9) 检查线束和连接器(右后中央传感器—左后中央传感器)

a. 从 2 号超声波传感器上断开连接器 b3 和 b4。

b. 根据图 3-4-18、图 3-4-19 和表 3-4-13 中的值测量电阻。

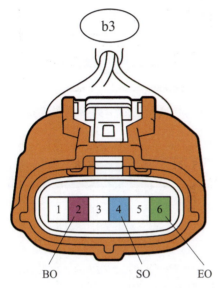 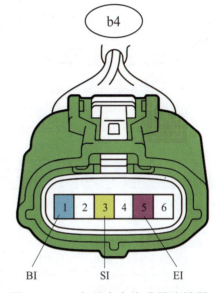

图 3-4-18　右后中央传感器连接器　　　图 3-4-19　左后中央传感器连接器

表 3-4-13　标准电阻

检测仪连接	条件	规定状态
b3-2(BO)—b4-1(BI)	始终	小于 1Ω
b3-4(SO)—b4-3(SI)		
b3-6(EO)—b4-5(EI)		
b3-2(BO)—车身搭铁		10kΩ 或更大
b3-4(SO)—车身搭铁		
b3-6(EO)—车身搭铁		

如果检测结果异常,则维修或更换线束或连接器;如果检测结果正常,则更换 2 号超声波传感器(左后中央传感器)。

(10) 更换 2 号超声波传感器(左后中央传感器)

使用功能正常的传感器更换 2 号超声波传感器(左后中央传感器)。

(11) 检查侦测声呐系统

若侦测声呐系统故障,则检查线束和连接器(左后中央传感器—左后传感器)。

若侦测声呐系统正常工作,则检查结束。

(12) 检查线束和连接器(左后中央传感器—左后传感器)

a. 从 2 号超声波传感器上断开连接器 b4。

b. 从 1 号超声波传感器上断开连接器 b2。

c. 根据图 3-4-20、图 3-4-21 和表 3-4-14 中的值测量电阻。

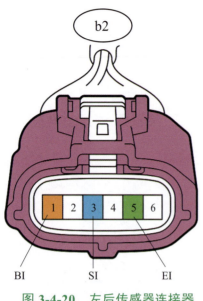

图 3-4-20　左后传感器连接器

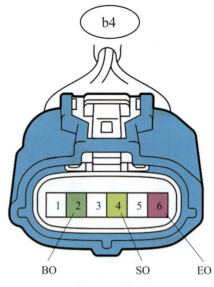

图 3-4-21　左后中央传感器连接器

表 3-4-14　标准电阻

检测仪连接	条件	规定状态
b4-2（BO）—b2-1（BI）	始终	小于 1Ω
b4-4（SO）—b2-3（SI）		
b4-6（EO）—b2-5（EI）		
b4-2（BO）—车身搭铁		10kΩ 或更大
b4-4（SO）—车身搭铁		
b4-6（EO）—车身搭铁		

如果检测结果异常，则维修或更换线束或连接器；如果检测结果正常，则更换 2 号超声波传感器（左后中央传感器）。

（13）更换 1 号超声波传感器（左后传感器）

使用功能正常的传感器更换 1 号超声波传感器（左后传感器）。

（14）检查侦测声呐系统

若侦测声呐系统故障，则继续检查故障症状表中所示的下一个电路。

若侦测声呐系统正常工作，则检查结束。

四、侦测声呐主开关电路故障诊断

1. 功能描述

当侦测声呐主开关接通时，ON 信号发送至间隙警告 ECU，开关上的指示灯亮起。根据该信号，侦测声呐系统开始工作。

2. 电路图（图 3-4-22）

3. 故障诊断

（1）检查保险丝（ECU-IG NO. 2）

a. 从仪表板接线盒总成上拆下 ECU-IG NO. 2 保险丝。

b. 根据表 3-4-15 中的值测量电阻。

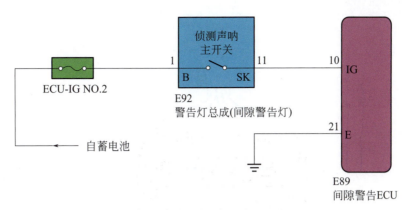

图 3-4-22　侦测声呐主开关电路图

表 3-4-15　标准电阻

检测仪连接	条件	规定状态
ECU-IG NO.2 保险丝	始终	小于 1Ω

如果检测结果异常，则更换保险丝；如果检测结果正常，则检查间隙警告 ECU。

（2）检查间隙警告 ECU

a. 从间隙警告 ECU 上断开连接器 E89。

b. 根据图 3-4-23 和表 3-4-16 中的值测量电压。

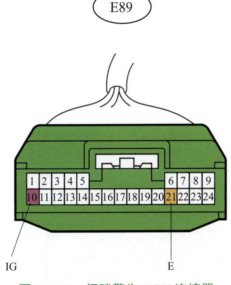

图 3-4-23　间隙警告 ECU 连接器

表 3-4-16　标准电压

检测仪连接	条件	规定状态
E89-10（IG）—E89-21（E）	点火开关置于 ON（IG）位置，侦测声呐主开关置于 ON 位置	9～15V

如果检测结果异常，则检查线束和连接器（间隙警告 ECU—警告灯总成）；如果检测结果正常，则继续检查故障症状表中所示的下一个电路。

（3）检查线束和连接器（间隙警告 ECU—警告灯总成）

a. 从间隙警告 ECU 上断开连接器 E89。

b. 从警告灯总成上断开连接器 E92。

c. 根据图 3-4-23、图 3-4-24 和表 3-4-17 中的值测量电阻。

图 3-4-24 警告灯连接器

表 3-4-17 标准电阻

检测仪连接	条件	规定状态
E89-10（IG）—E92-11（SK）	始终	小于 1Ω

如果检测结果异常，则维修或更换线束或连接器；如果检测结果正常，则检查警告灯总成（侦测声响主开关）。

（4）检查警告灯总成（侦测声响主开关）

a. 拆下警告灯总成。

b. 根据图 3-4-25 和表 3-4-18 中的值测量电阻。

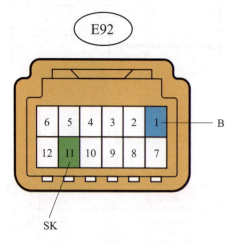

图 3-4-25 警告灯连接器

表 3-4-18 标准电阻

检测仪连接	条件	规定状态
E92-1（B）—E92-11（SK）	侦测声响主开关置于 OFF 位置	10kΩ 或更大
E92-1（B）—E92-11（SK）	侦测声响主开关置于 ON 位置	小于 1Ω

如果检测结果异常，则维修或更换线束或连接器；如果检测结果正常，则检查线束和连接器（警告灯总成—蓄电池）。

（5）检查线束和连接器（警告灯总成—蓄电池）

a. 从警告灯总成上断开连接器 E92。

b. 根据图 3-4-25 和表 3-4-19 中的值测量电压。

表 3-4-19　标准电压

检测仪连接	条件	规定状态
E92-1（B）—车身搭铁	点火开关置于 ON（IG）位置	9～15V

如果检测结果异常，则更换警告灯总成；如果检测结果正常，则继续检查故障症状表中所示的下一个电路。

第四章 电子驻车制动系统典型控制电路详解

第一节 电子驻车制动系统的作用

一、电子驻车

电子式驻车制动系统（EPB）俗称电子驻车，是将行车过程中的临时性制动和停车后的长时性制动功能整合在一起，并且由电子控制方式实现停车制动的技术。其工作原理与机械式手刹相同，通过刹车盘与刹车片产生的摩擦力来达到控制停车制动的目的，控制方式从之前的机械式手刹拉杆变成了电子按钮。电子驻车制动按键如图 4-1-1 所示。

图 4-1-1　电子驻车制动按键

二、自动驻车（图 4-1-2）

自动驻车（AUTO HOLD）其实就是车身稳定控制系统（ESP）的功能扩展，它是通过 ESP 来实现对四轮刹车的控制。有些车型在车上的标注按键直接是"AUTO HOLD"，而在有些车上则标注一对半圆夹着圆圈里面的"A"，虽然样式有所不同，但实现的功能都是相同的。启动该功能之后，比如在停车等红绿灯的时候，不用拉手刹了，可以避免使用手刹或电子手刹而简化操作，自动挡车型也不用频繁地在 D 到 N、D 到 P 之间来回切换了。

图 4-1-2　自动驻车按键

第二节　电子驻车制动系统的工作原理

一、静态制动模式

它控制车辆停止时的驻车制动啮合和释放。
（1）操作条件
与点火开关状态无关，踩下制动踏板，拉起 EPB 开关，即可启动驻车制动。
（2）释放条件
在点火开关置于 ON，踩下制动踏板的状态下，按下 EPB 开关，即可解除驻车制动。

二、动态制动功能

DBF（动态制动功能）：行驶期间的制动功能，在车辆行驶过程中能够啮合和释放 EPB 系统。当制动踏板被物体挡住或制动油管路故障行车制动系统失效时，应用此功能。
（1）应用条件
仅当车速大于 6km/h，并按下 EPB 开关时，进行控制。
（2）释放条件
当释放 EPB 开关时，进行释放。
（3）工作原理
a. ESC 系统处于正常状态：EPB 请求制动压力应用信号到 ESP 系统。
b. ESC 系统处于异常状态：EPB 控制啮合驻车制动器，减缓速度。
（4）特性
当发生车轮抱死的情况时，防抱死功能工作。如果是紧急制动，仪表盘上的驻车制动警告灯闪烁。

三、行驶释放（DAR）

为了驾驶便利，当驾驶员在踩下制动踏板状态下将换挡杆从 P 位置移到 R/N/D/S 时，EPB 自动释放。
当换挡杆在 D/R/S 位置和满足下列条件时，如果踩下加速踏板，EPB 自动释放。
a. 驾驶员侧车门关闭，并佩戴好安全带。
b. 换挡杆在 D 位置时，发动机罩应关闭。
c. 换挡杆在 R 位置时，行李箱盖应关闭。

第三节
典型控制电路

一、相关部件作用

1. 驻车制动执行器

- 电子驻车制动模块信号施加和释放驻车制动。
- 驻车制动执行器由电机、齿轮、带轮、V 带等组成。
- 它通过将电机转动输出传递至后制动钳的活塞来操作/释放驻车制动。

2. 组合仪表

（1）主要通过 CAN 通信将下列信号发送到电子驻车制动控制模块

- 安全带扣环开关（驾驶员）信号

（2）主要通过 CAN 通信接收来自电子驻车制动控制模块的下列信号

- 电子驻车制动指示灯信号
- 制动系统警告灯信号
- 主警告灯信号

3. ABS 执行器和电气单元（控制单元）

（1）主要通过 CAN 通信将下列信号发送到电子驻车制动控制模块

- 左后车轮速度信号
- 右后车轮速度信号
- 左前车轮速度信号
- 右前车轮速度信号
- VDC 操作信号
- 制动液液压信号
- ABS 工作信号

（2）主要通过 CAN 通信接收来自电子驻车制动控制模块的下列信号

- 电子驻车制动操作信号

4. TCM 自动变速箱控制单元

主要通过 CAN 通信将下列信号发送到电子驻车制动控制模块。

- 目标挡位信号
- 车速输入信号

5. ECM 发动机控制单元

主要通过 CAN 通信将下列信号发送到电子驻车制动控制模块。

- 发动机转速信号
- 发动机转矩信号
- 停车/启动状态信号

6. IPDM E/R 智能配电模块

主要通过 CAN 通信将下列信号发送到电子驻车制动控制模块。

- 点火开关 ON 信号

7. 驻车制动开关

拉动驻车制动开关，以施加驻车制动。

8. 电子驻车制动控制模块

驻车制动执行器由来自驻车制动开关、传感器和单元的信号控制。

提示：

通过控制驻车制动执行器来释放和施加驻车制动。

9. 离合器踏板行程传感器

检测离合器踏板的踩踏量并发送至电子驻车制动控制模块。

提示：

离合器踏板行程传感器适用于 M/T 车型。

二、大众/奥迪车型典型电子驻车制动系统电路详解——大众迈腾电子驻车系统控制电路（图 4-3-1）

这里以大众迈腾车型为例进行介绍，同样适用于大众/奥迪其他车型，限于篇幅不再赘述。

当驾驶员按压电子驻车按键时，电子驻车控制单元（J540）接收到来自按键的请求信号，如果汽车当前的行驶状态符合控制模块预设的条件，J540 向执行机构（电动机）给予 12V 电压，让其转动。电动机产生的转矩通过传动带和减速机构传递到心轴螺杆，心轴螺杆通过螺杆螺母机构推动制动活塞做轴向运动，从而产生对后轮的制动力。

1. 静态模式（驻车功能）

当控制单元接收到驻车按钮信号，通过 CAN 数据线获知车辆此时速度低于 7km/h 时，车辆进入静态模式状态，J540 命令两后轮驻车制动电机工作，实现正常驻车制动的作用。此时系统指示灯 K213、组合仪表中的驻车指示灯 K118 点亮，表明车辆机电式驻车系统在工作。

2. AUTO HOLD 功能

按下按钮 E540 后，其指示灯会点亮，表示 "AUTO HOLD" 功能被激活，J540 控制系统进入"Stop and Go 辅助功能"。在车辆走走停停的行驶状况下，J540 会自动解除或执行车辆驻车制动，减轻驾驶员操作负担。当 J540 接收到车辆停止、驾驶员侧车门打开、安全带被解除或点火系统关闭信号时，控制驻车制动器实施驻车制动。

三、别克/雪佛兰/凯迪拉克车型典型驻车辅助系统电路详解——别克威朗电子驻车系统控制电路（图 4-3-2）

这里以别克威朗车型为例进行介绍，同样适用于别克/雪佛兰/凯迪拉克其他车型，限于篇幅不再赘述。

电子制动控制模块将诊断驻车制动器电机电路以确认其工作正常。驻车制动器电机电路用来指令执行器电机操作，并用来激活执行器（在后制动钳活塞上施加或释放压力），最终接合和释放驻车制动器。电子制动控制模块通过测量电机增加的电流消耗来监测驻车制动器电机从而确定电机的最终停止。释放时，电机激活一段时间直到处于打开位置。

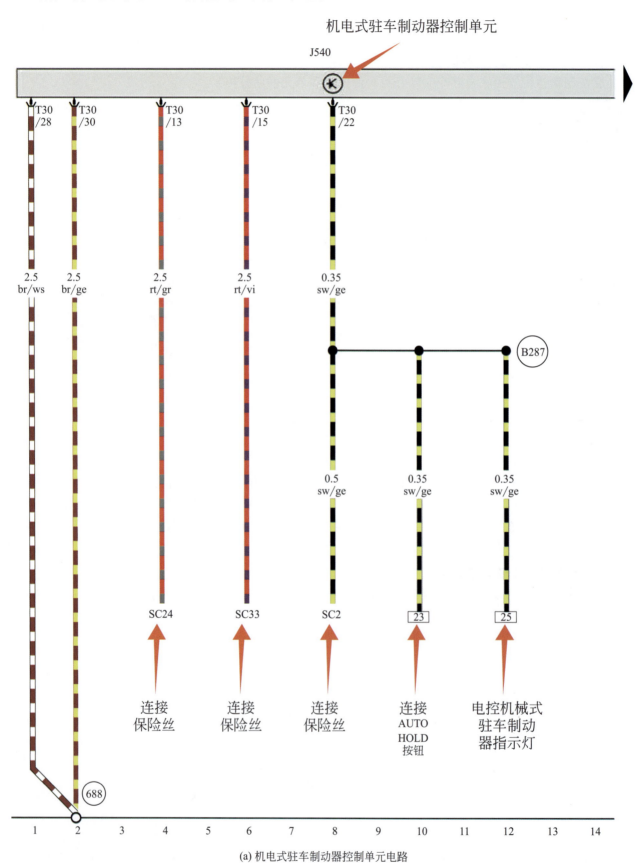

(a) 机电式驻车制动器控制单元电路

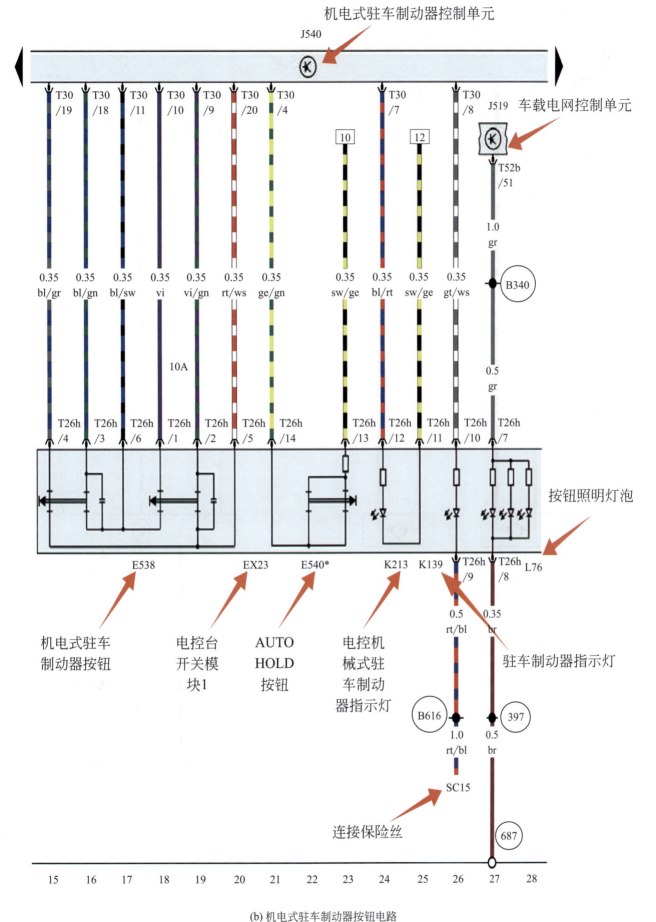

(b) 机电式驻车制动器按钮电路

图 4-3-1

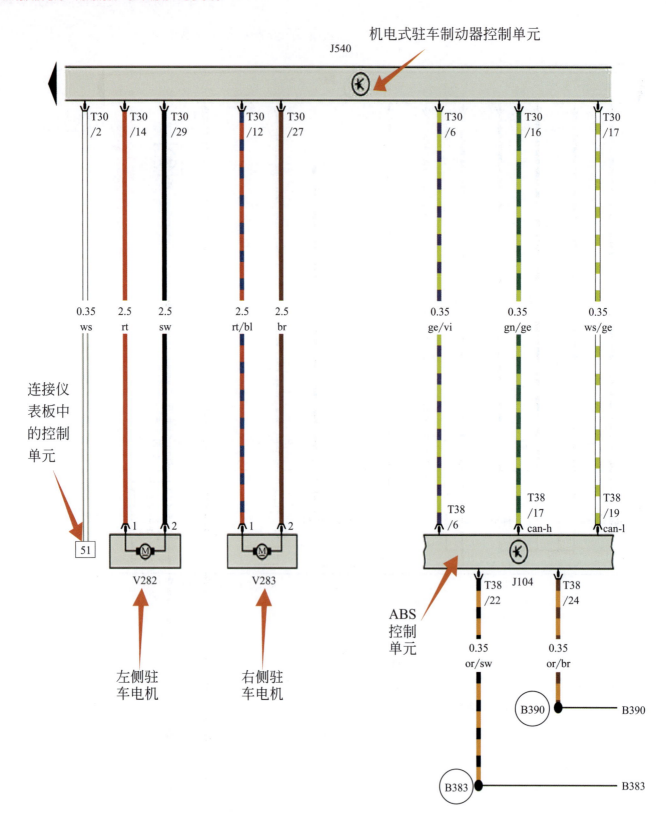

(c) 左/右驻车电机电路

第四章
电子驻车制动系统典型控制电路详解

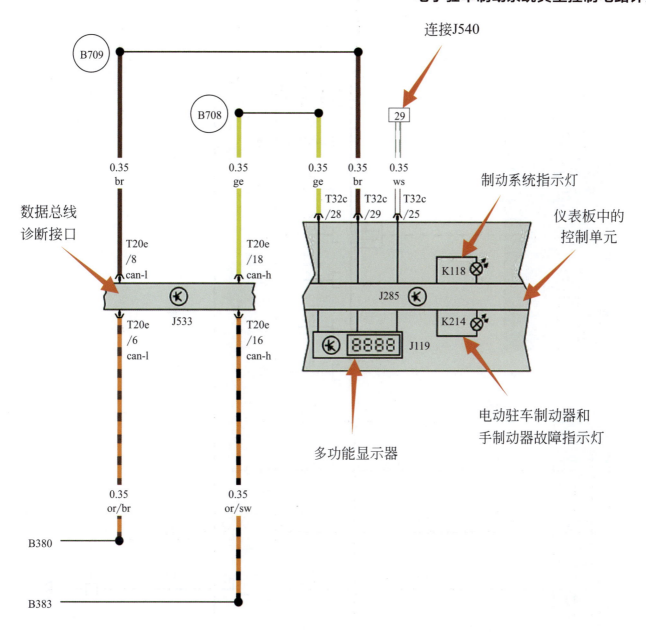

(d) 制动系统指示灯电路

图 4-3-1　大众迈腾电子驻车系统控制电路

当拉起驻车制动器开关时，发送信号至电子制动控制模块，其将提供12V电压至接合控制电路并提供搭铁至分离控制电路，从而使左右驻车制动器执行器激活，使驻车制动器接合。当按下驻车制动器开关时，发送信号至电子制动控制模块，其将提供12V电压至分离控制电路并提供搭铁至接合控制电路，从而使左右驻车制动器执行器激活，使驻车制动器分离。

电子制动控制模块电源电路：

蓄电池正极→F57UA（50A）保险丝→电子制动控制模块1号端子。

蓄电池正极→F1DA（40A）保险丝→电子制动控制模块30号端子。

电子制动控制模块接地电路：电子制动控制模块14、46号端子→接地G110。

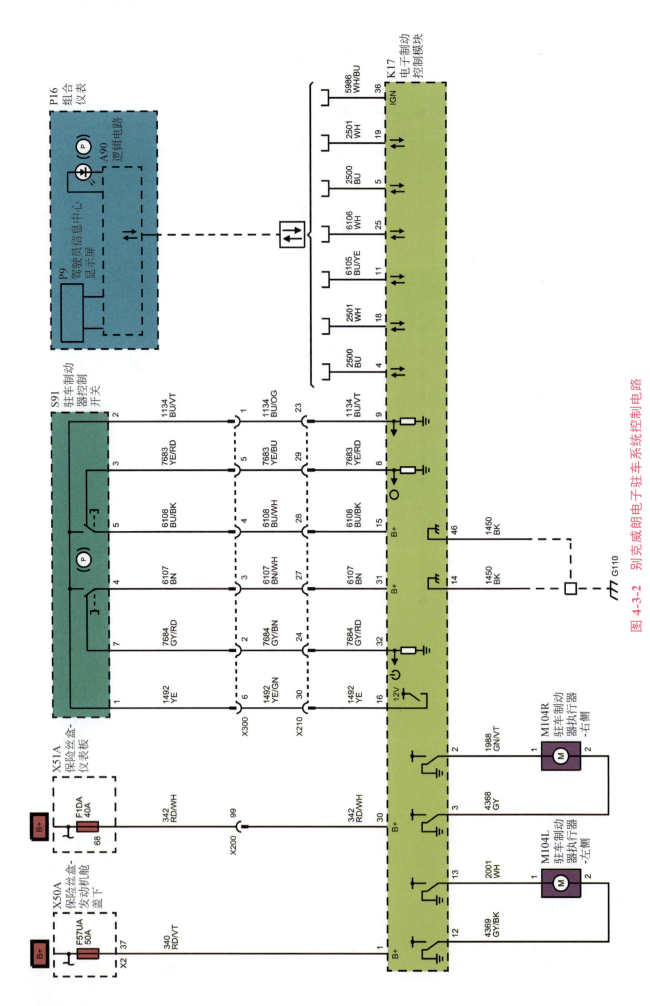

图 4-3-2 别克威朗电子驻车系统控制电路

四、比亚迪车型典型驻车辅助系统电路详解——比亚迪元电子驻车系统控制电路（图4-3-3）

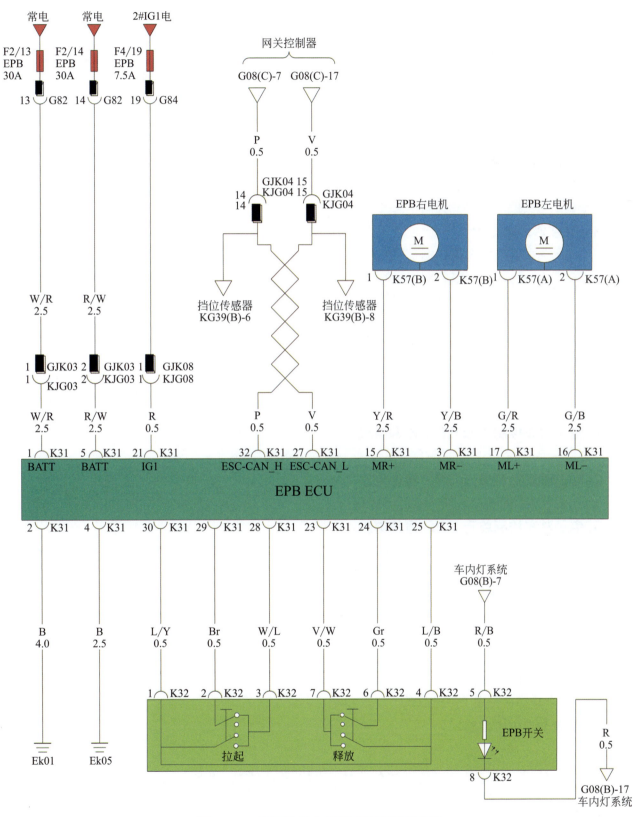

图 4-3-3　比亚迪元电子驻车系统控制电路

1. 电子驻车系统 EPB 控制单元电源电路

常电→F2/13（30A）保险丝→EPB控制单元K31/1号端子。

常电→F2/14（30A）保险丝→EPB 控制单元 K31/5 号端子。
2#IG1 电源→F4/19（7.5A）保险丝→EPB 控制单元 K31/21 号端子。

2. 电子驻车系统 EPB 控制单元接地电路

EPB 控制单元 K31/2 号端子→接地 Ek01。
EPB 控制单元 K31/4 号端子→接地 Ek05。

3.EPB 开关电路

K32/1、2、3 号端子为拉起功能信号端子，分别与 EPB 控制单元 K31/30、29、28 号端子连接。
K32/4、6、7 号端子为释放功能信号端子，分别与 EPB 控制单元 K31/25、24、23 号端子连接。
K32/5 号端子为 EPB 开关背景灯。

4.EPB 左电机电路

1 号端子为正极，与 EPB 控制单元 K31/17 号端子连接。
2 号端子为负极，与 EPB 控制单元 K31/16 号端子连接。

5.EPB 右电机电路

1 号端子为正极，与 EPB 控制单元 K31/15 号端子连接。
2 号端子为负极，与 EPB 控制单元 K31/3 号端子连接。
EPB 控制单元 K31/32 号端子为 CAN_H，K31/27 号端子为 CAN_L，与网关控制器连接，接收车速、挡位信号。

五、吉利车型典型驻车辅助系统电路详解——帝豪电子驻车系统控制电路（图 4-3-4）

1. 电子驻车控制单元 EPB 电源电路

IG2 电源→IF12（10A）保险丝→EPB 控制单元 IP68/22 号端子。

2. 电子驻车控制单元 EPB 接地电路

EPB 控制单元 IP68/28、30 号端子→接地 G07。

3. 电子驻车控制单元 EPB 通信电路

IP68/16 号端子为 CAN-H、IP68/17 号端子 CAN-L，与其他模块进行通信，接收车速及挡位信号。

4.EPB 开关电路

EPB 开关 IP70/1、2、3、4 号端子为信号线，与 EPB 控制单元连接。
EPB 开关 IP70/5 号端子接地 G08。
EPB 开关 IP70/6 号端子为背景灯控制线。
EPB 开关 IP70/7 号端子为功能指示灯控制线。
EPB 开关 IP70/8 号端子为电源线。

5. 左侧卡钳电机电路

电源电路：电源→EF20（30A）保险丝→EPB 控制单元 IP68/15 号端子。
SO29/1 号端子为正极电源线，与 EPB 控制单元 IP68/14 号端子连接。
SO29/2 号端子为负极电源线，与 EPB 控制单元 IP68/29 号端子连接。

6. 右侧卡钳电机电路

电源电路：电源→EF31（30A）保险丝→EPB 控制单元 IP68/13 号端子。
SO53/1 号端子为负极电源线，与 EPB 控制单元 IP68/12 号端子连接。
SO53/2 号端子为正极电源线，与 EPB 控制单元 IP68/27 号端子连接。

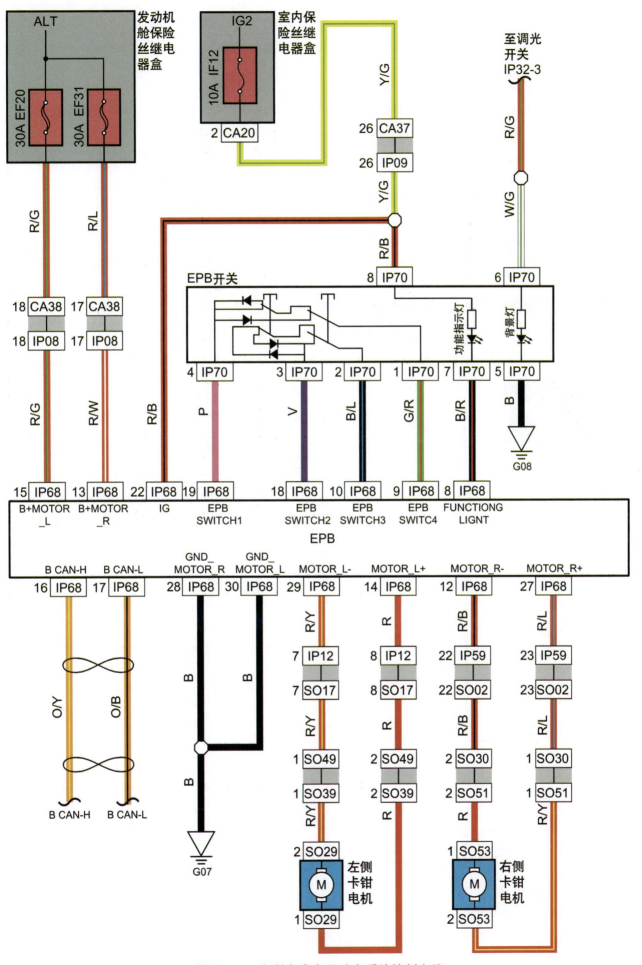

图 4-3-4　吉利帝豪电子驻车系统控制电路

六、本田车型典型驻车辅助系统电路详解——XR-V 电子驻车系统控制电路（图 4-3-5、图 4-3-6）

1. 电子驻车开关电路

1、2、4、11 号端子为信号线，分别与电动驻车制动控制单元 28、27、11、10 号端子连接。

7 号端子为制动保持信号线，与仪表控制单元连接。

10 号端子为电源线。

8、12 号端子为接地端子，连接 G502。

2. 电子驻车制动控制单元电源电路

蓄电池→A1 号（100A）保险丝→D1-2 号（50A）保险丝→点火开关 ACC 挡位→C37 号（7.5A）保险丝→电子驻车制动控制单元 16 号端子。

蓄电池→A1 号（100A）保险丝→D1-2 号（50A）保险丝→点火开关 IG1 挡位→C27 号（7.5A）保险丝→电子驻车制动控制单元 24 号端子。

3. 电子驻车制动控制单元接地电路

电子驻车制动控制单元 5、7 号端子→接地 G503。

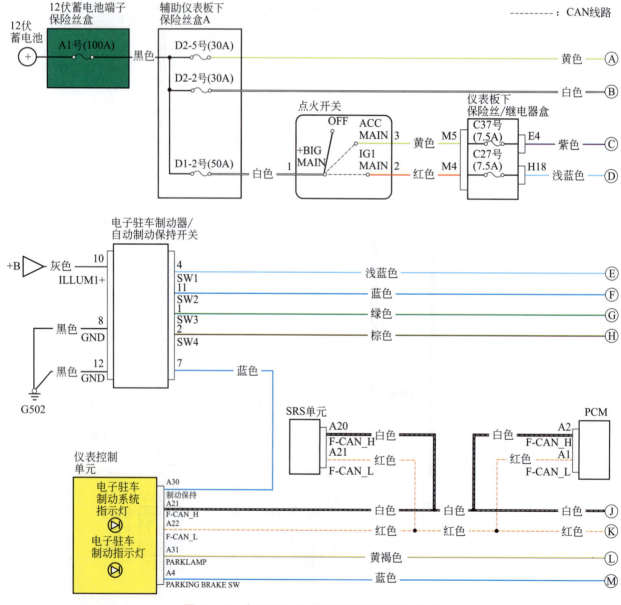

图 4-3-5　本田 XR-V 电子驻车制动开关电路

第四章 电子驻车制动系统典型控制电路详解

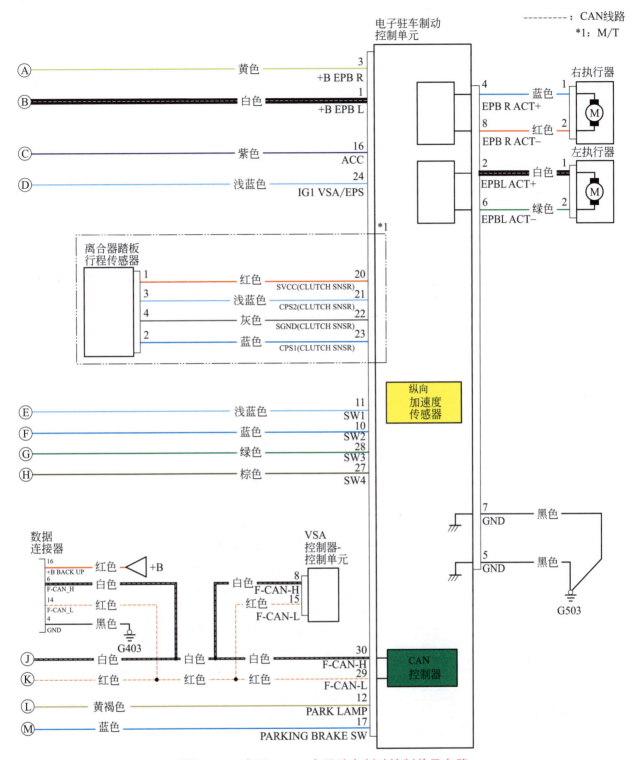

图 4-3-6 本田 XR-V 电子驻车制动控制单元电路

4. 左执行器电路

左执行器电源电路：蓄电池→A1 号（100A）保险丝→D2-2 号（30A）保险丝→电子驻车制动控制单元 1 号端子→电子驻车制动控制单元 2 号端子→左执行器 1 号端子。

左执行器 2 号端子为负极，与电子驻车制动控制单元 6 号端子连接。

5. 右执行器电路

左执行器电源电路：蓄电池→A1 号（100A）保险丝→D2-5 号（30A）保险丝→电子驻车制动控制单元 3 号端子→电子驻车制动控制单元 4 号端子→左执行器 1 号端子。

左执行器 2 号端子为负极，与电子驻车制动控制单元 8 号端子连接。

七、日产车型典型驻车辅助系统电路详解——天籁电子驻车系统控制电路（图 4-3-7）

电子驻车制动系统采用来自驻车制动开关的信号，使电子驻车制动控制模块操作驻车制动执行器，施加或释放驻车制动。

驻车制动开关置于中央控制台，从而可以随手进行操作（施加/释放制动）。

当驻车制动工作时，组合仪表的电子驻车制动指示灯和驻车制动开关指示灯开启。

当释放驻车制动时，组合仪表的电子驻车制动指示灯和驻车制动开关指示灯关闭。

当电子驻车制动系统发生故障时，制动系统警告灯（黄色）和驻车制动开关指示灯闪烁，并且进入故障-保护状态的功能保持。

当电子驻车制动系统发生故障时，也可对驻车制动进行机械释放。

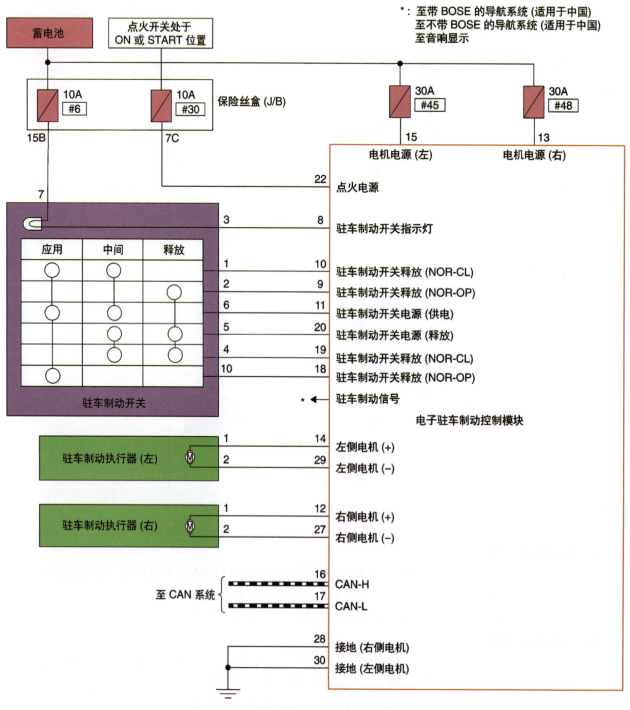

图 4-3-7　日产天籁电子驻车系统控制电路

八、现代/起亚车型典型驻车辅助系统电路详解——现代索纳塔电子驻车系统控制电路(图4-3-8)

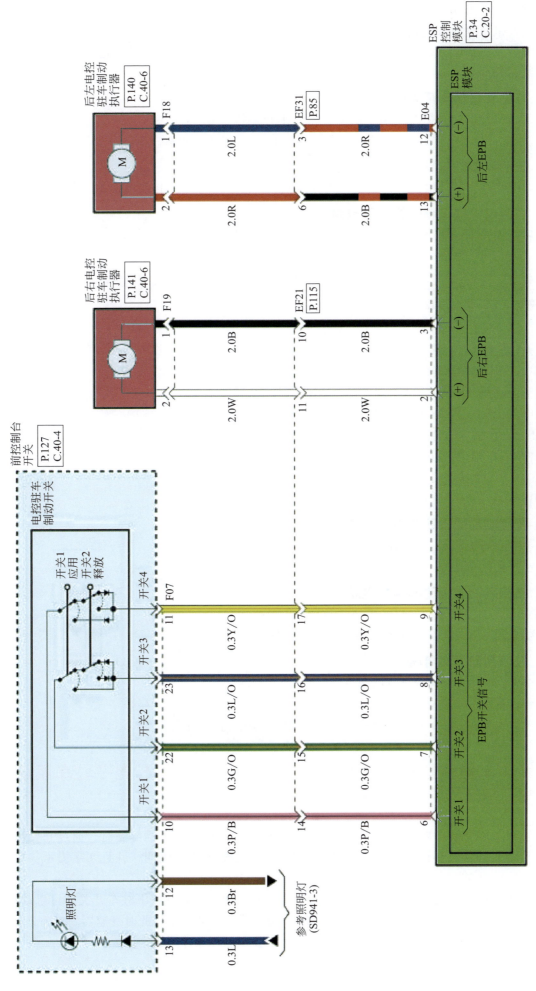

图4-3-8 现代索纳塔电子驻车系统控制电路

驾驶员操作 EPB 开关时，EPB 系统发送信号至 ECU，ECU 控制由电机齿轮组成的 EPB 执行器。电机拉动连接至制动系统的拉线并产生制动力。

EPB 模块是 EPB 系统的一个部件，它监测系统内的各种传感器信号，进行自诊断，并使用编程逻辑控制 EPB 系统。

1. 电控驻车制动开关电路

10、11、22、23 号端子为开关信号，与 ESP 控制模块 6、9、7、8 号端子连接。
13 号端子为电控驻车制动开关照明灯电源，12 号端子为电控驻车制动开关接地。

2. 左后电控驻车制动执行器电路

左后电控驻车制动执行器 1 号 /2 号端子为负极 / 正极，与 ESP 控制模块 12 号 /13 号端子连接。

3. 右后电控驻车制动执行器电路

右后电控驻车制动执行器 1 号 /2 号端子为负极 / 正极，与 ESP 控制模块 3 号 /2 号端子连接。

九、福特车型典型驻车辅助系统电路详解——蒙迪欧电子驻车系统控制电路（图 4-3-9）

1. ABS 模块电路

（1）ABS 模块常电源

蓄电池正极→F69（30A）保险丝→ABS 模块 30 号端子；
蓄电池正极→F82（60A）保险丝→ABS 模块 1 号端子。

（2）ABS 模块条件电源

条件电源→F25（10A）保险丝→ABS 模块 35 号端子。

（3）ABS 模块接地

ABS 模块 14 号端子→接地 G102。

2. 左侧制动器促动器电机电路

1 号端子为电源线，与 ABS 模块 12 号端子连接；
2 号端子为接地线，与 ABS 模块 13 号端子连接。

3. 右侧制动器促动器电机电路

1 号端子为电源线，与 ABS 模块 3 号端子连接；
2 号端子为接地线，与 ABS 模块 2 号端子连接。

4. 驻车制动开关电路

1 号端子为驻车开关背景灯电源；
2 号端子为驻车开关；
3～8 号端子为驻车制动信号线，分别与 ABS 模块不同端子连接。

十、传祺车型典型驻车辅助系统电路详解——GS5 电子驻车系统控制电路（图 4-3-10、图 4-3-11）

电子驻车制动器可以在车辆停止或者运动的任何时候接合。车辆静态时，通过开关瞬间拉起可控制执行驻车动作；车辆动态时，持续拉起驻车开关，蜂鸣器会鸣叫，并且文字提示"释放电子驻车开关"。

电子驻车制动器仅能在点火开关置于 ON 且踩下制动踏板时，按下驻车开关才可启动释放动作。不操作驻车开关，在进行车辆起步过程中，驻车制动器可自动释放，此时变速器须在前进挡位（或倒挡），并且踩下油门，当车辆获得适当动力时，电子驻车制动器才释放。

第四章 电子驻车制动系统典型控制电路详解

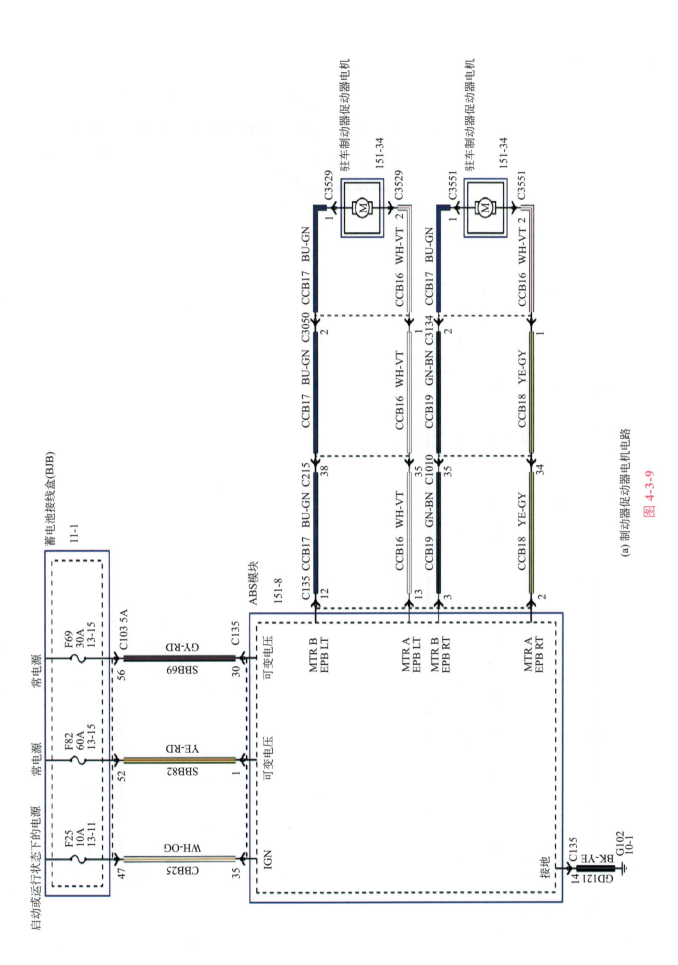

图 4-3-9 (a) 制动器促动器电机电路

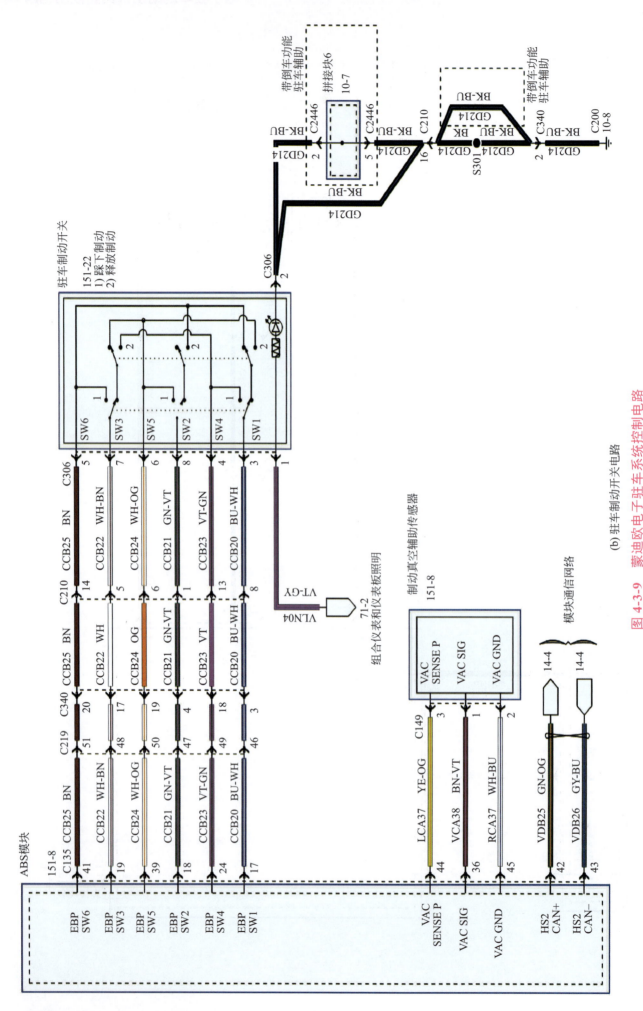

图 4-3-9 蒙迪欧电子驻车系统控制电路 (b) 驻车制动开关电路

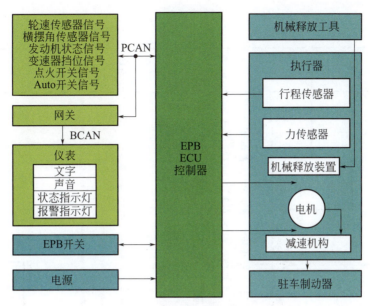

图 4-3-10　传祺 GS5 系统结构示意图

红色状态指示灯用于指示驻车状态，红色灯点亮代表制动器处于驻车状态，熄灭代表驻车制动释放，闪烁代表驻车制动器指示部分的接合或释放，或者电子驻车制动器有故障。当电子驻车处于释放状态时，在未操作驻车开关并且无自动驻车执行的情况下，红色指示灯会点亮，这是由受到外力使拉索力增加造成的。此时电子驻车并不能提供足够驻车力。

黄色故障报警灯点亮或闪烁用于指示电子驻车系统的电子系统故障或维修状态。故障时黄色报警灯点亮，此时电子驻车工作水平降低。

在电能不足的情况下，电子驻车无法执行接合动作或者释放动作。

1. 电子驻车控制单元电路 [图 4-3-11（c）]

常电源：蓄电池正极→EF37（40A）保险丝→电子驻车控制单元 BD53-A 端子；
条件电源：蓄电池正极→EF41（80A）保险丝→电子驻车控制单元 BD53-A 端子；
接地：电子控制单元 BD53-H 端子→接地 G310。

2. 电子驻车开关电路 [图 4-3-11（c）]

CN02-1、2、3、4、5、6 号端子为开关信号线，分别与电子驻车控制单元不同端子连接；
CN02-7 号端子为 AUTO 自动信号线，与车身控制单元 IP05-36 号端子连接；
CN02-9 号端子为灯光信号线，与车身控制单元 BD22-13 号端子连接；
CN02-10 号端子为接地线，接地 G303；
CN02-11 号端子为灯光信号线，与车身控制单元 IP74-7 号端子连接。

十一、长城车型典型驻车辅助系统电路详解——哈弗 H6 电子驻车系统控制电路（图 4-3-12）

1.ESP 液压电控单元常电源电路

蓄电池正极→F202（30A）保险丝→ESP 液压电控单元 1 号端子；
蓄电池正极→F203（40A）保险丝→ESP 液压电控单元 30 号端子。

2.EPB 电子驻车开关电路

EPB 开关 1、3、4、6、7 号端子为 EPB 电子驻车开关信号线，分别与 ESP 液压电控单元不同端子连接；
5 号端子为中央控制开关控制线，与中央控制开关 3 号端子连接；
12 号端子接地。

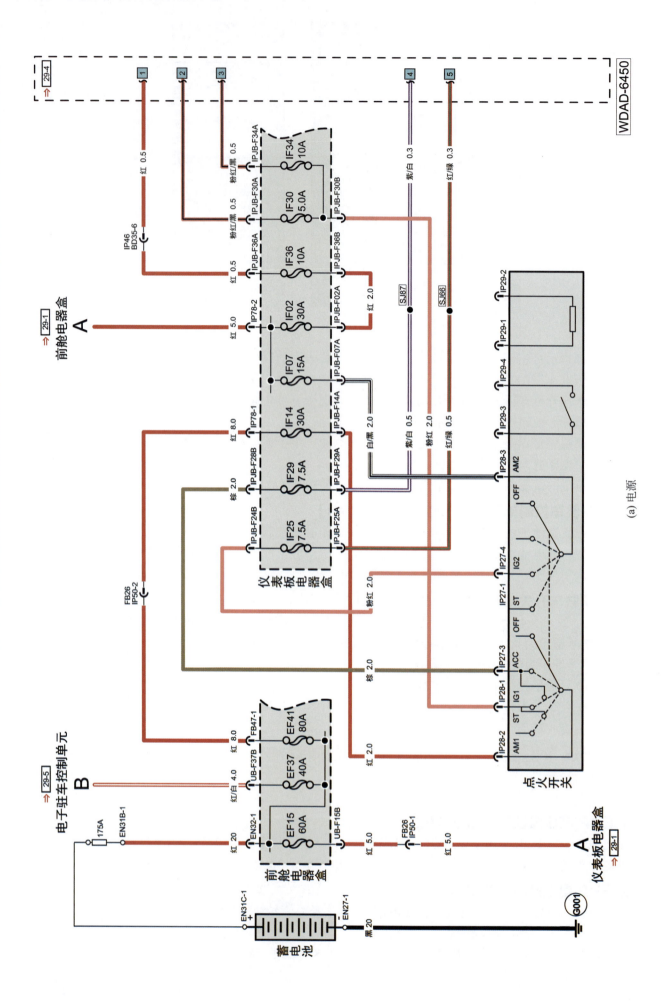

(a) 电源

第四章 电子驻车制动系统典型控制电路详解

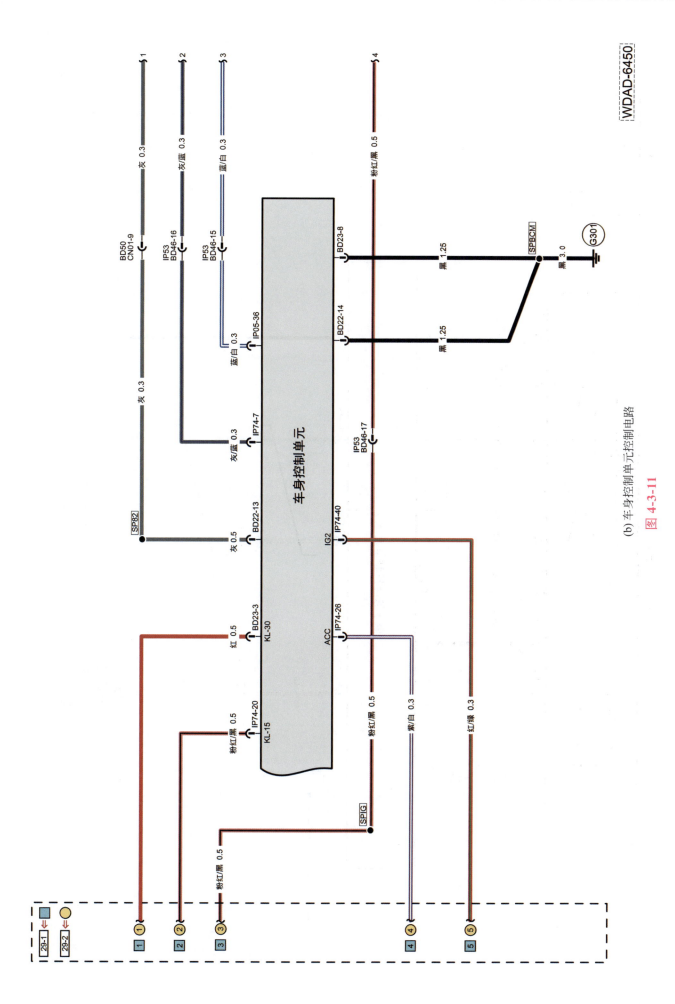

(b) 车身控制单元控制电路

图 4-3-11

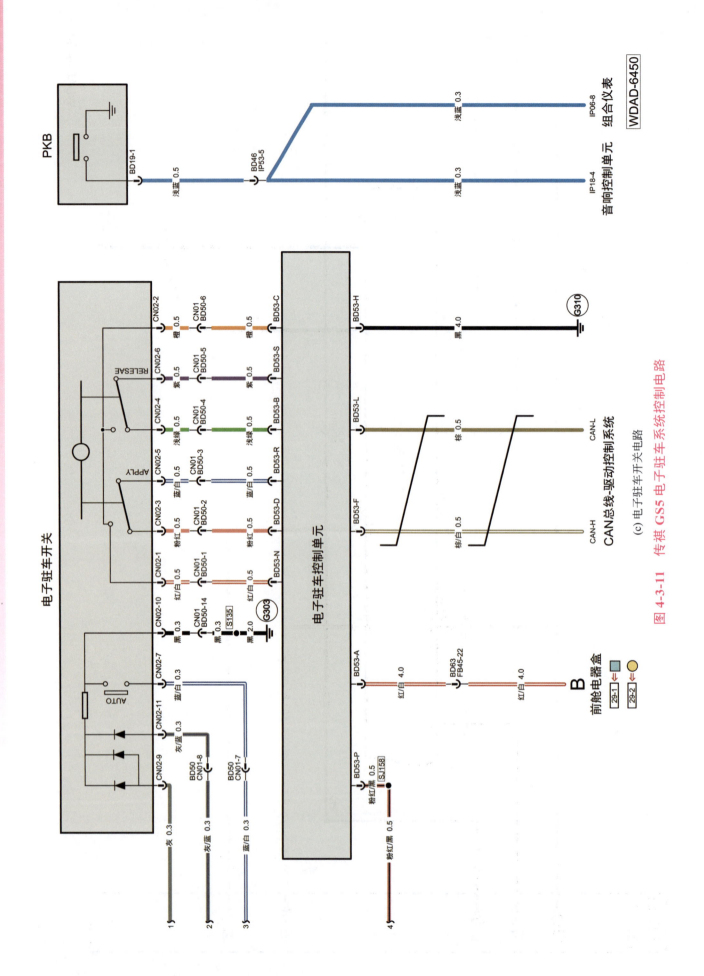

图 4-3-11 传祺 GS5 电子驻车系统控制电路 (c) 电子驻车开关电路

第四章
电子驻车制动系统典型控制电路详解

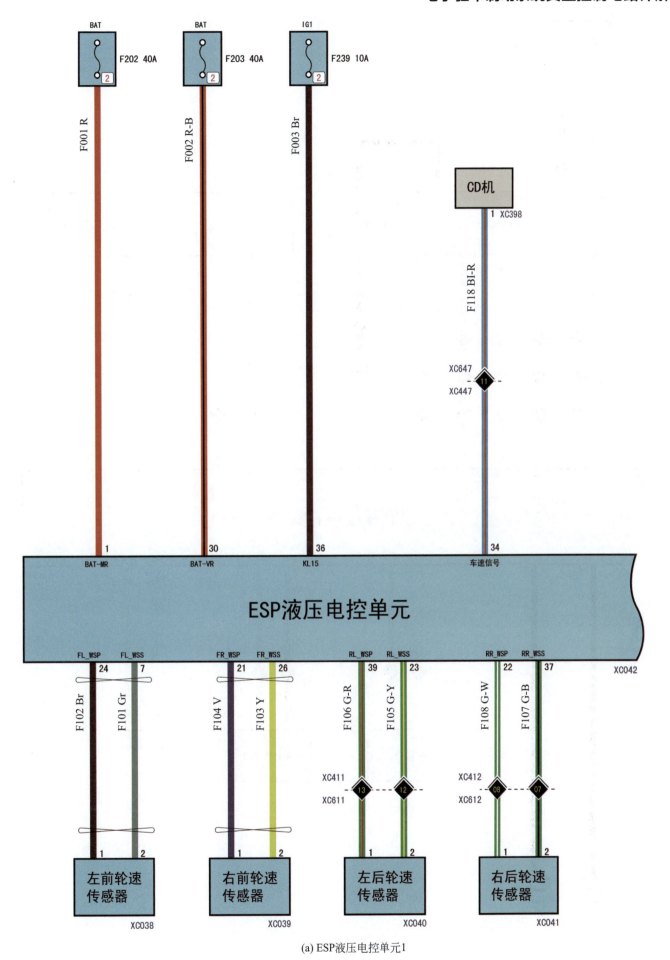

(a) ESP液压电控单元1

图 4-3-12

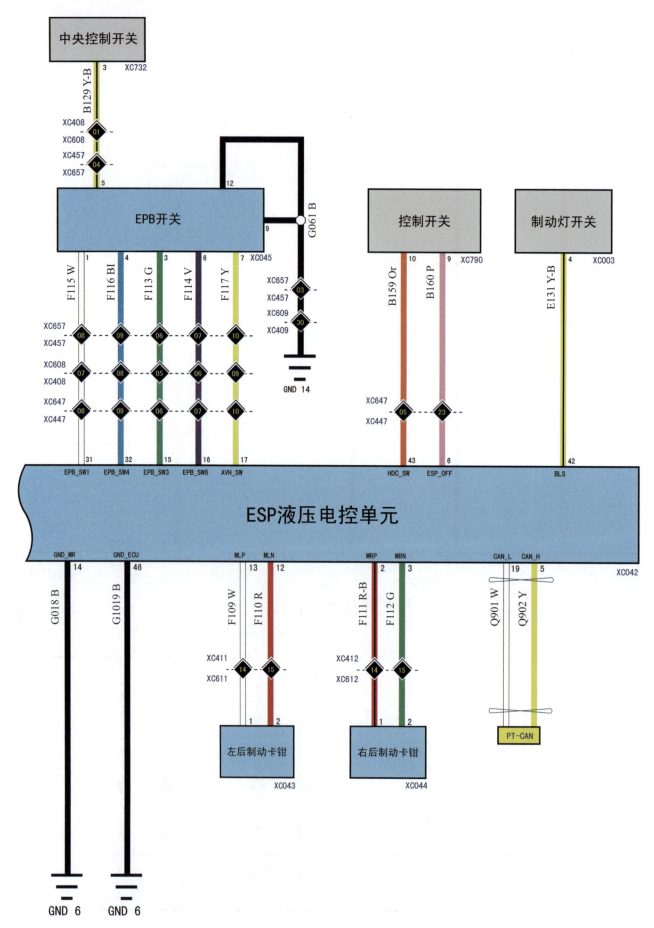

(b) ESP液压电控单元2

图 4-3-12　长城哈弗 H6 电子驻车系统控制电路

十二、宝马车型典型驻车辅助系统电路详解——3系 G28 电子驻车系统控制电路（图 4-3-13）

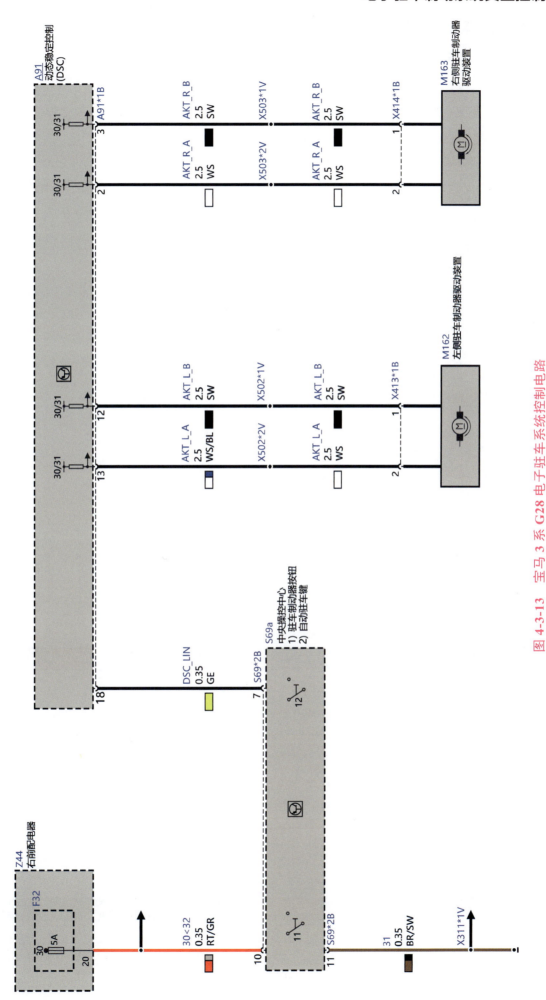

图 4-3-13　宝马 3 系 G28 电子驻车系统控制电路

1. 驻车制动器驱动装置介绍

电子机械式驻车制动器的驱动装置固定在制动钳上，直接作用于制动器活塞。

通过伺服电机和一个带传动机构将力传递到一个两级行星齿轮组上。制动器活塞中一根带螺母的丝杆提供自锁功能。通过丝杆和螺母将力传递到制动器活塞上。像液压操控时一样，制动器活塞作用于制动摩擦片，将其压到制动盘上，通过心轴的自锁功能保持张紧力，在不通电的情况下也能保证车辆安全。

2. 中央操控中心

中央操控中心通过一个 18 芯插头进行连接。

中央操控中心有 3 个 LIN 总线接口：车身域控制器（BDC）、动态稳定控制系统（DSC）、自调标高悬架控制按钮（环通）。通过 LIN 总线传输按钮信号。

右前配电器通过总线端 KL30 为中央操控中心供电。

3. 电子驻车系统控制电路

中央操控中心电源电路：电源→ 5A 保险丝→中央操控中心 10 号端子。

中央操控中心接地电路：中央操控中心 11 号端子→接地。

中央操控中心信号电路：中央操控中心 7 号端子→动态稳定控制（DSC）18 号端子。

左侧驻车制动器驱动装置 1 号端子与动态稳定控制（DSC）12 号端子连接；

左侧驻车制动器驱动装置 2 号端子与动态稳定控制（DSC）13 号端子连接。

右侧驻车制动器驱动装置 1 号端子与动态稳定控制（DSC）3 号端子连接；

右侧驻车制动器驱动装置 2 号端子与动态稳定控制（DSC）2 号端子连接。

第四节　电子驻车制动系统典型故障检修技巧

一、ECU 电压过高故障诊断

本节的故障诊断与检修以比亚迪车型为例进行介绍。

1. 故障代码（表 4-4-1）

表 4-4-1　故障代码及含义

故障代码	故障码含义
C110017	电压过高—ECU 过高压
C110016	电压过低—ECU 低电压
C110060	电源重启

2. 电路图（图 4-4-1）

3. 故障诊断

（1）检查输入电压

a. 断开 EPB 连接器 K31。

b. 用万用表检查端子间电压（表 4-4-2）。

表 4-4-2　电压正常值

端子	测试条件（开关）	正常情况
K31-1—K31-2	常电	11～14V
K31-5—K31-2	常电	11～14V
K31-21—K31-2	ON 挡电	11～14V

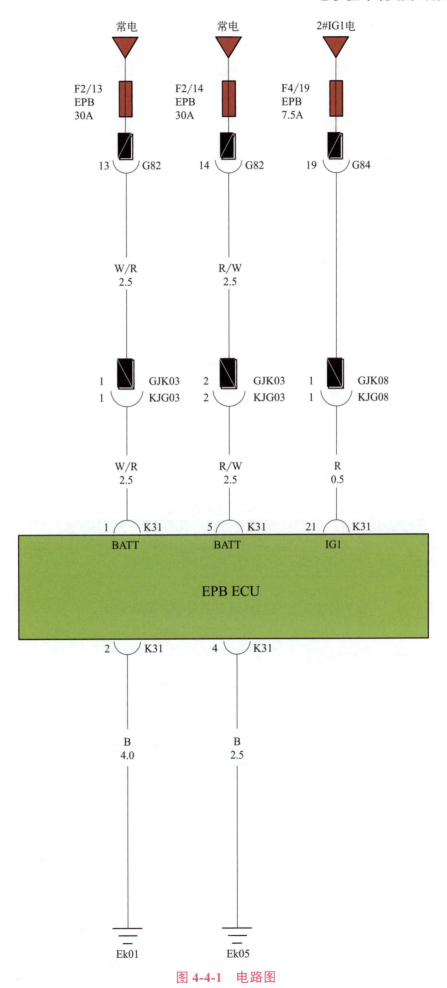

图 4-4-1 电路图

（2）检查 EPB 接插件

检查 EPB 接插件是否插紧。

如果检测结果异常，则插紧接插件；如果检测结果正常，则更换 EPB。

二、IGN 线断开故障诊断

1. 故障代码（表 4-4-3）

表 4-4-3　故障代码及含义

故障代码	故障码含义
C110116	IGN 线断开

2. 检查通信

a. 电源 ON 挡。

b. 用诊断仪读取故障码，有无其他通信故障码输出。

如果检测结果异常，则检查 ECU 通信；如果检测结果正常，则检查 IG 电源。

3. 检查 IG 电源

a. 断开 K31 连接器。

b. 用万用表检查端子电压。

c. 电源挡位调到 ON 挡。

d. 测试线束端电压值（表 4-4-4）。

表 4-4-4　电压正常值

端子	线色	测试条件	正常情况
K31-21—车身地	R	ON 挡电	11～14V

如果检测结果异常，则更换线束；如果检测结果正常，则更换 EPB。

三、开关电源线—对地短路或开路故障诊断

1. 故障代码（表 4-4-5）

表 4-4-5　故障代码及含义

故障代码	故障码含义
C113014	开关电源线—对地短路或开路
C113312	开关拉起检测—对电源短路
C113386	开关拉起检测—无效信号
C113314	开关拉起检测—对地短路或开路
C113412	开关释放检测—对电源短路
C113486	开关释放检测—无效信号
C113414	开关释放检测—对地短路或开路

2. 电路图（图4-4-2）

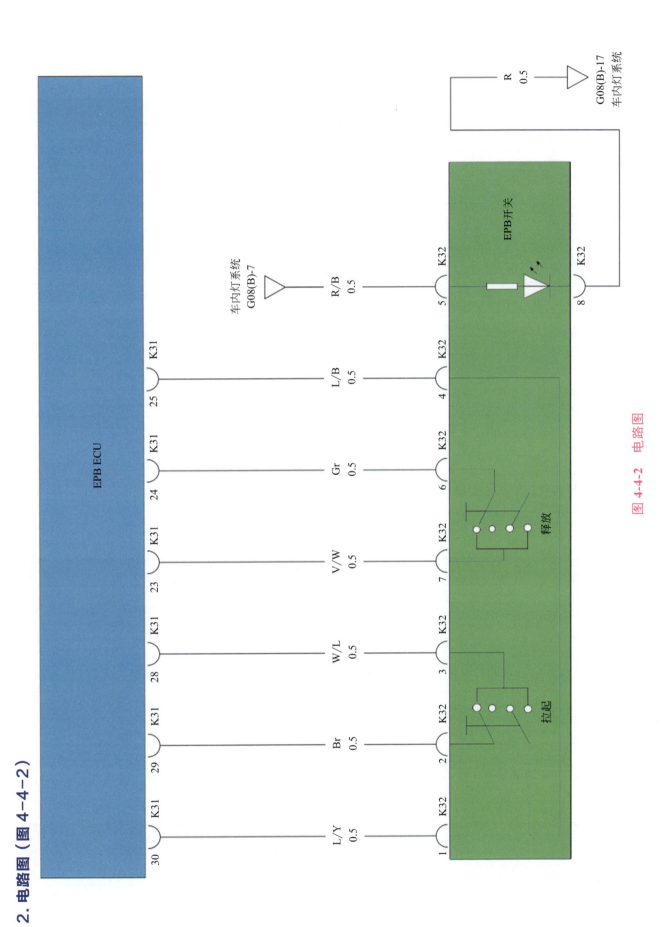

图 4-4-2　电路图

3. 故障诊断

（1）检查 EPB 开关

a. 断开 EPB 开关 K32。

b. 用万用表测试开关引脚间电阻值（表 4-4-6）。

表 4-4-6　电阻正常值

端子	测试条件	正常情况
K32-1—K32-4	开关无动作	小于 1Ω
K32-2—K32-3		小于 1Ω
K32-5—K32-6		小于 1Ω
K32-1—K32-4	开关拉起	小于 1Ω
K32-2—K32-3		大于 10kΩ
K32-5—K32-6		小于 1Ω
K32-3—K32-4		小于 1Ω
K32-1—K32-4	开关按下	小于 1Ω
K32-2—K32-3		小于 1Ω
K32-5—K32-6		大于 10kΩ
K32-6—K32-1		小于 1Ω

如果检测结果异常，则更换开关；如果检测结果正常，则检查线束。

（2）检查线束

a. 断开 K31，K32 连接器。

b. 用万用表检查端子与地电阻（表 4-4-7）。

表 4-4-7　电阻正常值

端子	线色	正常情况
K32-1—车身地	L/Y	小于 1Ω
K32-2—车身地	Br	小于 1Ω
K32-3—车身地	W/L	小于 1Ω
K32-4—车身地	L/B	小于 1Ω
K32-5—车身地	Gr	小于 1Ω
K32-6—车身地	V/W	小于 1Ω

c. 测试线束端电阻值（表 4-4-8）。

表 4-4-8　端电阻正常值

端子	线色	正常情况
K32-1—K31-30	L/Y	小于 1Ω
K32-2—K31-29	Br	小于 1Ω
K32-3—K31-28	W/L	小于 1Ω

续表

端子	线色	正常情况
K32-4—K31-25	L/B	小于1Ω
K32-5—K31-24	Gr	小于1Ω
K32-6—K31-23	V/W	小于1Ω

d. 上到ON挡电，测量线束端电压（表4-4-9）。

表4-4-9 端电压正常值

端子	线色	正常情况
K32-1—车身地	L/Y	小于1V
K32-2—车身地	Br	小于1V
K32-3—车身地	W/L	小于1V
K32-4—车身地	L/B	小于1V
K32-5—车身地	Gr	小于1V
K32-6—车身地	V/W	小于1V

如果检测结果异常，则更换线束；如果检测结果正常，则更换EPB。

四、左电机故障或开路故障诊断

1. 故障代码（表4-4-10）

表4-4-10 故障代码及含义

故障代码	故障码含义
C11B013	左电机开路或故障

2. 电路图（图4-4-3）

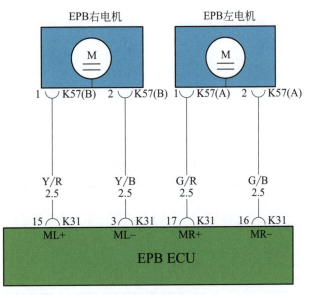

图4-4-3 电路图

3. 故障诊断

a. 断开 EPB 左电机接插件 K57（A）。
b. 断开 EPB 接插件 K31
c. 用万用表测试引脚间阻值（表 4-4-11）。

表 4-4-11　电阻正常值

端子	测试条件	正常情况
K31-16—K57（A）-2	始终	小于 1Ω
K31-17—K57（A）-1	始终	小于 1Ω

如果检测结果异常，则维修或更换线束；如果检测结果正常，则更换 EPB 左电机。

五、右电机故障或开路故障诊断

1. 故障代码（表 4-4-12）

表 4-4-12　故障代码及含义

故障代码	故障码含义
C11B113	右电机开路或故障

2. 故障诊断

a. 断开 EPB 右电机接插件 K57（B）。
b. 断开 EPB 接插件 K31
c. 用万用表测试引脚间阻值（表 4-4-13）。

表 4-4-13　电阻正常值

端子	测试条件	正常情况
K31-3—K57（B）-2	始终	小于 1Ω
K31-15—K57（B）-1	始终	小于 1Ω

如果检测结果异常，则维修或更换线束；如果检测结果正常，则更换 EPB 右电机。

六、CAN 总线关闭故障诊断

1. 故障代码（表 4-4-14）

表 4-4-14　故障代码及含义

故障代码	故障码含义
U007388	CAN 总线关闭
U010087	与 EMS 失去通信
U010187	与 TCU 失去通信
U014087	与 BCM 失去通信

续表

故障代码	故障码含义
U040186	从 EMS 收到无效数据
U041186	从 MG 收到无效数据
U012100	与 ESP 失去通信故障
U040186	从 ESP 收到无效数据
U040286	从 TCU 收到无效数据
U042286	从 BCM 收到无效数据

2. 电路图（图 4-4-4）

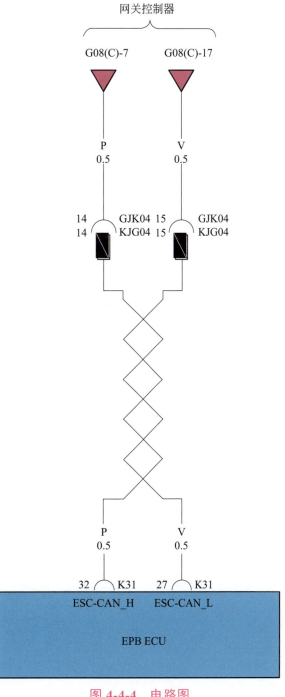

图 4-4-4　电路图

3. 故障诊断

(1) 检查故障码

a. 电源 ON 挡。

b. 用诊断仪读取故障码,是否所有通信故障都存在。

如果检测结果异常,则检查 CAN 线;如果检测结果正常,则检查失去通信模块。

(2) 检查 CAN 线

a. 断开接插件 K31。

b. 用万用表测试 CAN 线电压(表 4-4-15)。

表 4-4-15 端子间电压正常值

端子	线色	测试条件	正常情况
K31-32—车身地	P	常电	约 2.5V
K31-27—车身地	V	常电	约 2.5V

如果检测结果异常,则维修 CAN 线;如果检测结果正常,则更换 EPB。